本书系：
2019 年高等学校青创人才引育计划项目《旅游业投资风险与管理创新团队》
（批准号 95）阶段性研究成果

组织治理、社会责任与高质量发展研究

王慧 吕臣/著

ZUZHI ZHILI、SHEHUI ZEREN
YU GAOZHILIANG FAZHAN YANJIU

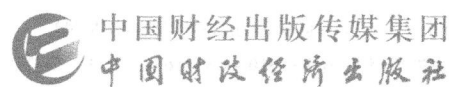

中国财经出版传媒集团
中国财政经济出版社

图书在版编目（CIP）数据

组织治理、社会责任与高质量发展研究／王慧，吕臣著．——北京：中国财政经济出版社，2023.2

ISBN 978-7-5223-1891-2

Ⅰ.①组… Ⅱ.①王…②吕… Ⅲ.①企业管理-研究-中国②企业责任-社会责任-研究-中国③企业发展-研究-中国 Ⅳ.①F279.23

中国国家版本馆 CIP 数据核字（2023）第 018429 号

责任编辑：孙 琛　　　责任校对：徐艳丽
封面设计：王 颖　　　责任印制：党 辉

组织治理、社会责任与高质量发展研究
ZUZHI ZHILI SHEHUI ZEREN YU GAOZHILIANG FAZHAN YANJIU

中国财政经济出版社 出版

URL：http://www.cfeph.cn

E-mail：cfeph@cfeph.cn

（版权所有　翻印必究）

社址：北京市海淀区阜成路甲 28 号　邮政编码：100142
营销中心电话：010-88191522
天猫网店：中国财政经济出版社旗舰店
网址：https://zgczjjcbs.tmall.com
北京财经印刷厂印刷　各地新华书店经销
成品尺寸：170mm×240mm　16 开　15.25 印张　205 000 字
2023 年 2 月第 1 版　2023 年 2 月北京第 1 次印刷
定价：52.00 元
ISBN 978-7-5223-1891-2
（图书出现印装问题，本社负责调换，电话：010-88190548）
本社质量投诉电话：010-88190744
打击盗版举报热线：010-88191661　QQ：2242791300

前 言

本书系 2019 年高等学校青创人才引育计划项目《旅游业投资风险与管理创新团队》(批准号 95) 阶段性研究成果。

高质量发展已成为新时代的主题。围绕高质量发展新内涵、时代要求，在精准掌握新时代民间创新制约因素、地区民营经济高质量发展现存问题基础上，本书从组织治理、社会责任、技术创新、政策支撑等视角探究了企业高质量发展、国际化发展等路径，进而提出我国经济高质量发展相应的对策与建议。

本书聚焦"十四五"国家战略，服务国家战略，通过精心研究与深入实际求真务实调查风险，通过具有基础性、前瞻性和针对性的理论方法和实证分析，得出具有借鉴参考价值的对策建议，力争为中国国际化战略与对接"一带一路"倡议决策提供高质量的智力支持。甚感欣慰的是，本书中的一系列研究报告与对策建议已经在国家级核心期刊公开发表，并被相关政府部门采纳，为政府决策和企业发展提供了新思路与新途径。

本书分为四篇共二十章内容。第一篇是高质量发展、民间创新与中国贡献，包括"高质量发展新内涵、时代要求及发达国家实践研究""以人为本的客户关系资产管理研究""完善民间创新政策，破解'民间发明人贫困魔咒'陷阱""新冠肺炎疫情应急管理的国际实践与中国经验"等研究。第二篇是中小企业融入与对外投资政治经济风险研究，包括"民营中小企业深度融入'一带一路'产能合作对策与建议""对外投资政治风险研究""对外投资经营风险研究""顶层设计破解中国市场国际化进程中歧视难题"等研究。第三篇是"一带一路"倡议下海外工业园可持续发展模式创新研究，包括"国内外相关研究的学术史梳理及研究动态""'一带一路'倡议为海外工业园区可持续发展提供新契机""泰中罗勇海外工业园区成功实践经验分析""'一带一路'海外工业园区可持续发展评价体系关键：重塑与定位""利用 ISO26000 提升海外工业园可持续发展能力路径创新研究""创建海外工业园区可持续发展管理支撑体系"等内容。第四篇是"一带一路"倡议下中华文化国际传播路径研究，包括"中华文化国际传播研究动态与意义""中华文化国际传播现存问题研究""新时代中华文化国际传播观""'一带一路'倡议提出与实施提升中华文化国际化水平""'一带一路'倡议下中华文化国际传播提升路径""'一带一路'倡议下中华文化国际传播路径提升策略"等内容。

　　本书由王慧、吕臣负责全书的设计、组织与统撰工作。参加撰写的成员有（以篇章为序）：第一篇，王慧、吕臣；第二篇，王慧、吕臣、陈廉、耿禧则等；第三篇，王慧、吕臣、谢芳、张德生、司文娟等；第四篇，吕臣、王慧等。王慧、吕臣等对全书初稿进行了组织编辑。

　　本书在研究和撰写过程中一直得到山东省社会科学规划办、泰山学院等有关部门与领导的指导与关怀，使本著作内容充实、数据准确、资料丰富，特别是得到 2019 年高等学校青创人才引育计划项目《旅游业投资风险与管理创新团队》（批准号 95）的资助，在此表示诚挚的感谢！

　　尽管参加撰写本著作的专家、学者及实际部门的工作者都对自己撰写的内容进行了专门的调查研究，但由于面临许多新问题，加之时间紧，水平有限，因此本书难免存在不妥之处，敬请各位读者批评指正。

王慧　吕臣
2023 年 1 月于泰山

目 录

第一篇 高质量发展、民间创新与中国贡献 …………………………… 1
  一、高质量发展新内涵、时代要求与发达国家实践研究 …………… 3
  二、以人为本的客户关系资产管理研究 ……………………………… 14
  三、完善民间创新政策,破解"民间发明人贫困魔咒" …………… 26
  四、突发公共卫生事件应急管理的国际实践与中国经验 ………… 33

第二篇 中小企业融入与对外投资政治经济风险研究 ……………… 47
  五、民营中小企业深度融入"一带一路"产能合作对策与建议 … 49
  六、对外投资政治风险研究 …………………………………………… 60
  七、对外投资经营风险研究 …………………………………………… 69
  八、顶层设计破解中国市场国际化进程中歧视难题 ……………… 92

第三篇 "一带一路"倡议下海外工业园可持续发展模式创新研究
  ………………………………………………………………………… 107
  九、国内外相关研究的学术史梳理及研究动态 …………………… 109
  十、"一带一路"倡议为海外工业园区可持续发展提供新契机 … 120
  十一、泰中罗勇海外工业园区成功实践经验分析 ………………… 126
  十二、"一带一路"海外工业园区可持续发展评价体系关键:重塑
      与定位 ……………………………………………………………… 130
  十三、利用 ISO26000 标准提升海外工业园可持续发展能力路径创新
      研究 ………………………………………………………………… 146
  十四、创建海外工业园区可持续发展管理支撑体系 ……………… 151

第四篇 "一带一路"倡议下中华文化国际传播路径研究……169

十五、中华文化国际传播研究动态与意义……171

十六、中华文化国际传播现存问题概述……180

十七、新时代中华文化国际传播观……185

十八、"一带一路"倡议提出与实施提升中华文化国际化水平…190

十九、"一带一路"倡议下中华文化国际传播提升路径……205

二十、"一带一路"倡议下中华文化国际传播路径提升策略……216

参考文献 …… 226

第一篇

高质量发展、民间创新与中国贡献

一、高质量发展新内涵、时代要求与发达国家实践研究

建设质量强国及高质量发展是新时代中国经济社会发展的重要构成，关系到"中国制造 2025"战略以及今后很长时期内中国发展的主流方向。中央高度重视高质量发展，党的十九大报告中 19 次提到"质量"，对"高质量发展""质量变革""质量强国"寄予厚望。基于此，本书对高质量发展内涵进行了研究，并赋予时代要求，从顶层设计要求、突出战略性地位、加强市场和社会"双作用"体制、注重质量基础在国际合作中的主导作用、注重资金可持续投入等视角总结了发达国家质量基础（NQI）支撑下的质量治理实践，最后基于异质性，结合我国现状就找到符合中国发展阶段及文化特色的质量治理体系与管理范式、探索质量治理与高质量发展的作用机理、进一步拓展质量治理体系的应用领域、将理论成果更好地应用于实践等展望了高质量发展的未来突破空间。

党的十九大报告明确提出加快建设质量强国，中央紧密部署质量提升行动，积极推进质量全民共治，"质量强国"成为当前及未来一定时期内中国经济发展的立足点与核心关键词，中国经济发展进入高质量发展时代。改革开放 40 多年来，中国已经成为世界第二大经济体、全球制造大国、贸易大国、科技大国，人民生活水平有了很大提高，国家综合实力有了很大提升，国际影响力大大增强，但粗放发展模式造成的高质量发展不足已经成为制约进一步发展的瓶颈。低质量发展造成了巨大的经济损失，影响了中国的国际形象，引发国内严重的环境污染、资源浪费和一系列社会问题。因此，如何提升整体质量水平、转向高质量发展正成为亟待破解的重大课题。在坚持质量第一、效益优先的背景下，

从质量治理角度出发为推动高质量发展破题，探索一条具有中国特色的高质量发展之路，具有理论和实践层面的重要意义。

质量问题是高质量发展切入点

自 1977 年苏联经济学家卡马耶夫在《经济增长的速度和质量》中首次系统阐述增长质量的重要性以来，学术界开始探索经济增长质量这一概念，并开展了质量与经济社会发展关系的相关研究。例如，对欠发达国家经济增长的分析（Easterly，2002）、对经济增长中收入分配不平等的研究（Helpman，2004）等。国内学者基于改革及经济转型等背景，对中国经济增长质量的内涵、测度、机制等方面也进行过深入分析（任保平，2019；詹新宇、崔培培，2016）。中国社会的主要矛盾已经转化为人民日益增长的美好生活需要和不平衡不充分的发展之间的矛盾。评价新时代高质量发展标准是否满足现阶段人民对美好生活的需求。提高供给质量，特别是产品、服务、工程质量，成为推动高质量发展的关键性、突破性问题。因此，从产品、服务和工程质量出发，通过质量治理的体系构建进行科学系统的分析研究，可以深刻剖析经济社会发展的阶段性变化，形成理解和阐释高质量发展的最佳视角。在贯彻落实中央宏观决策基础上更好地理解与认识高质量发展，处理好新时代中国经济发展中供给与需求、投入与产出、政府与市场、公平与效率、国内与国外等基本关系（李伟，2018）要求，探索高质量发展问题必须以质量问题作为其切入点。

高质量发展离不开质量治理

现代化经济体系建设需要深化供给侧结构性改革，高质量供给成为我国现代化经济体系建设的主攻方向。我国产能过剩与结构性供给不足成为当前影响我国高质量发展的主要问题。推进供给侧改革目标是实现高质量的供需平衡，实现真正意义上的高质量发展。应在树立质量第一的强烈意识与切实可行的战略规划、顶层设计的基础上重点实施，从治理能力与治理体系现代化角度出发，构建一套与高质量发展阶段相适应的质量治理体系，从国家战略、法律法规、政府监管、市场环境、基础能力、主体责任、国际合作等多层面夯实高质量发展阶段质量提升与质量强国的模式路径。加强高质量治理促进高质量发展。

质量治理及其传导模式成为高质量发展的战略性问题

20世纪60年代，费根堡姆和朱兰提出全面质量管理的概念。Juran（1951）基于产品和生产环节"质量经济性"展开深入研究，"卓越绩效"概念（Evans，2006）也在21世纪初提出。2006年，联合国工业发展组织提出国家质量基础（NQI）概念，质量治理从微观管理视角上升到宏观治理层面。学术界开始关注NQI对竞争力、贸易和社会福祉的作用（Tippmann，Racine，2013），并在德国等国加以实践。党的十九大报告明确提出"推进质量全民共治""推动我国经济发展进入质量时代"。因此，基于新时代的背景，系统诠释质量治理内涵，综合分析其对经济发展的作用机理与效度，是推动高质量发展必须回应的战略性基础性问题。

（一）高质量发展内涵与新时代要求

我国经济发展进入新时代，推动高质量发展是当前和今后一个时期我国确定发展思路、制定经济政策实施宏观调控的根本要求（杨伟民，2018）。由于高质量发展的内涵非常丰富，并且在实践中不断拓展，社会各界仍然未给出一个各方认可的统一表述，从已有的研究文献来看，专家学者主要从新发展理念、微中宏观、供求和投入产出、主要矛盾变化、公平正义等视角展开对高质量发展内涵的研究。

1. 高质量发展内涵

（1）新发展理念角度

基于社会主要矛盾的变化以及新发展理念视角，林兆木（2018）认为，我国经济高质量发展，是能够更好满足人民日益增长的美好生活需要的发展,是体现创新、协调、绿色、开放、共享发展理念的发展,应是生产要素投入少、资源配置效率高、资源环境成本低、经济社会效益好的发展。刘迎秋(2018)认为,高质量发展是包括人与人、人与自然、人与社区、国民经济管理以及政治生活等社会经济生活全过程的发展,是更好推动人的全面发展、社会全面进步的发展,体现人民获得感、幸福感、安全感、价值感的诸多方面。高质量发展是全面体现创新、协调、绿色、开放、共享新发展理念的发展,是更高水平、更有效率、更加公平、更可持续的发展,即从规模"量"到结构"质",从"有没有"到"好不好",完成传统经济向新经济的"两个转变"(任晓,2018)。

(2)微中宏观角度

从经济学意义看,王一鸣(2018)在微观、中观、宏观等层面对高质量发展进行了界定。在微观层面,高质量发展基于产品和服务视角,是指产品高质量为主导的生产发展;在中观层面,高质量发展基于产业和区域发展质量视角,体现为形成实体经济、科技创新、现代金融、人力资源相互促进、协同发展的产业体系,实现区域经济发展的协同性、整体性、包容性和开放性;在宏观层面,高质量发展基于国民经济整体质量和效率视角,用全要素生产率来衡量,体现为三次产业结构的高端化、技术结构的升级化、资源能耗使用的递减性和劳动力结构的适应性。

(3)供求和投入产出角度

新时代中国经济转向高质量发展,高质量发展要求高质量供给,商品和服务高质量供给体现为不断适应需求端消费升级趋势,提升供给端的产业素质、企业活力、产品与服务的质量和水平;高质量需求以消费升级带动供给体系升级;高质量配置要求高效部门配置,提高资源配置效率;高质量投入产出要求有限资源创造更多财富,投入少、产出多、效益好,包括资本、劳动、资源、能源、环境等生产要素的效率;高质量收入分配要求更为合理的初次分配和更为公平的再分配；高质量经济循环要求着力缓解经济运行当中存在的突出失衡，确保经济平稳健康可持续运行（李伟等，2018）。

（4）主要矛盾变化角度

该角度通过识别经济社会发展中突出的不平衡、不充分问题对高质量发展进行界定。高质量发展要求促进共同富裕、防范化解风险、创新驱动和人与自然和谐共生发展（赵昌文，2017）。城乡区域发展和收入分配差距较大、风险过度积聚、环境污染严重、创新能力不足等不是高质量发展。

（5）公平正义角度

公平正义是高质量发展的内在要求。以公平促进效率，以高效率实现包容性发展。如果失去公平正义，就根本谈不上发展质量。公平正义是高质量发展的基本底线，包容性是高质量发展不可或缺的本质特征之一（金碚，2018）。

基于以上分析，高质量发展内涵很丰富，在实践中不断拓展，社会各界仍未得出一个各方认可的统一表述。高质量发展概念具有全面性、综合性、多维性的特点，是能够很好地满足人民日益增长的美好生活需要的发展，是体现新发展理念的发展，是创新成为第一动力、协调成为内生特点、绿色成为普遍形态、开放成为必由之路、共享成为根本目的的发展，实现五大发展理念的发展是高质量发展内涵的重要部分。高质量发展可从供给（经济结构问题）、需求（拉动供给问题）、投入产出（效率问题）、宏观经济系统（系统和谐性问题）的角度明确高质量发展的内涵和外延。

2. 高质量发展新时代要求

（1）科技创新能力不足

高水平人才短缺、人才培养机制不畅、配置结构不合理、工匠精神相对欠缺等问题制约着实体经济高质量发展。尤其是传统制造业，范围更广、体量更大，创新能力不足对满足人民群众需要和国家整体发展的影响更大（赵昌文，2017）。技术创新面临"瓶颈期"，技术引进多于创新，基础性原创不足。实体经济高质量发展缺乏科技创新的有力支撑，导致产能过剩和有效供给不足并存（刘迎秋，2018）。

（2）区域协调需要提升

区域经济高质量发展重要特征表现为区域协调、局部优化、重点推进。东部地区开发强度较高，国土空间优化开发已成为其高质量发展的主要命题（樊杰，2015）。例如，新时代，建设雄安新区成为当前中央部署区域协调发展战略实现高质量发展的"指示剂"。如何促进京津冀区域协调发展是雄安新区发展面临的重大问题（李国平等，2018）。

（3）生态环境问题突出

高质量发展要求高质量的生态环境和人居环境。生态与人居环境短板问题依然突出，处理好经济社会发展与环境质量提升的关系是当前需要努力的领域（张军扩，2018）。陈诗一、陈登科（2018）认为，雾霾污染显著降低了中国经济发展质量。政府对雾霾的有效治理将有助于提升大气环境和经济发展质量，助推中国经济高质量发展。

（4）对外开放有待深入

随着"一带一路"倡议的提出与实施，对外开放有利于实现我国高质量发展，国际高标准倒逼我国向高质量发展转变。可通过完善营商环境，优化对外开放结构与层次推进高质量发展（江三良等，2018）。外商直接投资有利于带动资本、劳动力投入扩张，推动技术进步和经济结构升级，倒逼改革和经济制度变迁。在新时代，应排除对外商投资争议，大力吸收外商投资，破除外商投资制度障碍，发挥外商投资促进高质量发展作用（桑百川等，2018）。

（5）人民需求要求的满足

目前国内生产环节停留在生产中低端产品为主，涉及消费环境问题、国内外定价问题、税收问题（彭五堂，余斌，2018）。新时代我国国民在旅游、休闲、观光、文化、体育等方面需求越来越大，但由于这些领域在服务质量、安全标准等方面良莠不齐，问题频出，国内消费者信心遭到严重打击，大量消费需求转向国外，也对我国相关产业领域的国际形象造成不良影响。生产性服务业，以及金融保险服务、电信数据服务、会计审计服务等整体质量不高问题突出，限制了自身发展，制约了其他领域产业转型升级（张军扩等，2019）。

（二）发达国家 NQI 支撑下的质量治理实践

国家质量基础设施（National Qudity In frastructure，缩写为 NQI）最早由联合国贸易发展组织（UNCTAD）和世界贸易组织（WTO）在 2005 年发布的《出口战略创新》报告中提出，是一个国家建立和执行标准、计量、认证认可、检验检测等所需质量体制框架的统称。国际标准化组织（ISO）2006 年发布的《可持续发展的基础——计量、标准与合格评定》进一步明确提出计量、标准化和合格评定是构成 NQI 的三大支柱，三者相互关联、密不可分，共同构成一国经济社会发展和贸易能力建设的坚实基础。国家质量基础是质量自身演化和全球价值链发展的必然产物，对于提高产业竞争力、促进国际贸易、维护市场公平、推动可持续发展具有非常重要的作用，是推动高质量发展的技术工具。德国 PTB 等机构于 2007 年联合出版了《解决全球质量问题的终极答案：国家质量基础设施》，指出质量是一系列相关主体通过一体化、协调一致相互联系的行为的产物，这些主体包括计量、标准化、检测、认可和认证。2011 年，世界银行发布的《东欧与中亚在全球竞争中的质量监管》报告中明确了 NQI 的定义及框架，阐述了市场经济国家中国家质量基础的演变模式，提出存在从公共部门管理向商业组织管理过渡的临界点。2013 年，世界银行发布《创新、技术和企业实践：国家质量基础——竞争力、贸易和社会福利》。该基础应用于所有产品和服务。

在国内，支树平（2017）认为，应从战略上高度重视加强国家质量基础设施建设，建立"统一管理、权责清晰、协调配套、支撑有力"的运行保障体系。刘洪生（2018）对标准规则的一致性和国家质量基础设施进行了研究。胡杨（2018）基于为经济体提供价值视角，认为计量、标准、认可和合格评定（检验检测+认证）共同构成了国家质量基础，其中合格评定是作用于经济体的核心要素，但国家质量基础的价值依赖于四要素的共同发力。刘军等（2018）阐述了建立国家质量基础设施的原因、概要、背景、技术要素以及国家质量基础设施在生产链上的应用实例及建议。粟志敏（2014）认为，国家质量基础是一个系统化框架，规定并且实施标准化实践，规定了产品、流程和人员彼此之间且与环境之间的交互标准，其中包括合格评定、计量和认可。

全球产业质量技术基础的发展路径均经历了从分散到统一、协调、融合，更注重战略性、创新性、国际化的过程，通过产业质量技术基础能力的提高，来提升本国产业的国际竞争力。主要特征有以下四个方面。

1. 顶层设计，突出战略性地位

为抢占产业发展制高点，发达国家加强完善产业质量技术基础的管理架构，健全法律法规体系，制定相应的质量技术基础国家支撑战略，将夯实产业质量技术基础提升到国家战略的高度。美国国会颁布了质量促进法案，在国家层面设立计量、标准等重大支持专项，把计量、标准纳入国家全球战略。德国实施"以质量推动品牌建设、以品牌助推产品出口"战略，对国民经济增长贡献率高达30%。德国联邦对度量衡及时间标准制的决定拥有专有立法权。欧盟早在1999年就制定了全球第一个标准化战略，并适时进行了两次修改完善。为加强统一市场管理，提高国际竞争力，促进合格评定结果一致性，2008年欧盟议会和理事会通过《新法规框架》，要求各成员国建立集中统一的认可制度，规范认可活动。日本成立了标准化事务战略本部，由首相担任本部长，主持制定日本国家标准综合战略，在国家层面成立了高层协调机构，统筹协调国家标准化工作。日本经济产业省负责统一管理技术法规、标准及合格评定工作。2012年，日本制订"知的基盘"计划，将产业质量技术基础内部要素之间的功能逐步融合，相互支撑作用发挥聚合效应。韩国提出国家质量经营战略框架，在其《国家标准化法》基础上成立国家标准理事会，总理担任理事长；韩国技术标准局（KATS），隶属于韩国知识经济部，负责统一管理标准化、合格评定和计量工作，制定发布标准政策和国家标准，承担国家标准理事会秘书处日常工作。

2. 加强市场和社会"双作用"体制

在质量技术基础建设中，发达国家注重发挥政府、市场和社会共同作用，通过多元共治提高产业质量技术基础的建设效率。标准领域，发达国家标准一般由国家标准和社会团体标准构成。社会团体标准体系比较健全、数量庞大，二者之间具有良好的联系协调机制。社会团体均可受政府委托承担具体起草政府标准的工作，政府也可将社会团体标准转化为国家标准。例如，美国的标准化体系是一个以民间专业标准化团体为基础的高度市场化体系。计量领域，发达国家开放本国校准服务市场，鼓励民间资本进入，充分利用社会资源满足市场的计量需求。英国重视市场所发挥作用，于2011年发布《国家测量体系战略（2011—2015）》，投入2.4亿英镑加强国家测量体系建设。检验检测领域，发达国家政府部门重视检验检测机构、实验室的建立，权威的检测机构还可以得到政府的授权。美国保险商实验室（UL）、英国标准学会（BSI）、法国国际检验局（BV）等跨国检测机构均为政府支持下的行业协会组织。发达国家在检测行业发展中，政府一般不直接干预检测机构的经营发展，主要着力于支持标准体系的制定、标准技术的研发、大型共性检测仪器和标准物质的研制、基础检测数据库的建立以及信息平台的搭建。市场化第三方检测机构在公平的市场竞争环境中自由发展壮大。认证认可领域，发达国家认证机构大多衍生自或者依托于标准化组织、技术协会或检验检测机构。英国负责国家质量认证工作的机构是 BSI；德国技术监督协会（TUV）前身是技术监督协会；BV、INTERTEK 等领先企业是由检验检测机构发展而来的。

3. 注重质量基础在国际合作中的主导作用

发达国家更加注重产业质量技术基础在全球化发展中的作用，产业质量技术基础建设已从国内转向区域化和全球化发展。标准领域，德、美、英、法、日等发达国家承担的国际标准组织技术机构秘书处超过 67%，主导制定国际标准达到 95% 以上。计量领域，多国签署了《国家计量基（标）准互认和国家计量院签发的校准与测量证书互认协议》（CIPM-MRA）。认证认可领域，国际认可论坛（IAF）、国际实验室认可组织（ILAC）、国际审核员培训与注册协会（IATAC）、太平洋认可合作组织（PAC）、欧洲认可合作组织（EA），以认证机构为参与主体的代表性国际组织国际认证联盟（IQNet）等均由发达国家主导。检验检测领域，SGS、ITS、TUV 等一批跨国集团代表着发达国家检验检测认证机构国际化。

4. 注重资金可持续投入

发达国家注重对国家产业质量技术基础的建设投入。2009 年，美国政府对美国国家标准与技术研究院（NIST）预算经费提高 20%，以支持其在国家竞争力计划中加强纳米测量技术领域的研究。英国政府设立国家测量体系专门项目，自 2017 年到 2020 年年均投入 6 500 万英镑；德国政府对 PTB 经常性经费 2011 年为 1.658 亿欧元，2012 年提高到 1.831 亿欧元。

（三）未来进一步探讨、发展或突破的空间

基于高质量发展内涵与要求，治理理论及体系，质量治理理论及体系、机理等方面文献的梳理，可以发现，已有文献主要还存在以下三个

问题：一是质量治理还未形成一个明确的概念解释，各个具体领域对其广泛探讨还较泛，未达成共识；二是现有研究仅对多元性或某些行业质量治理进行了概念式的描述性分析，缺乏系统性和实证性；三是质量治理主体多元化没有明确界定，没有将其纳入治理的研究框架。为此，高质量发展还需要在以下几个方面进一步探讨、发展或突破。

1. 寻求适合我国的质量治理体系与管理范式

质量是推动社会转型发展和世界强国的崛起中不可或缺的普遍要素，但各国从质量管理发展到质量治理发展的轨迹、促进成效不同。美国质量治理主要通过市场进行调节，与市场、社会等多元主体协同开展质量共同治理、权力共享。日本政府主导下的共同治理，引入第三方检测机构进行合格评定。德国以标准化和品牌建设为基础，从技术创新、文化精神等多方面塑造国家质量形象。基于异质性，我国的质量治理需要对发达国家由质量管理向质量治理演进途径展开研究，总结其成功质量治理模式，结合我国现状，找到符合中国发展阶段及文化特色的质量治理体系与管理范式。

2. 处理好高质量发展各方关系

关于质量治理和高质量发展机理研究主要集中于什么是国家质量基础的重要组成部分，以及标准化要素对经济发展的机理和实证研究方面。基于高质量发展是新发展理念视角，高质量发展需要处理好供给和需求、投入和产出、政府和市场、公平和效率、国内和国外五个方面的关系。为应对"中国制造"质量问题，探索质量治理与高质量发展的作用机理，并进行实证检验将成为未来高质量发展的主要研究方向之一。

3. 拓展质量治理体系相关研究

基于异质性理论，发达国家质量治理各具特色，侧重点也各不相同。推动高质量发展是一项复杂的系统工程，在全球新一轮竞争加剧的国际背景下，治理体系的建立成为贯彻新发展理念的重要切入点，对于推动高质量发展有着充分的必要性与可行性。对治理体系相关研究需进一步拓展质量治理体系的应用领域，将理论成果更好地应用于实践。

二、以人为本的客户关系资产管理研究

（一）管理新思考

1. 什么是管理

"管理"一词包含"管"和"理"。"管"的本义泛指细长的圆筒形物，用得比较多的物件有管状乐器、钥匙等，如《左传·僖公三十二年》"郑人使我掌其北门之管"，此处的"管"即为钥匙义。从钥匙义引申出枢要、保管、看管、管束等含义，如《荀子·儒教》中"圣人也者，道之管也"，此处即"枢要"的含义。与此紧密相关的词组是"管辖"："管以开门闭户，辖以解脱车轮。管辖：喻机要之地（《词源》，商务印书馆，1980年8月修订第1版）。"进一步得出"总理其事曰'管'（《康熙字典》，中华书局，1958年1月版）"的含义，如管家、总管等。"理"的本义是玉石的纹路，"物之脉理唯玉最密，故从玉（《康熙字典》）"。由此引申为物体的纹理或事情的条理，如文理、肌理等。因为"井井兮其有理也"，"井井"是整齐不乱之意，故引申出"道理"一词，表示规律和原则。"理"作动词时本义是"治玉"，即把玉石雕琢加工，制成玉器，故引申出"治理""整理"等意思来，如修理、理财等。可见，"管理"一词可以说历史悠久。

从广义上说，管理包括管人、管钱、管物、管事等，即让别人去完成你想做的事情。可以说，管理是责任，管理是妥协，是处理问题，是领队，是选择。从狭义上说，管理是指一定组织中的管理者，通过实施计划、组织、人员配备、指导与领导、控制等职能来协调他人的活动，使别人同自己一起实现既定目标的活动过程。这个定义把计划、组织、领导、控制、创新看作管理的五种基本职能。计划是制定目标并确实为达成这些目标所必需的行动。组织中所有的管理者都必须从事计划活动。组织是根据工作的要求与人员的特点设计岗位，通过授权和分工，将适当的人员安排在适当的岗位上，用制度规定各个岗位的职责和上下左右的相互关系，形成一个有机的组织结构，使整个组织协调运转。领导是指导人们的行为，通过沟通增强人们的相互理解，统一人们的思想和行动，激励每个成员自觉地为实现组织目标共同努力。控制的实质就是使实践活动符合计划，计划就是控制的标准。创新职能与上述各种管理职能不同，其本身并没有某种特定的表现形式，总是在与其他管理职能的结合中表现自身的存在与价值。

因此，只要有人生活的地方，就存在管理，管理无时无刻不在。

2.《李卫当官》折射的管理思想

经过40多年的改革开放，我国企业的素质有了明显提高，在经济发展和国内外市场上发挥出越来越重要的作用，频现世界知名企业和知名品牌。目前影响我国经济发展的因素，除了资源瓶颈之外，很重要的就是人才瓶颈。中国企业急需优秀的职业经理人。从整体上看，我国企业的素质尚有很大提升空间，具有自主知识产权的产品还不多，在国际市场上的竞争力还有待加强。这集中表现出我们在管理上的差距，也就是说企业缺少合格的管理人才，即缺少适合现代企业制度的职业经理人队伍。综合上述分析，《李卫当官》中体现的不仅仅是如何做官，更重要的是我们能够从中提炼出一些管理思想，这些管理思想能够帮助我们提高管理水平。

（1）管理中责任明确

分工是生产力发展的必然要求。管理是追求效率和效益的过程。在追求效率和效益的过程中，要挖掘人的潜能，就必须在合理分工的基础上明确规定这些部门和个人必须完成的工作任务和必须承担的与此相应的责任。在合理分工的基础上确定每个人的职位，明确其相应的职位，这就是划分职责。职责是在数量、质量、时间、效益等方面的严格规定的行动规范。职责界限要清楚，内容要具体，职责还要落实到人。同时，奖惩要分明、公正、及时。使奖惩工作尽可能地规范化、制度化，是实现奖惩公正而及时的可靠保证。"胡萝卜加大棒"是有效实施责任原理不可或缺的工具。

（2）用手中仅有的资源实现利益最大化

效益是管理的永恒主题。任何组织的管理都是为了获得某种效益。效益的高低直接影响着组织的存在和发展。效益是有效投入与投入之间的一种比例关系，可以从社会和经济两个角度来考察社会效益和经济效益。管理要把经济效益和社会效益结合起来，在关注经济效益的同时，也要关注社会效益。从经济学角度讲，管理就是要把有限的资源合理运用，实现其利益最大化。李卫从皇帝那儿要来50万两银子修理河道，但到他手中的只有25万两。面对仅有的资源，一边是百姓的几万亩地，另一边是高老相爷的1 000亩地。根据李卫的观点，把运到高老相爷的石料全部运到百姓这边。在当时官场十分黑暗的情况下，这样做很显然是与当时的主流不一致的。李卫真心为老百姓办事，先修理百姓的河道。从经济学上讲，是把有限资源用到最有价值的地方，实现利益最大化；从管理学角度看，李卫的举动是既实现了经济效益，又实现了社会效益，同时，是对当时官场的一个沉重打击。让当时老百姓所认为的"官场没有一个好官"的观念有所转变。最终李卫获得了"万民伞"。

（3）严以律亲

严以律亲，就是要严格约束身边的亲人。不少领导干部的腐败问题都源于"后院起火"。配偶、子女和亲属利用领导干部的权力和影响，谋求不正当的升迁，或者违纪违法经商牟利，而权力主体即领导干部却对此听之任之，纵容包庇，最后自己走上了不归路。因此，作为一个领导干部，要严格要求自己的家属，对其加强管理，要做到两个"防止"，既要防止家人利用自己的权力和影响牟取私利，又要防止不法分子从他们身上打开缺口。从近年来查处案件的情况看，越来越多的违法犯罪分子迂回侧击，把进攻目标瞄准领导干部的"后院"，通过走"夫人路线""公子路线"，最终从领导干部家属身上打开"缺口"。因此，和谐家庭是预防抵制腐败的"牢固防线"。家庭在思想道德观念和价值取向上的"不和谐"，导致领导干部"一失足成千古恨"。要对家人常教育、严管理、严要求，自觉摒弃为家人"铺路"的错误意识，防止他们利用自己的职权和影响做违纪违法的事情。每个家庭成员都必须对违法分子的拉拢腐蚀保持高度警惕，看好自家门，管好自己人，从而远离灾难，让和谐家庭合力成为一道坚不可摧的反腐防线。李卫在获得扬州知府的职位后，黄会长向李卫之母送了一个金的"太上老君"。李卫坚决不同意，以自己特有的方式处理了这个"定时炸弹"。去扬州上任的路上，刚到扬州城外，李卫又用他特有的方式教育家人，自己钻到马车下面，让马车从自己头上压过去，从而给家人一个警告。通过这些对家人的教育、管理、要求等，他和家人获得了一致的价值观，构建了"和谐家庭"，为自己的廉洁建造了牢固的防线。

(4)"忍"字当头

《说文》中认为：忍，从心、从刃，本义作"能"解；古时因"能"与"耐"相通，故"忍"有忍耐之义。忍又作"坚心"解，乃坚其心以应事之义，故"忍"从心，其意为能承受艰难之义。有人认为"忍"是消极、懦弱的表现，是自我的压抑，故凡事皆要争，丝毫无容忍之心。其实"忍"是积极的、豁达的、有远见的，有识者才能深切体会到。孔子曰：小不忍则乱大谋。尤其在处世中，人事的和睦，莫不来自相互的宽容与平等的对待，即便是面对伤害和侮辱，智者能反躬自省，在宽恕忍辱中化解怨怼，在磨砺中，永远怀着感恩之心提升自己。李卫在扬州当知府向盐道衙门季大人下跪，这是在形势最不利的情况下，以退为进，为了麻痹敌人而甘受委屈，是"忍"字当头。最终，他得到最重要的信息，从而成功地走出了自己计划的第一步。可见，一切法莫不得成于忍，小忍小成就，大忍大成就。故曰："忍之一字，乃众妙之门。"可是，现实中我们却往往忽略了"忍"的作用，于关键时刻沉不住气，导致悔痛。可见我们要重新体会这"忍"的妙用，从耐烦于事、耐心于学开始，继而能在生活中受益，走好人生的每一步，真正体会"忍字乃处世之要法也"的含义。

（二）以人为本的客户关系资产管理研究

纵观管理学理论发展的历史，不同的管理模式和管理思想取决于管理者或管理思想家对人性的不同假设。关于人性的假设从历史的进程来看，有以往的"经济人"假设、"社会人"假设，到现在的"复杂人"假设。管理科学发展分为科学管理理论、人际关系管理理论和应变理论三个阶段，这三个阶段分别以"经济人""社会人""复杂人"作为理论前提，都将人作为管理的核心。在知识经济背景下，管理者与被管理者之间、客户关系等方面都发生了巨大变化。为适应当今知识经济时代现代企业管理的需要，就必须实行人本管理。所谓人本管理，就是一种在整个企业管理过程中充分注意人性要素，以充分开发人的潜能为己任的管理模式。为了适应经济生活现代化、国际化的趋势，人们不断探索新的管理方法去适应不断变化的环境。企业在发展的过程中，面对复杂多变的环境，需要更多地依靠员工的自我指导、自我控制，管理也应是顺应人性的管理，构建以人为核心的现代"以人为本"新模式将是企业实现和谐发展的必由之路。

1. 以人为本的引入

（1）关于人的全面发展

人的全面发展是管理的终极目标。人的自由而全面的发展，是人类社会进步的标志，是社会经济发展的最高目标，也是管理所要达到的终极目标。人的需要分为生理、心理和自我实现的需要，需要与潜能是对等的。现代企业管理者在进行人本管理实践活动中，必须树立以下观念：第一，尊重每一个人。这是企业最高的经营宗旨。每一个人，无论是领导人还是普通员工，都是具有独立人格的人，都有做人的尊严和应有权利。作为一个企业，不仅要尊重每一名员工，而且要尊重每一位消费者、每一个用户。第二，以特定服务群体即顾客为本。组织所追求的不仅仅是组织内部成员物质和精神上的满足，而且更应追求为社会大众提供优良的产品和优质的服务。第三，以整个人类为本。随着经济全球化、世界经济一体化趋势的日益加强，整个世界日益成为一个"地球村"，人的社会属性逐步超越民族和国家的界限，更多地体现出具有世界历史性的人"类"的属性，这就要求现代企业的管理者兼顾组织成员、服务群体和整个人类的利益。在过去相当长的时间内，人们曾经热衷于片面追求产值和利润，却忽视了创造产值、创造财富的人和使用产品的人。在生产经营实践中，人们越来越认识到，决定一个企业、一个社会发展能力的，越来越在于人们拥有的知识、智慧、才能和技巧。人是社会经济活动的主体，是一切资源中最重要的资源。一切经济行为都是由人来进行的。必须树立依靠人的经营理念，通过全体员工的共同努力去创造组织的业绩。

（2）注重人的潜能开发，是提高员工素质的一个根本途径

企业的管理者应该善于因材施用，帮助组织成员相互取长补短，真正增强组织的凝聚力。组织的管理者要能合理地调配使用本组织的资源，让每个成员都在合适的岗位上得到表现的机会。可以说，开发人的潜能是最主要的管理任务。管理的任务在于如何最大限度地调动人们的积极性，释放潜能，让人们以极大的热情和创造力投身事业之中。

（3）依照人性的要求建立决策理念，设计管理制度是人本管理理念的本质体现

现代企业应将员工视作企业不可或缺的内在要素而不应将员工看作外在于企业的要素。同时，现代企业的决策者、管理者、执行者结构中，管理者与执行者是一体化的，决策是管理者和员工共同完成的。组织对员工最好的奖赏莫过于按人性的要求来设计管理制度，注重培养员工的归属感，提倡集体奖励制度，创造一个良好的环境，以便于员工自我管理、自我发展，实现自我价值。为此，现代企业要把塑造高素质的员工队伍看作组织成功的基础。一支训练有素的员工队伍对企业是至关重要的。每一个企业都应把培育人、不断提高员工的整体素质作为经常性的任务，特别是在急剧变化的时代背景下，技术生命周期不断缩短，知识更新速度不断加快，每个人、每个组织都必须不断学习，以适应环境的变化，并重新塑造自己。同时，要凝聚人的合力，这是组织有效运营的重要保证。管理不仅要研究每一位成员的积极性、创造力和素质情况，而且要研究整个组织的凝聚力与向心力，形成整体的强大合力。从这一本质要求出发，一个有竞争力的现代企业，就应是配合默契、齐心合力、协同作战的团队。

2. 客户关系资产的研究与发展

1989 年，国际会计准则委员会发布了《财务报表编报框架》，在该框架中是这样表述资产的：资产是因过去的事项所控制的，可望为企业带来未来经济利益流入的资源。在会计学中，美国会计学家坎宁（Canning）在《会计经济学》一书中这样描述，"资产是指处于货币形态的未来服务，或可转化为货币的未来服务，它的权益属于某个人或某些人。属于某个人或某些人的权益是合法的，或应该得到的，这些服务之所以成为资产，仅仅是因为它对某个人或某些人有用"。美国财务会计准则委员会在财务会计概念公告上将资产定义为：资产是某一会计主体所拥有或可控制的预期未来经济利益。我国企业会计准则定义资产为：企业拥有或控制的能以货币计量的经济资源。

尽管各国对资产的定义不完全相同，但从各种定义可以看出，资产本质是未来的经济利益，具有为企业创造有利的现金流动的能力，也就是说，能在未来最终形成企业现金净流入的"未来经济利益"。同时，国内外根据资产的形态把资产分为两大类有形资产和无形资产。对于无形资产来说，各国又对其有不同的界定。我国《资产评估准则——无形资产》中将无形资产定义为"特定主体控制的，不具有实物形态，对生产经营长期发挥作用且能带来经济利益的资源"。《国际评估准则》（2001）中的无形资产定义为"无形资产是以其经济特性而显示其存在的一种资产，无形资产无具体的物理形态，但为其拥有者获取了权益和特权，而且通常为其拥有者带来收益"。随着经济全球化和知识经济的到来，无形资产占整个企业资产的比重越来越大，其范围也越来越广，从商标、专利、专有技术、商誉，发展到人力资源等，有些无形资产已在资产负债表中列示。

那么，客户关系，也就是客户与企业的关系是不是资产呢？首先，企业中的产品的价值和使用价值最终由客户来决定，客户的"购买选票"投给企业，企业产品才能出售出去，产品才能实现其价值和使用价值，进而才能实现企业资金的流动，进行下一轮的简单再生产或扩大再生产，具有间接为企业创造现金流的能力。这就具有了资产最本质的特征。其次，客户对本企业产品的了解或获得本企业产品的信息并进一步实施其购买行为，这是企业过去的广告、销售等交易或事项的结果，是企业前期投入的产出，这也符合资产的特性。最后，客户资产也可以用货币来计量。举一个简单的例子，假定一个人30岁开始购买和使用汽车，客户平均寿命为75岁，汽车正常寿命为25年，汽车平均售价为30万元，则该客户资源的价值为54万元。通过以上分析可以看出，客户资源完全具备资产的性质，因此客户资源是企业的资产，而且是企业资产中最有价值的资产之一。从形态上看，客户资源是无形的，看不见摸不着的，因此应该纳入无形资产的范畴。管理大师彼得·德鲁克认为，客户是企业唯一的利润中心，客户已成为当今世界最为宝贵的企业资源之一。随着市场经济几乎触及全球的每一个角落，市场也由卖方逐渐转变为买方市场。因此，企业中的营销乃至战略规划，产品设计、生产、销售等过程的重点也相应转变为争取、保留和培养客户，企业拥有客户资源的数量及质量已构成每个企业核心竞争力的一部分。"顾客是上帝""一切以顾客为中心"等企业文化、企业战略在每个企业悄然产生并发展。那么，客户仅仅是企业的资源吗？他是不是企业的资产呢？如果是的话，又归属于资产中的有形资产还是无形资产？如果是的话，是不是可以量化以及如何量化？

文献与实践表明，目前国内外对客户资产的研究和应用都尚处在起步阶段。国际上理论界真正以"客户资产"来描述企业的客户关系类无形资产并展开初步研究仅从 20 世纪 90 年代以后才开始，主要表现在一些学者开始认识到客户资产的重要性并试图对其进行初步描述。国际上具有代表性的观点主要有：瑞典的列夫·斯蒂文森（L. Stevenson）在 20 世纪 90 年代初提出客户资产是客户与企业保持往来的可能性。圣·昂日（H. San Andre，1993）认为：在商业上取得长期成功，人力资本和结构资本必须集中于与顾客相关的利益，建立起以客户为中心的资本储备，即客户资本。智力资本研究学者托马斯·斯图尔特（Stewart Tomas）于 1994 年提出，客户资产是企业与业务往来者之间组织关系的价值。

20 世纪 90 年代末，受西方发达国家影响，我国部分研究人员开始关注客户关系管理问题，并且 2000 年以来，越来越多的研究人员对国外有关论著进行翻译与引进。同时，我国个别学者从对无形资产问题的研究，进展到开始尝试把客户关系列入无形资产，也有个别学者开始使用客户资源或客户资产的概念来描述企业与客户关系对现代企业发展的重要性，还有一部分学者试图对客户资产进行测量。在实践中，部分现代化企业开始尝试并引进国外客户资产管理系统（Customer Asset Management System）的观念与技术。

3. 以人为本，实现客户关系资产管理

增值，一般是指事物的价值在原来的基础上发生了增长。企业资产，如一般的机器设备、厂房、原材料、成品等，也同样具有这种特性。客户资产也属于资产范畴，同样可以保值增值。那么，企业应该采取什么样的行动才能使客户资产保值增值呢？为此，我们提出以下建议。

（1）与培育以人为本的企业文化结合是尊重企业主体的权利

广义上说，企业主体既包括管理者、股东，也包括企业员工、顾客，甚至竞争对手。对于管理者和企业员工来讲，首先应树立主人翁意识。长远来看，企业对顾客的尊重程度和对社会的责任意识将对其生存和发展起决定性作用。其次，要提高员工素质。在强调产品品质的同时，应认识到人的品质是一切品质的根本。最后，要培养团队精神。要求企业上下通力合作，将员工的群体力量统一于企业的共同方向、共同目标，形成一致的文化观念、行为方式、价值准则、道德规范，全体员工为实现企业目标各尽所能。

（2）提高企业客户的满意度和忠诚度

进入21世纪，买方市场趋于成熟和饱和，商品极大丰富，同质商品种类繁多，消费者对商品的选择权增加。在网络时代信息传播快，使客户与企业的距离进一步拉近，客户能够更广泛便捷地获得商品信息。因此，客户一旦对企业产品感到不满意，即可轻易转向其他企业的商品，可以说其转移成本几乎为零。同时，该客户的消费转向可能影响到其他客户的消费。可见，提高客户的满意度和忠诚度，保留忠诚客户，对现代及未来企业越来越重要，同时也越来越困难。也许有人会说，留不住老客户，那就发展新客户。但是，发展一个新客户的成本往往要比留住一个老客户的成本大得多。国内外的实践证明，保留一个老客户所需要的成本仅为开拓一个新客户成本的20%左右，而且企业的主要收入和利润大都来自老客户。因此，要想方设法提高客户对企业的满意度和忠诚度，尤其是老客户。

(3)把客户关系资产作为重要资产单列示在资产负债表上,并进行客户关系资产测评方法探索

企业的主要经济目标是创造财富并使经济回报最大化,通常是不会改变的,但是资产的本质和测量方法已经发生了很大变化。有形资产,如厂房、设备、存货等,在现代经济形态下已经不再像原来那么重要了。无形资产对于大多数企业来说具有更重要的意义,他们对市场价值的贡献远远超过了传统的有形资产。在无形资产中最重要的可以说是客户资产,将其和其所带来的未来收益联系起来进行评价,是一种比较好的测评方法。传统的会计核算并没有把客户资产归入资产负债表中,这不能反映企业的真实价值和未来前景。如果将客户资产作为重要的资产列示在资产负债表中,将有助于更好地理解企业的经营状况与未来创造财富的能力之间的关系。因此,有关机关和有关组织有必要组织专家学者成立专门的研究小组,研究客户资产的测算评价以及在资产负债表中列示的相关问题。

(4)对客户关系资产进行数据库管理,提升客户关系资产的价值

随着公司业务的快速发展,传统的管理方式已经不能适应公司业务发展的需要。管理学认为:客户资源管理首先要解决两个基本问题:一是及时准确把握客户的需求,进行准确的市场定位;二是根据客户需求及变化,在正确的时间、正确的地点,通过正确的渠道提供正确的产品和服务。因此,为了快速了解客户的基本状况,现有客户、潜在客户以及客户的潜在需求等,我们就要运用当代的高科技技术实施数据库管理。客户信息管理是客户资源管理的基础。客户信息管理的要求一方面是建立完整准确的客户信息档案,另一方面是有效利用客户信息档案挖掘客户需求和进行市场定位,建立适应于本企业的客户资源数据库,同时不断更新数据库中的信息,迅速掌握市场动态,扩大市场占有率,以便获得更多的客户"选票",赢得更多的现金流入,提升客户资产的市场价值。

（5）不断提高客户关系资产的收益率

客户资产收益率是指客户为企业带来的利润与企业付出的成本的比率。要提高客户资产收益率就要相应地增加利润，同时减少成本。但是，要以确保不使客户的满意度和忠诚度降低为前提。企业管理的目的是企业价值最大化，同样，客户管理的目的是提高客户资产的收益率，使客户价值最大化。客户价值最大化取决于两个方面：客户存量和客户质量。客户质量是指客户资产周转率，客户存量和客户质量的乘积决定客户价值总量，即"客户价值＝客户存量×客户质量"。因此，客户管理工作也就相应地围绕增加客户存量和提高客户质量开展。增加客户存量，也就是使原有客户资产增值和引入新的客户资产；提高客户质量，也就是提高客户资产周转率。在经济业务进入买方市场后，争取新的客户越来越难，同时成本也越来越高，因而这一点与客户利益最大化并不始终一致，如果刻意追求，常常会让客户感到十分不满，引起老客户流失，便会适得其反。

建议采取以下策略来提高收益率。

第一，改变传统的发掘和销售渠道一体化的方式，要在保住原有客户基础上，由企业整体而不是由业务员去发掘高品质的、有价值的潜在客户，企业高层领导人采取整体战略发掘到高品质的、有价值的潜在客户后，再由本企业的业务员向这些高品质的、有价值的潜在客户销售产品，实现发掘客户与销售产品相分离。

第二，对客户进行分类，界定其核心客户。著名的 Pareto 定律指出，企业 80% 的利润来自 20% 的客户，这说明不同客户为企业带来的价值是不同的。因此，企业应该对客户进行分类，不同的客户采取不同的策略和不同的管理方法，将管理的重点放在最有价值的客户身上，尽量建立和维持与客户的长期合作关系，促进其对本企业产品的重复购买和使用，进而获得更多的现金流和利润。

综上所述，客户已经成为世界各国企业一切生产经营活动的中心，客户关系应当被视为企业的重要资产来加以经营与运作，实现其保值增值，尤其在以后竞争更加激烈的市场中，更要视客户为企业资产的重中之重，只有这样才能使企业长久不衰。

三、完善民间创新政策，破解"民间发明人贫困魔咒"

（一）创客运动激发民间创新契机

古今中外，许多著名科学家和发明者都是民间科技研究者。世界科技发展史表明，自然科学的发展遵循先民间创新、后职业化创新，先非主流创新、后主流创新的创新规律。当今我国许多科技成果正是来自民间科技工作者，他们成为世界创新的主要源泉。国家知识产权局和全国工商联发布的统计数据表明，我国专利申请量65%以上来自民间科技研究者或非职业发明人，我国85%的新产品专利是民营中小企业创新者申请的。民间创新活动，依据我国现有管理体制，是相对于国家和国家控股的公有制创新而言的，是以非公有制、民间民办和民营形式表现的，主要以科学研究、技术开发、科技服务为创新活动内容。民间科技工作者具体可以划分为民间研究者、非职务研究者、非主流研究者、非正式研究者、非专业研究者、业余研究者、科学兴趣研究者、新学科技术研究者、跨学科行业研究者、离退休研究者、低学历研究者等，具有非主流（即"不务正业"的边缘科学家）、非职业（即不以科学岗位为生计）、非功利性（不图名利，有求知欲、表现感和献身精神）等特征。民间创新活动已成为国家创新体系的重要组成部分，是建设我国自主创新型国家体系的一支重要力量，有利于开创"官民结合"两条腿走路的科技事业新格局,培育创新环境,培养和造就富有创新精神的科技人才,有利于深化科技体制改革,建设新型的科技创新体系,有利于发展创新文化,培育全社会的创新精神,是推动我国科技进步和经济社会发展不可或缺的重要力量。然而,民间发明人虽然创新良多,其境遇却并不理想。他们之中的多数人不仅难以得到必要的支持和资助,而且专利成果转化率低,种种情况已成为阻碍创新发展的消极因素。

2013年3月,党和国家领导人在全国政协十二届一次会议上提出变"要我创新"为"我要创新"。2015年5月7日,李克强同志先后来到中国科学院和北京中关村创业大街考察,强调推动大众创业、万众创新是激发亿万群众智慧和创造力的重大改革举措,是实现国家强盛、人民富裕的重要途径,要坚决消除各种束缚和桎梏,让创业创新成为时代潮流,汇聚经济社会发展的强大新动能。创客具有民间创新者的绝大部分特性,但是其也具有一定功利性,所以他们在创新、创造过程中对经济利益的追求有利于突破"民间发明人贫困魔咒"。因此,创客是集创新与创业于一身的民间创新工作者。掀起我国创客运动新局面有利于进一步助推民间创新的热情。但是也应该看到,在鼓励民间创新热情的同时,我国民间创新也面临着巨大困境与挑战,必须加以解决,才能释放民间创新能量。创客运动的兴起使我国民间创新出现新的契机。

(二) 新时代中国民间创新困境探究

新时代,中国民间创新面临五大困境。

1. 陷入"民间发明人贫困魔咒"陷阱

民间创新者得不到政府经费支持,手握数项发明未能致富却生活艰难,是目前我国民间创新的"贫困魔咒"。据有关报道,2004年,吉林省780名专利发明者中未从专利中获得经济利益的有700余人,占89.7%;5000位发明人中,债台高筑者近3500人,占70%。在湖南,近 20 年来登记专利 5 万余件，科技发明者中有 6000 人生活困难，因从事发明而负债累累的有 4000 多人。在安徽，民间发明者普遍贫困，已经成为阻碍创新发展的消极因素，成为当代中国民间创新的"贫困魔咒"。据调查，我国民间创新经费 80% 来自创新者自有资金，社会贷款比例为"0"。可以说，没有相应资金资助民间创新，这导致民间创新在近年来比例逐渐下降，同时也加剧了民间创新者的创新风险。

2. 处于主流边缘，缺乏社会和政府应有的重视

受传统思维影响，民间创新一直处于主流边缘，整个社会对其认识不足。受长期以来形成的国家科研体系的强大优势以及对民间科技创新的极端偏见影响，民间创新活动一直处于整个社会关注的边缘地带。改革开放以来的市场经济体制下，只注重经济效益不重视社会效益的短视行为更加重了对民间创新的忽视。调查显示，在民间创新者中，40.7% 认为创新缺乏交流渠道，39.7% 反映寻求专业性创新指导比较困难，民间创新者采取的是"单打独斗，个人顶起一片天"形式进行创新，没有形成开放式的创新团队，创新性不足、边缘化、封闭性等成为当前民间创新的困境之一。

3. 缺乏组织和引导，内部运行机制不健全

尽管近年来我国政府逐渐认识到民间创新的重要性，但是在科技创新方面仍未能充分认识到民间科学的价值与民间科学工作者的作用，很多条条框框在制约着民间创新。例如，在科技奖励和科技成果审查方面，大多数民间创新不在科技计划之内，不能成为科技成果登记对象；科技成果登记材料一般要求以学者论文、学术专著等呈现，民间创新者往往发表不出学术论文或者学术专著，无法达到科技成果登记的材料要求。同时，我国科技奖励的是认可的科技成果，有关部门逐级推荐上报科技成果项目，民间创新项目的主体由于缺乏部门推荐无法获得应有的奖励。此外，民间创新内部运行机制不健全，我国民间科技工作者人数众多，成员构成比较复杂，能力巨大但水平良莠不齐，使得我国民间创

新活动缺乏明晰、运行有效的评审机制和管理机制。

4. 缺乏评价和交流，中介服务体系不健全

民间创新者出自民间，大多数未受到过专业的正规教育，或者退休科研工作者已不成为创新主流，人员分布广，植根于各行各业。他们虽然在某些方面有重大突破与创新优势，但其自身的文化、交往等原因无法与正规主流创新者进行交流，或者交流不畅，缺乏交流机会与沟通平台。同时，民间创新者的发明由于缺乏中介服务机制，其创新成果无法转化成为生产力，造成创新浪费，甚至出现民间创新专利人的知识产权被主流科研创新者盗取的可能性。缺乏经费支持使很多民间创新难以投入试验与生产。

5. 民间创新在专利申请中面临法律困境

目前专利法的局限性制约了民间创新的发展，《中华人民共和国专利法实施细则》第四十六条规定，"申请人要求早日公布其发明专利申请的，应当向专利局声明。专利局对该申请进行初步审查后，除予以驳回的外，应当立即将申请予以公布"。然而，现实中则需要 6 个月以上甚至长达 18 个月。《中华人民共和国专利法》第三十三条规定：申请人可以对其专利申请文件进行修改，但是现实中实质性审查长达 2—6 年。同时法律规定"谁主张谁举证"，造成民间创新者专利侵权风险成本过高。

针对以上困境，归咎原因主要是对民间创新科学认识不够，创新文化不健全，创新文化尚未形成，创新体制与创新政策不健全等。

（三）创新政策促进发达国家民间创新

1. 政策先行

法国制定《创新与科研法》，日本设立"创造科学技术推进制度"

"下一代产业基础技术研究开发制度""科学技术振兴调整"三项重要制度;芬兰成立芬兰技术发展中心,德国制定《工商企业研究开发人员增长促进计划》《企业技术创新风险分担计划》《中小企业研究合作促进计划》《小型企业服务投资促进计划》等形成强有力的推动创新活动的政策体系,美国制定《专利法》《拜杜法案》《技术转移商业化法》《史蒂文森—威德勒技术创新法》《小企业技术创新法案》《加强中小企业研发法案》等形成政策先行支持民间创新活动。

2. 税收优惠

加拿大2008年提出科学研究与试验发展计划,澳大利亚2010年推出研发税收津贴,新西兰提出WBSO计划,挪威提出Skattefumn计划,英国为中小企业减免税为研发费用的175%,法国实行《企业科技创新计划》,印度鼓励企业建立研发中心,新加坡给予高新技术企业5—10年低税优惠等税收优惠政策,主要包括税收减免、扣除、加速折旧、提出财政奖励以刺激对研发的投资等。这些减税让利政策极大推动了各国民间创新,特别是民间中小企业的科技创新。

3. 技术转化与创新扩散

美国小企业技术转移计划、法国推动军民两用高技术发展、加拿大的EG计划、英国知识转移伙伴计划、澳大利益企业联结计划、丹麦卓越中心网络计划、德国中小企业创新能力促进计划等促进民间创新的技术转化与创新扩散。

4. 绿色政府采购

日本制定《促进再循环产品采购法》,美国制定《美国小型企业法》《联邦采购条例》《清洁空气法案》《水污染控制法案》《资源保护与回收法案》等,欧盟成立欧洲绿色采购网络组织发布《政府绿色采购手册》,芬兰制定《创新政策实施计划》,澳大利亚制定《创新议程》《澳大利亚中小企业市场需求审定计划》,英国实行FCP政策,新西兰实行 PIP 政策，英国实行小型企业研究计划等促进民间创新活动。

5. 成立基金予以金融支持

资金缺乏是民间创新的关键制约因素之一。资金是民间中小企业创新的"血液"。为此，发达国家纷纷成立相应的民间创新基金对民间创新予以支持。例如，澳大利益 IIF 基金和 ICP 计划、芬兰 FOF 成长基金、加拿大创新风险资本基金、英国创新投资基金等直接提供金融支持，澳大利亚 VCLP 计划、芬兰维哥促进计划等提供间接金融支持，挪威国家种子基金等向民间基金提供政府投资。

（四）完善民间创新政策，破解"贫困魔咒"

1. 给予民间创新者与民间科技创新活动同等待遇

民间创新者也是中国创新社会的重要一员，新时代背景下我国创新同样需要民间创新。因此，要进一步解放思想，破除针对民间创新活动的思想桎梏，进行创新体系的顶层设计，将民间创新活动纳入整个国家创新体系。充分认识民间创新工作者的重要性，给予民间创新者与体制内创新者一样的地位，使其得到与体制内创新者应有的同等尊重，对民间创新活动实行与主流创新活动同等待遇，同时在法律法规上予以正名。

2. 给予民间科技研究成果优先评价条件与同等保护

针对民间创新知识产权保护缺陷问题，我们建议，根据新颖性、创造性、自洽性、包容性、简明性、可实验检验性等标准来构建我国民间科技成果评价体系，将民间创新体系，特别是创新成果的知识产权保护体系加以健全与完善；借鉴发达国家民间创新实践经验，构建中国民间科技成果评价规范体系。该体系具体包括民间创新成果评价的档案管理、评价的定义、评价的原则与范围、评价的组织与形式、评价的程序、评价的步骤、评价的费用等内容。还要给予民间创新科技科研成果优先评价条件与同等的保护地位。

3. 促进我国民间创新性科技成果市场化

进一步促进我国民间创新性科技成果市场化，一是在全国高新技术成果交易会等全国性会议上设置个人创新成果平台，鼓励民间创新者在个人创新成果平台上发布自己的创新成果，选择对接企业或者科研机构将成果市场化，使其成果实现经济效益。二是成立国家和地方政府"非公示资助计划"，即国家和各地政府设立专门民间创新资助项目，对民间创新者专利或创新性"非共识"项目提供研发资金资助。三是成立全国和各级地方政府民间创新科研基金会，进一步向民间创新者释放资金，解决其资金瓶颈问题；设立"专款"奖励或补贴应用性科研成果或正在研究中的应用性科研项目。四是应用知识产权专利保护民间创新成果；应用"拍卖人"等多种模式资助民间创新成果，真正使民间创新成果落地。五是构建交流平台，促进民间应用性成果进入企业孵化；鼓励创客者创意入股以及所得再创新的减免税优惠政策。

4. 重视创新人才培养，形成自主创新创业人才资源

针对当前我国创新人才培养与考核评价体制的弊端，我们建议，重视创新人才培养，形成自主创新创业人才资源，一是改变教育部"重论文轻实绩、重学历轻阅历"的人才评价机制与用人机制，鼓励高校科研院所及国有企业科研人员主动与创客者、创新者进行交流，加速自主创新人才培养提升的新步伐。二是针对传统制度障碍，建议进一步打破原有的人才流动障碍，实行有利于创新环境的弹性人才共用、知识共享的矩阵式民间创新机制。三是完善创客创新活动的文化氛围，形成唯"创客者英雄、创新者英雄"的创新氛围，创建"激励成功、宽容失败"的民间创新文化与创新精神。

5. 设立民间创新活动基金，破解民间创新资金难题

我国民间创新活动基金在职能上应定位于募集研究资金，确定研究指南与选择研究项目、宣传机构宗旨、给出人物评价和成果评价等职能；在机制定性上应定位于非官方性质、非企业性质，典型的具有公益性、草根性和国际性、开放性的非政府机构；在工作机构上应定位于注册非企业法人机构、基金会理事会为决策机构、基金会秘书为办事机构；发展方向定位于促进民间科技创新、保护、培育与规范民间创造活动，传播以中华科学传统及其现代价值为主要内容的理念与方法，以主办宣传民间创新的杂志、网站、图书、讲座、讨论会等为主要传播方式。

四、突发公共卫生事件应急管理的国际实践与中国经验

突发公共卫生事件的应急管理是全球性问题。本章以2020年以来的新冠肺炎疫情作为典型事件为例进行说明。这场疫情蔓延之迅速、持续时间之长、危害之大、波及面之广让全世界人民措手不及。中国应对新冠肺炎疫情采取的措施与应对机制取得的成就可称为"中国实践经验"与"中国作业"，为践行国际社会责任，从四个方面总结中国的应对经验。

世界卫生组织（WHO）于2020年3月11日将新冠肺炎列为全球性大流行病。自2019年12月武汉疫情以来，中国政府采取了一系列有效措施，抑制了新冠肺炎在国内的大流行。2020年3月，中国国内出现了首例境外输入确诊病例。为应对境外输入新冠肺炎疫情，中国政府强化疫情"倒灌"应急机制。在中国取得巨大的疫情防控成效的同时，国际社会呈现疫情快速扩散趋势。截止到2021年8月24日，世界上

200 多个国家和地区出现了疫情①。截止到 2021 年 8 月 29 日 7 时 01 分，全球累计确诊新冠肺炎新增病例 510 030 例，累计病例 216 678 785 例，累计死亡病例 4 506 220 例，新增死亡病例 8 413 例，康复 193 620 997 例，重症和危重症病人 113 015 例。全球新冠肺炎确诊病例超过 100 万例的国家达 35 个，106 个国家病例超 10 万例②。疫情更加突出了经济社会在重大突发事件面前的"脆弱性"，如何应对重大突发事件成为中国乃至全球研究的热点问题。对重大公共突发事件对经济社会影响、风险如何防范、如何构建重大突发事件应急机制等问题的研究，具有重大理论和现实意义。本章分析美国、日本、印度等国家应对新冠肺炎疫情中的不足，总结中国在抗疫中的经验，期望对构建重大公共卫生突发事件应急机制有所启示。

（一）美国相关实践与存在问题

针对突发公共卫生事件，美国主要以应急法律体系为保障机制，以联邦应急管理局（FEMA）为核心，建立"联邦—州—地方"三级管理体系，六个横向专业子系统加以辅助，实施跨部门协调机制，形成了纵横型网络化的重大突发事件应急管理体系。但是，在防控新冠肺炎疫情中还存在以下问题。

1. 医疗资源准备缺乏，难以满足疫情急需，医疗成本过高

美国医疗资源相对短缺，准备不足，难以满足新发疫情突发急需，例如拭子、化学试剂、病毒传输介质、检测工具、处理检测机器、运行检测设备工作人员等急需资源持续短缺。检测实验室的数量严重不足。

---

① WHO：《全球新冠肺炎病例累计 168019 例，死亡 6610 例》，https：//www.sohu.com/a/380654364_260616? spm = smpc.home - classic.top - news2.3.1584404216028DmRNbcZ，2021 - 08 - 25。
② WHO：《据 Worldometers 统计，全球新冠肺炎累计确诊病例超 2 亿例》，https：//www.medsci.cn/article/show_article.do? id = 8507216429e3，2021 - 08 - 30。

美国针对新冠肺炎疫情的必要专业指导相对缺失。美国政府将新材料、疫苗生产，诊断等公共投资排除在优先事项之外，有关公共卫生行业的新专业技术的必要指导相对缺乏。

美国医疗应急资金准备不足，难以满足新冠肺炎疫情需求。2018年，美国解散全球卫生安全办公室，卫生系统资金削减150亿美元，导致应对新冠肺炎疫情准备不足。政府资助公共卫生部门的研发GDP占比也从巅峰时期（20世纪60年代中期）的1.8%下降到0.7%。

2. 城市检测能力缺乏，新冠肺炎疫情检测供应链面临险境

首先，疫情检测点严重不足，检测速度相对缓慢，居民检测范围相对较小。基于新冠肺炎疫情传播速度的特殊性与传播危害性，追踪新冠肺炎病毒的传播路径尤其重要。检测速度是有效追踪新冠肺炎疫情的主要关键点。但是，在美国，公共部门仅仅检测重度感染患者，将轻症和无症状的患者排除在检测之外，普通民众难以获得检测机会。同时，检测速度相对于中国来说，更是缓慢，不能有效追踪密切接触者。洛杉矶公共卫生部门已将新冠肺炎疫情防控战略从"控制病例"转向"减缓传播和避免高发病率和高死亡率"。检测结果等待时间过长。在美国，监测结果等待时间一般5—7天，佛罗里达州长达10天。在早期，部分州检测结果需要等待14天。在亚利桑那州菲尼克斯，当地市民检测需等待长达13个小时。当地居民因等待检测结果时间太长而放弃检测。

其次，疫情检测供应链面临险境，严重影响了对疫情的有效防控。在早期，由于新冠肺炎疫情，美国国内物流停滞。新冠肺炎检测结果无法按时到达，延误了有效追踪密切接触者的有利时机。同时，由于供应链停滞，很多新冠肺炎的医疗防控物资无法到达。很多检测点因快递公司未能及时将医疗物资送达而关闭。

最后，疫情信息不及时、不准确，疾控中心的"疫情信息误导"时常发生。例如，美国疾控中心最新指南表示，鉴于N95口罩供应短缺，将外科手术口罩作为"可接受的替代品"使用。疫情误导信息加

剧了疫情防控的严重性,造成一定的信息混乱,加剧了医疗防控人员的身心健康,增加了感染新冠肺炎病毒的概率。

3. 联邦政府缺乏有效协调,党派竞争与"甩锅"行为严重

首先,各级政府缺乏有效协调。美国时任总统特朗普到 2020 年 3 月 13 日才宣布进入"国家紧急状态",错过了最佳的疫情防控时机。美国联邦政府和各州虽相继出台一系列升级版防疫措施,但各州防疫措施力度不同、民众不满情绪等导致相关防疫措施难以协调。

其次,美国政府将主要精力放在党派竞争上,国会与政府斗争严重。民主党指责共和党消极对待疫情,抨击政府不作为,淡化疫情风险。共和党指责民主党故意制造恐慌,夸大疫情的严重性。共和党借助参议院与白宫一起应对众议院"攻击"[①]。

最后,美国联邦政府与各州、地方政府相互"甩锅",推卸责任。联邦政府未能对检测点承载能力评估、各地区疫情发展趋势、防控新冠肺炎疫情"瓶颈"等有效协调与统一配置。居民获取检测机会分布不均衡。疫情严重地区检测机会相对小。美国卫生部否认"测试用品短缺",并将疫情迅速蔓延的原因归咎于各州政府管理不善、沟通不周、资源利用缺乏灵活性、实验室耽误检测时间等。美国联邦政府因检测时间指责检测实验室。

4. 疫情防控不平等,"结构性缺陷"凸显

美国的种族主义"顽疾"导致新冠肺炎疫情防控更加困难。长期存在的与种族相关的"结构性缺陷"更加凸显。在新冠肺炎疫情暴发早期,亚裔民众因戴口罩遭到辱骂攻击。据《华盛顿邮报》报道,亚裔医护人员遇到言语或肢体攻击,病人拒绝接受其治疗。2020 年 4 月下旬,纽约市实施的"社交距离"防控强制政策引来"执法不公"的

---

① 周振超. 完善重大疫情防控体制机制:基于政府间关系的分析 [J]. 中国治理评论, 2020 (2): 24 - 35.

问题。在违反"社交距离"防控政策而被逮捕者中，68%为非洲裔，24%为西班牙裔，白人占比很少。在纽约市，西班牙裔和非洲裔的住院人数和死亡人数是白人的两倍。不同族裔间"健康鸿沟"特征明显。据美国凯瑟尔家族基金会数据显示，在美国，在已接种至少1剂疫苗的人群中，白人占比25%，非洲裔占比仅为15%。美国疾控中心数据显示，非洲裔美国人死于新冠肺炎的概率是白人的1.9倍[①]。

收入的不均等、长期存在的种族主义等凸显美国在新冠肺炎疫情防控中的"结构性缺陷"特征，美国感染曲线进一步增强，感染人数呈指数级增长。在美国，每1 000个人仅仅均占2.9个病床位。一次急诊平均花费1 000美元，隔离病房日均花费4 000美元。美国居民新冠肺炎治疗"两高"特征明显，即"医疗水平高，居民治疗成本高"，很多居民感染但不去就医。

（二）日本相关实践与存在问题

日本重大突发事件应急机制主要针对自然灾害事件。在管理模式上，日本形成了"国家—都道府县—市町村"三级模式。尽管日本应急管理机制经历了多次考验，但是，在面对新冠肺炎疫情中还是存在以下问题。

1. 日本政府因"东京奥运会"采取了相对消极的防控措施

为保证2020年"东京奥运会"正常进行，日本政府针对新冠肺炎疫情采取了隐瞒的消极防控政策。2020年2月14日的"钻石公主号"邮轮事件促使日本政府正视本国新冠肺炎疫情。该事件后，日本政府专家组会议开始承认新冠肺炎疫情已在日本流行。日本主要采取边境检疫

---

① 央视新闻客户端：《失序的美国丨非裔求医被拒 疫情暴露美国种族主义顽疾》，http://news.hnr.cn/rmrtt/article/1/1401085954843873280，2021-08-30。

的方式将病毒"隔绝在境外",但该政策失效。面对"疫情严重失控"困境,2020年4月7日,日本政府发布"紧急事态宣言",有效期至2020年5月6日,但仅覆盖东京、大阪、埼玉、千叶、神奈川、兵库和福冈7个府县。紧急事态延长致使失业人数飙升,失业者从36.8万人上升到延长一个月后的77万人,失业率增长近一倍。5月16日,日本政府又在全国范围内发布"紧急事态宣言"。但是,日本政府仅推出财政政策刺激经济发展,例如启用2 700亿日元预算储备、成立5 000亿日元专项资金等,帮助中小型企业应对资金不足问题。为缓解经济冲击,日本政府在4月7日通过总额108万亿日元(约9 940亿美元)的经济刺激计划,为历史之最,约占其2019年GDP的20%。20日,该资金池又扩大至117万亿日元。日本参议院4月30日批准25.69万亿日元补充预算案,也为日本历史之最大规模。7月,日本政府推出"外出旅行"和"外出就餐"活动,打算通过住宿费减半、提供餐饮优惠券等政策扶持旅游业与餐饮业。可以看出,日本政府为保证2020年"东京奥运会"的召开采取了一系列的针对经济的政策,而对新冠肺炎疫情采取了相对消极的防控措施。

2. 政府缺乏疫情防控强制力,令出不行频繁发生

第一,日本《地方自治法》赋予地方自治体独立性较高。在危机应急管理体制上,日本政府可以"举国体制",但中央政府仅仅做战略谋划,相关政府部门才是具体安排的落实责任主体[1]。2020年1月28日,日本政府将新冠肺炎列为"指定感染症",并制定"患者检查应对流程"与"接触人群检查流程"。但是,日本政府紧急事态宣言强制力相对缺乏,仅仅完善监测与咨询应对,公布新冠肺炎相关"诊疗指针"加以指导。日本政府根据相关法律无法进行整体防控布局。安倍政府在

---

[1] 刘宪权,黄楠. 论拒绝执行防疫措施行为的刑法定性[J]. 法治研究,2020(2):3-10.

发布针对中小学全面停课事宜的紧急事态宣言时，京都府等地方政府加以拒绝。

第二，与欧美封城抗疫不同，日本"紧急状态"下措施大多不具有法律效力。日本内阁出台《新型流感等对策特别措施法》修正案，授权日本首相在必要时发布"紧急事态宣言"。日本政府先后3次发布"紧急事态宣言"，各都道府县知事可依法要求居民停止外出或学校停课等。但是，日本"紧急状态"仅仅停留在"思想状态"而非"行动状态"，成为纯软式"紧急状态"。2020年4月16日至5月25日，日本国内公共汽车、火车、国内航班等没有停运，只是减少班次。

3. 民众心理问题剧增，心理安全防控机制不健全

新冠肺炎疫情为日本社会带来"心理健康"方面的严重问题。2020年日本自杀率呈先降后升态势。2020年7—10月，月自杀率与2019年同期相比上升16%，其中，女性、儿童、青少年自杀率上升幅度较大，女性自杀率上升37%，儿童和青少年自杀率上升49%。日本政府干预程度相对下降，尤其是对于年轻上班族、低技能从业者，基于其社会保障缺乏，失业率增加，自杀率上升。社会上存在相当程度的心理障碍问题，原因在于，在新冠肺炎疫情中，日本政府没有建立健全及时有效的心理干预机制；心理健康专业人士相对匮乏；疫情防控知识专题培训会相对较少，特别是针对民众的新冠肺炎疫情防控的相关培训更是缺乏；未能建立有效的新冠肺炎疫情心理疏通网络等。心理安全防控机制不健全，导致日本因疫情民众心理问题剧增，凸显日本政府在新冠肺炎疫情中的心理安全防控能力不足。

4. 医疗资源相对缺乏而采取以民度为主的有限管控政策失效

第一，日本现有医疗体系无法满足当前新冠肺炎疫情急需，医疗资源网络分配不合理。口罩、防护服、ICU病床等医疗防护设备严重不足。在疫情严重的东京都，政府已征用酒店等作为公共设施隔离轻症患者。同时，日本医疗资源总量虽然大，但分配不平衡。

第二，信息传递方式比较传统，无法适应疫情的蔓延速度。新冠肺炎疫情信息共享技术相对落后，信息传递速度相对缓慢。手写传真、纸质图表等传统的信息传递方式延迟了中央与地方、地方与地方之间流行病数据共享。

第三，面对新冠肺炎疫情，日本国内以民众自觉与自律为主。日本民众平时十分注重个人防护。依靠民众自觉抗击疫情政策使得日本政府在隔离、封城、限制人与人接触等基本防控措施上摇摆不定。

第四，日本"不自觉"的年轻群体成为疫情防控一大阻碍。日本基本依靠民众"自愿"遵守限制令来实现防控工作。据报道，日本新冠肺炎感染病例，20岁到30岁的年轻群体占比为50%。"不自觉"的年轻群体高度移动，且多为轻症或无症状感染者。说服年轻人改变原有的生活方式成为日本新冠肺炎疫情防控的一大难题。

（三）印度相关实践与存在问题

洪水、地震等自然灾害是印度面临的主要灾害。面对重大公共卫生突发事件，印度政府主要采用行政手段，自上而下，以邦为核心，构建了"国家—邦—县—区"四级垂直管理体制。但是，印度的国情与政府决策重点偏移导致印度新冠肺炎疫情防控工作出现很多问题。

1. 信息不准确，城市贫民窟、农村成为重灾区

第一，新冠肺炎疫情相关数据不准确，无法及时精准掌控本国疫情实时情况状。据报道，德里和喀拉拉邦每确诊1例新冠肺炎感染者就面临25例病例漏报，北方邦和比哈尔邦漏报高达300例，平均漏报90例。[①] 印度始终面临"滚雪球式"的新冠肺炎疫情大暴发。

---

① 证券时报：《印度新增新冠肺炎病例45083例 累计确诊超3269万例（2021年8月29日12：53发布）》，https://k.sina.cn/article_7517400647_1c0126e4705901b6pf.html? search_keyword = $ search_keyword2&search_keyword = $ search_keyword2,2021 - 08 - 30。

第二，印度贫民窟内居民新冠肺炎感染率远远高于其他地区。贫民窟卫生条件比较差、人口密集且流动性较高，感染率高。城市中的贫民窟成为大城市新冠肺炎疫情防控工作的重点。孟买市政府发布的一项调查结果显示，该市接受血清检测的贫民窟人口样本中，受试者携带新冠病毒抗体的占57%。

第三，农村新冠肺炎疫情确诊率居高不下。人口密度大、卫生条件差、居民受教育程度低、普遍贫困成为印度农村的特点。农村地区人口占比为70%，政府难以对其进行检测。农村居民回流加速了疫情传播，加剧了疫情流行。

第四，种姓制度严格，贫民聚集地区成为新冠肺炎疫情传播的"天然温床"。在印度公立医院，居民难以获得新冠肺炎病毒检测。低种姓印度平民得到检测更加困难。

2. 疫情防控与产业复工复产"双难选择"

印度政府因为新冠肺炎疫情采取了封锁城市的措施，导致运输相关产业无法正常进行。生活所迫，印度各地频繁发生群体反抗隔离事件。在印度，因没有工作挨饿导致的死亡人数远多于在疫情中受到感染而死亡的人数。居民心态发生变化，在新冠肺炎疫情防控与产业复工复产获得生机之间进行"双难选择"。印度政府于2020年3月实施"封城"防控措施，到5月为兼顾经济发展调整措施实施有限度解封，各地方政府在封锁和解封间切换。官方数据显示，印度人口基数超过13.5亿人，人力车司机、流动产品小贩、女佣、日工和其他非正规工人构成其经济支柱，约占总就业人数的85%。如何兼顾新冠肺炎疫情防控和国内经济复苏与民生，是印度政府面临的重要挑战。

3. 政府重视不足、引导失误，对疫情认识不够

印度政府为获得国际社会"认可"，融入发达国家经济体系，在抗击新冠肺炎疫情中采用了不成功的发达经济体抗疫模式，没有把抗疫重点放在本国民众身上。第一，暴发初期，印度政府对新冠肺炎疫情认识

不足未能加以合理引导，造成巨大的疫情暴发隐患。印度政府仅仅通过"封国""封城"等措施加以简单隔离，有效防控措施不足。第二，资金投入严重不足。2017年，莫迪政府将印度卫生部2017—2020年预算支出从250亿美元降为200亿美元；2018年，莫迪政府承诺为落实社区保健制度而在全国范围内建立15万个医疗保健中心，实际上投资仅为1.57亿美元，相对于项目预算仅是"杯水车薪"；2019年，莫迪政府财政预算绝大部分投资到企业发展与刺激就业，公共卫生方面未能得到补贴。印度政府在2020年5—6月先后两次向亚洲基础设施投资银行申请贷款12.5亿美元用于抗击新冠肺炎疫情。

4. 公共卫生监测系统缺乏，基础医疗资源薄弱且不均衡

第一，印度医疗资源匮乏，应对新冠肺炎疫情效率低下。日常情况下，印度每万人仅拥有8名医生、18.5张病床；在面临新冠肺炎疫情时，印度更是表现为平均每10万人仅拥有0.7张病床。此外，医疗网点覆盖面不足、基础设施不足、人力资源缺乏、医疗器材与药品匮乏等问题也十分突出。

第二，印度医疗水平远远低于世界平均水平。在全球195个国家和地区医疗水平打分中，印度排名第145位。卫生条件差是印度一大劣势，公共卫生支出仅占其GDP总量的1%。以厕所为例，51.6%的印度家庭没有厕所。

第三，印度邦与城乡、邦与邦间公共卫生医疗不均衡，医疗质量与覆盖范围均存在差异。其医疗保健系统覆盖面小，很多居民无法得到公立医院的医疗服务。此外，该国是世界上最大仿制药出口国，其原料药70%来自中国。由于中国原料断供，印度大型药企仅能维持2—3月的生产，中小企业仅能维持30—40天。

第四，检测数量存在上限，绝大多数人享受不到医疗资源。中小城市以及农村仅依靠"群体免疫"抵御疫情。莫迪政府推行"牛粪疗法"抗疫措施，加剧了农村居民"放弃治疗"的信心。

(四) 中国管理实践与应对经验

在应对公共卫生突发事件中,中国已形成"国家-省-市-县"四级管理体制。国务院是重大公共卫生突发事件应急管理最高行政机关,省、市、县层层递进[①]。当前,中国应对新冠肺炎疫情重大突发事件采取的措施与应对机制取得的成就被誉为"中国实践经验"与"中国作业",值得加以总结。

1. 建立健全重大公共卫生突发事件应急管理法律体系

中国政府在建立健全重大公共卫生突发事件应急管理法律体系中的经验主要有:

第一,加强重大公共卫生突发事件应急管理法治化、制度化,使其有法可依,有矩可遵,保障重大公共卫生突发事件有序有效处理[②]。第二,建立健全系统化、多层次的重大公共卫生突发事件应急法律体系,制定《重大公共卫生突发事件应急基本法》,为本国应对重大公共卫生突发事件提供法律依据。第三,多渠道、多层次筹集应急资金,建立健全重大公共卫生突发事件应急资金的相关法律法规。建立专门应急资金,保证应急资金及时有效到位。设立紧急基金与巨灾债券[③]。第四,加大财政支持应急力度,进一步加强阶段性减免、递延等税收政策。通过减免、递延税收等政策有效降低企业由于重大公共卫生突发事件产生的成本,加强补贴与税收优惠政策,有效帮助中小企业摆脱困境。第五,建立重大公共卫生突发事件国家长效机制,成立国家生物安全实验

---

① 黄爱丽. 我国突发公共卫生事件应急体系的研究 [J]. 中国社会医学杂志, 2008 (4): 205-207.

② 涂小雨. 中国国家能力建设议程的形成逻辑、可持续性与世界眼光 [J]. 中国治理评论, 2020 (2): 17-23.

③ 张平, 王静敏. 新冠疫情影响下财政政策的需求约束与政策选择——基于居民消费的研究 [J]. 海南大学学报 (人文社会科学版), 2020 (4): 37-46.

室,加强集体攻关,建立健全新型关键核心技术攻关举国体制。

2. 建立健全重大公共卫生突发事件政府应急响应责任机制

第一,建立重大公共卫生突发事件应急责任机制,依照"谁来应急""怎么应急""应急权责"等事项明晰相应权责边界[①]。监督相应应急主体行为与效果,克服政府间、部门间相互扯皮、官僚主义、形式主义等弊端,提高应对效率。

第二,进一步明确各级政府、各部门间重大公共卫生突发事件事权。在突发事件发生时,中央政府制定应急政策,集中统一与迅速调配应急资源,加强相关工作协调。根据本地区实际情况,通过组织与协调相应的卫生机构、非营利政府组织、私营部门等,完善相应的应急医疗救治系统,加强本辖区内公民健康与生命安全的预警与维护[②]。

第三,建立健全重大公共卫生突发事件应急管理联动机制。成立跨区域的地方灾害预防总部,实施跨地区统一领导,加强信息传递与沟通[③]。疫情不分国界、不分人种、不分地区,应建立国内—国际横向应急管理联动机制,实现国内大循环为主体、国内国际"双循环"相互交流相互合作的应急管理联动机制。

3. 建立健全"广覆盖、中层次"重大公共卫生突发事件医疗服务体系

第一,明确医疗卫生行业公共与私人产品界限,具有公共性质的基本公共卫生产品由政府提供,具有私人性质的私人保健产品由市场提供,针对混合型公共卫生产品,政府严格明确区分相应供给责任,避免"越位"与"缺位"发生[④]。

---

① 吴宗友. 突发重大公共卫生事件期间空间越轨行为的场域机制——以新冠肺炎疫情为例[J]. 江淮论坛,2020(2):19-24.
② 王建红,冉莹雪. 大数据时代下省域现代化治理探索——基于浙江抗击新冠肺炎疫情的经验与启示[J]. 浙江树人大学学报(人文社会科学),2020(4):31-37.
③ 易龙飞,钱泓澎. "最多跑一次"改革背景下政务数据共享机制建设[J]. 浙江树人大学学报(人文社会科学),2019(6):44-50.
④ 窦海阳. 大规模环境污染下健康损害、权利表达及保护之道——兼论民法典应对大规模环境污染事件的"当为"与"不为"[J]. 法治研究,2019(1):114-125.

第二,放开重大公共卫生突发事件医疗服务市场,充分利用国际上相关药物专利灵活条款,加强相应药物仿制行业发展,因地制宜实施异质化的应急医疗模式,推动应急医疗体制创新。

第三,建立"广覆盖"的重大公共卫生突发事件医疗体系,提升医疗层次,加大政府投入,建立健全保险制度与贫困人口医疗救助金,增强民众在重大公共卫生突发事件发生时的心理安全感。

第四,建立重大公共卫生突发事件常设人才队伍与国家长效机制。构建"院校教育—毕业实践教育—院校理论再教育"的"多循环、可持续、'理论+实'践"的人才培养体系;建设快速反应队伍与常设人才队伍,强化应急救治、处置、反应等能力。

4. 加强国际重大公共卫生突发事件动态监测和预警

重大公共卫生突发事件不确定性特征突出,且随着经济、科技快速发展,不确定性程度愈演愈烈。为此,首先,应加强国际重大公共卫生突发事件动态监测和预警,定期不定期地举行模拟与演练。建立健全24小时国内国际重大公共卫生突发事件应对中心,借助大数据、云计算、人工智能等[①],有效推进信息整合与国际共享;建立重大公共卫生突发事件应急管理区域、次区域合作机制,共同抵御风险;建立覆盖全球的,囊括国际组织,全球社会、社区的国际社会网络,应急指挥网络,决策网络,实现国际应急信息化、国际指挥网络化、国际决策智能化。其次,完善重大公共卫生突发事件评估方式,建立健全重大公共卫生突发事件预防、控制预案能力评估机制。针对应对能力、熟练程度、预案内容合理性等,通过模拟演练等途径对各级政府相关应急预案实施能力评估。最后,进一步扩充重大公共卫生突发事件监测体系,将民间机构或医院纳入该体系内,定期技术更新民间机构或医院监测系统。

---

① 房连泉. 大数据在国际公共卫生监测中的应用及启示 [J]. 江淮论坛, 2020 (3): 130 - 136, 193.

第二篇

中小企业融入与对外投资政治经济风险研究

五、民营中小企业深度融入"一带一路"产能合作对策与建议

中国政府积极出台政策措施,中外金融机构、非政府组织及"产业园区合作+线上线下平台"等助力,民营中小企业已成为融入"一带一路"产能合作新亮点。但是,核心竞争力缺乏、海外经营能力有待加强、"融资的高山"依然存在、中介服务体系不健全、信息不对称突出等困境成为中国民营中小企业深度融入"一带一路"产能合作的"牛鼻子"。为此,本章从市场话语权、品牌影响力、辐射带动力、风险抵御能力等角度重塑民营中小企业深度融入"一带一路"产能合作资产积累,提出了着力破解人才瓶颈、风险瓶颈、资金瓶颈、信息瓶颈等四大瓶颈的政策支撑体系。

(一)民营中小企业积极主动融入"一带一路"产能合作

在我国推动新一轮高水平对外开放的背景下,民营中小企业已成为对外经贸合作的主力军,也是"一带一路"沿线各国经济繁荣发展的重要基石。鼓励和支持民营中小企业融入"一带一路"产能合作,对我国民营中小企业争取新的发展机遇、开拓广阔的发展空间具有积极的促进作用。

1. 政府积极出台政策措施支持"一带一路"产能合作

2013 年"一带一路"倡议提出以来,国家各部委密集出台了一系列激励民营中小企业"走出去"融入"一带一路"产能合作的相关政策法规。2017 年 7 月 13 日,工业与信息化部中国中小企业发展促进中心发布《中小企业"一带一路"同行计划》对服务民营中小企业走出

去、培养企业国际合作能力、推动中外创新技术对接、缓解企业融资难和融资贵等重点工作进行详细部署。2017年7月27日，工业和信息化部和中国国际贸易促进委员会联合下发《关于开展支持中小企业参与"一带一路"建设专项行动的通知》（工信部联企业〔2017〕191号），在助力中小企业开展贸易投资、为中小企业提供优质服务、提升中小企业国际竞争力三个方面给予重点支持。2017年9月1日，全国人民代表大会常务委员会修订并颁布《中华人民共和国中小企业促进法》，为广大民营中小企业融入"一带一路"产能合作确定法律依据。2017年12月6日，国家发展改革等部委联合颁布《民营企业境外投资经营行为规范》（发改外资〔2017〕2050号），对民营中小企业融入"一带一路"产能合作过程中经营管理体系、合规诚信经营、履行社会责任、资源环境保护、境外风险防控等方面提出具体指导意见。

除此之外，我国政府也积极与"一带一路"沿线国家或国际组织展开政策沟通与对接，为民营中小企业深度融入"一带一路"产能合作提供良好的外部环境。2017年2月23日，中国国际民营中小企业博览会事务局与日本贸易振兴机构广州代表处重点交流了支持民营中小企业发展的政策措施；7月24日，工业和信息化部中小企业局与国际劳工组织企业司对SCORE项目在中国的实践给予肯定；10月11日，亚欧会议中小企业融资研讨会发布《关于支持亚欧中小企业融资发展的广州倡议》；11月20日，山东省政府与德国巴伐利亚州签署《关于共同支持山东省—巴伐利亚州民营中小企业合作平台建设的协议》《260系列10000马力海上动力项目合作协议》《中德安全技术合作交流平台项目合作协议》3个协议，支持民营中小企业国际产能合作；12月15日，中联部与俄罗斯公正俄罗斯党国际部在第八届中俄中小企业合作圆桌会议上表示在"一带一路"倡议框架下加强中俄民营中小企业合作。

2. 民营中小企业已成为融入"一带一路"产能合作新亮点

截至2017年5月，中小企业板共有138家公司参与"一带一路"

产能合作，遍布 77 个国家和地区，参与形式有项目投资、工程建设、商品服务贸易、设立分支机构等，内容涉及基础设施建设、自然资源开发、技术输出、经贸合作等领域，投资金额超过 10 亿元的项目有 21 个。数据显示，2016 年民营企业"500 强"中有 210 家参与"一带一路"建设，占 54.69%，主要来自广东、浙江、江苏等发达省份。2017 年，"一带一路"企业影响力"50 强"榜单中，民营企业占 42%。《2018 中国民营企业 500 强调研分析报告》显示，在 2017 年"500 强"民营企业中有 274 家参与"一带一路"建设，实现海外收入 7 900 多亿美元，较 2016 年实现大幅增长。国家信息中心数据显示，2017 年中国民营企业与"一带一路"沿线相关国家的贸易进出口总额达到 6 000 多亿美元，占"一带一路"相关国家贸易总额的 43%。可见，民营中小企业已成为融入"一带一路"产能合作的重要力量。

3. 中外金融机构等非政府组织助力民营中小企业国际产能合作

"一带一路"倡议下，中国与各国加强金融合作，助力中外民营中小企业跨境发展。2017 年，中国银行马尼拉分行举办中菲民营中小企业跨境投资与贸易洽谈会，中国银行宁波分行组织民营中小企业赴泰国考察。深圳交易所与中国银行签署战略合作协议，共同推进"一带一路"跨境金融服务。除中资银行外，外资银行积极助力民营中小企业深度融入"一带一路"国际产能合作。2017 年 8 月 8 日，中非民间商会携手渣打银行推出"中小企业务非洲通"，为出口非洲的民营中小企业定制贸易融资方案，帮助民营中小企业加快资金流转，降低跨国贸易的兑付风险，更好地实现"走出去"。中国海外交流协会、马来西亚首相署民营中小企业协会、马华"一带一路"中心联合举办促进中马民营中小企业参与"一带一路"视频研讨会，加强马来西亚与中国在食品工业、原产品与农产品、农业、专业服务、旅游业等民营中小企业领域的合作。

4. "产业园区合作 + 线上线下平台"助力民营中小企业国际产能合作

跨境电子商务与线上合作平台帮助民营中小企业提高海外供需对接效率，有利于民营中小企业快速开拓国际市场。中投互贸"一带一路"国际贸易平台助力民营中小企业开拓南亚市场；阿里巴巴集团支持民营中小企业发展跨境电子商务；中国—东盟中小企业贸易促进平台（CASTPP）积极推动我国民营中小企业进入东盟各国市场。2017年3月至2018年3月，我国各地举办或参加各种线下对接中外合作的贸易洽谈会、博览会、合作交流会等高达30余次，遍布北京、上海、天津、深圳、广州等多个城市，以及马尼拉、布鲁塞尔、慕尼黑、吉隆坡等国际大都市，切实推动民营中小企业开展跨境产能合作。

产业园区也成为推动民营中小企业国际产能合作的一支新生力量。2017年3月以来，中国—马来西亚钦州产业园内共建"马来西亚城"，中德（芜湖）民营中小企业合作区加快形成汇聚德国企业和富有德国元素的产业走廊、中德金属生态城，中德（济南）、中德（昆山）、中德（嘉兴）、中德（许昌）、中德（慈溪）等民营中小企业合作区先后被批复建设，加快了中国民营中小企业国际产能合作。

（二）当前民营中小企业融入"一带一路"产能合作面临困境

1. 民营中小企业核心竞争力不足，国际产能合作市场相对狭小

在参与"一带一路"产能合作过程中，国有大型企业擅长将产能优势、技术与资金优势、经验与模式优势转化为市场与合作优势，民营中小企业因自身素质的限制，核心竞争力有待进一步提升，导致不少民营中小企业在融入"一带一路"产能合作中遇到"市场的冰山"。民营中小企业由于整体实力不强而缺乏对人才的吸引力、家族意识严重而缺乏科学的人力资源管理思维等原因，国际化经营人才缺失成为制约其开

拓"一带一路"沿线国家市场的重要瓶颈。中国大量民营中小企业参与"一带一路"产能合作中没有关键核心技术和高端产品的输出，在全球价值链下长期从事国际代工，缺乏自主品牌和国际销售渠，更没有形成有认知度的国际品牌。另外，民营中小企业容易忽视长期的结构调整，如不注重设备更新、技术和营销方式更新，随时面临被市场淘汰的危险。

2. 民营中小企业面临"四不高"困境，海外经营能力有待加强

民营中小企业融入"一带一路"产能合作面临着"四不高"困境，即国际化程度不高、应对东道国的危机管理能力不高、跨文化整合能力不高以及企业相对于发达国家来说海外凝聚力不高。民营中小企业融入"一带一路"产能合作仍处于初始阶段，大部分是孤军奋战或单打独斗，投资存在一定的盲目性。民营中小企业普遍缺乏具备一定海外工作经验和专业知识技能的综合性人才，难以深度掌握东道主相关法律政策与文化习俗，应对东道国各种关系的危机管理能力较弱。"一带一路"沿线国家涉及伊斯兰文化、基督教文化、佛教文化等多元文化地区，社会风俗和商业习惯多样化，容易引发社会冲突和危机等。不同国家在国家安全、反垄断、环境保护、劳工、税务及行业准入等方面相关政策与法律的不连贯性也给民营中小企业带来诸多困难和潜在风险。因此，"四不高"困扰着中国民营中小企业深度融合"一带一路"产能合作，海外经营能力有待加强。

3. 民营中小企业遭遇"融资的高山"，国际产能合作受到较大限制

《中国广东企业"一带一路"走出去行动报告2018》指出，中国当前为"一带一路"建设提供服务的金融机构不足，银行等金融机构融资门槛高，风险互换、掉期等金融衍生产品发展滞后。中国各类金融机构在"一带一路"沿线国家和地区布局不合理、网点较少，或者通过互联网、代理行等方式延伸服务不到位，难以为民营中小企业融入"一带一路"产能合作提供长期性资金支持，无法引导各类资金形成共

建"一带一路"的金融合力。另外，新设立的境外民营中小企业尚未在"一带一路"投资国建立良好的市场信誉，很难从境外银行获得贷款。向境内银行进行融资则需要境内关联企业或商业银行提供担保，海外资产又不能在国内金融机构进行抵押，因而民营中小企业难以有效获得发展所需资金，影响其融入"一带一路"产能合作的步伐。

4. "一带一路"产能合作中介服务体系不健全、信息不对称突出

相当一部分民营中小企业在境外投资信息咨询、风险评估、人员货物通关甚至签证等方面没有经验，加之自身体量小和竞争环境复杂等因素影响，难以获得有价值的海外项目信息，或者获得成本比较高。调查数据显示，国内面向企业境外投资和跨国经营的法律、会计、投资、信息咨询等专业化的中介服务机构相当匮乏且水平良莠不齐，缺乏严格监管。中介机构多是针对发达经济体，普遍缺乏对"一带一路"国家和地区进行政策法规、投资环境、市场信息、法律审查评估及资产评估等方面的经验和能力。虽然有少数国际咨询公司在华机构活跃，但成本较高，民营中小企业难以承担。中介服务体系不健全、信息不对称等问题极大影响了民营中小企业融入"一带一路"产能合作商机与经营决策效率。

（三）提升民营中小企业深度融入"一带一路"产能合作对策建议

1. 重塑民营中小企业深度融入"一带一路"产能合作资产积累

（1）增强民营中小企业"一带一路"产能合作国际市场话语权

目前，发达国家牢牢把控着关键核心技术，在品牌质量、创新设计、关键技术创新、国际标准制定等中高端领域把握话语权，发展中国家或地区处在全球价值链的低端。如何突破发达国家或地区的高端锁定成为当前中国民营中小企业"走出去"的"牛鼻子"。随着"一带一路"倡议的提出与实施，中国与"一带一路"沿线国家或地区广泛实

施"五通"项目,依靠资金与技术输出,实现互利合作、共赢发展。中国民营中小企业在中低端制造领域低成本、低价格竞争优势凸显。凭借规模优势以及正在塑造的后发优势,民营中小企业在"一带一路"沿线国家市场的话语权逐步增强。特别是"一带一路"倡议更是为中国民营中小企业区域性市场话语权建设带来重大机遇。以海尔集团为例,其通过制定国际电冰箱保险标准等,确立了冰箱保鲜规则、智能家居国家标准等国际话语权。海尔集团依托海外工厂,将"海尔标准"输出到巴基斯坦、泰国等"一带一路"国家,打造价值共赢全球市场生态。

(2) 重塑民营中小企业融入"一带一路"国际产业链品牌影响力

民营中小企业具有技术适应性强、对市场环境敏感、经营方式灵活、产品颇为丰富等自身优势,可借助深度融合"一带一路"产能合作,重塑"中国制造"品牌国际影响力。第一,重视海外形象建设。结合重点业务拓展区域诉求,积极做好产品和服务宣传工作,搭建与当地公众沟通的网络渠道。与东道国媒体、非政府组织(NGO)、非营利组织(NPO)等建立良好关系,增设"一带一路"联络处,重视线上线下宣传推广,扩大中国民营中小企业品牌影响力。第二,提高"本土化"意识,积极履行国际社会责任。主动学习和掌握东道国制度文化,遵循当地法律和风俗习惯,加大"一带一路"沿线国家公共基础设施建设力度,组织教育培训,树立责任公民意识,以积极履行ISO26000《社会责任指南标准》,重塑"中国制造"国际形象。第三,建立"一带一路"国际化经营理念,培养"一带一路"国际化人才和自主创新能力。强化"高精尖"人才培养,特别是研发、企划、渠道建设方面专业人才的培养,培育"一带一路"国际行业标准、技术、品牌。加大科研投入,迈向全球价值链中高端,以质量支撑品牌力。

(3) 培育"1+N"式产业链融入"一带一路"产能合作辐射带动力

"1+N"式产业链是指以产业链为链条,以1家大型企业为龙头,带动整个产业链上其他 N 家民营中小企业集体深度融合"一带一路"产能合作,提升"中国品牌"辐射带动力。随着"一带一路"倡议的深入推进,鼓励和支持中国民营中小企业与大企业协同"抱团出海"。大企业以基础建设、产能合作项目为核心点,打造核心产业和产业链上下游企业间配套关系,带动整个"羊群"国际生存能力。对接境外产业园区可以有效发挥集聚效应,降低风险,是民营中小企业深度融入"一带一路"产能合作的"境外避风港"。第一,支持龙头企业通过专业分工、服务外包、订单生产等方式,与中小企业开展协作配套,向中小企业提供相关支持,带动民营中小企业海外发展。第二,增强集权产业配套能力。众多中小企业为龙头企业配套生产产品或提供服务,形成良性集群发展模式,打造完整产业链,鼓励全产业链"走出去"。第三,增进龙头企业与民营中小企业知识分享和信息交流,加强民营中小企业对外部知识,特别是龙头企业知识溢出的吸收能力,加大对新知识消化和转化投入。第四,创新产权合作模式,鼓励大企业对民营中小企业参股,提供技术支持,建立牢固合作关系。鼓励中小企业积极开展收购、兼并、控股、参股及租赁等业务,进行资本运营,推进专业化、规模化改造。

(4) 提高民营中小企业融入"一带一路"产能合作风险抵御能力

民营中小企业融入"一带一路"跨境产能合作面临着各种风险。中国民营中小企业需要在政治、法律、宗教、安全、环保、文化整合等方面提高自身融入"一带一路"产能合作风险抵御能力。第一,政治风险抵御能力。要多渠道搜寻东道国投资背景,深入了解其政治环境;选择与中国交好、政局稳定、投资环境较好等国家投资;尊重东道国风俗习惯,融入当地社会,引领当地经济发展;建立健全预防政治风险保险等。第二,法律风险抵御能力。与东道国国有企业合作;充分把握东道国法律法规和监管制度;争取东道国对投资行为的法律支持;寻求专业中介机构及法律服务等。第三,宗教风险抵御能力。深谙当地宗教及社会生活状况；为外派机构和基建项目开展评估、建议、培训、沟通、公关；加强与当地的沟通等。第四，安全风险抵御能力。遵守当地有关安全法律法规；及时掌握项目所在国情况和安全形势、危机信息；考虑安全因素影响工程造价，并在表述中进行论证和明确说明、构建民营中小企业"一带一路"产能合作经营后台业务支持系统等。第五，环保风险抵御能力。仔细了解东道国有关环境保护法律法规，尽可能以高环保标准投资开发，处理好项目运营与当地环保、居民社区关系协调问题，加强前期项目环境影响评估与论证，杜绝海外项目设计和施工设计缺陷和隐患等。第六，文化整合风险抵御能力。尊重东道国民族文化，积极融入其先进文化。强调绩效文化，以绩效为核心价值观融合不同文化背景员工。

2. 构建民营中小企业融入"一带一路"产能合作政策支撑体系

（1）重视"一带一路"人才引进与培养，着力破解"人才瓶颈"

第一，营造信任、互动、互尊、以人为本的企业文化。树立"人力资源是企业第一资源"观，设立员工表达建议和意见渠道，如采用定期开交流会，通过电子邮件、意见信箱等方式收集员工诉求，重视充分交流。激发员工主观能动性，提升其存在感和归属感。第二，建立以绩效为中心的人才管理机制。以绩效为重，与企业灵活性、创新性、适应性强特点相适应，保持高度灵活性和适当的弹性。采用扁平组织结构。建议采用以绩效管理为中心的招聘晋升培训计划、考核激励制度和薪酬福利制度。第三，制定科学的人才培养方案。强化全员教育培训，将培训工作考核与岗位考核、员工升迁、薪酬调整直接挂钩。鼓励员工自主学习。主动加强与科研院校的联系、合作，培养订单式员工。第四，实施灵活、开放的聘用与辞退制度。以包容和开放心态根据不同人才类型采取"因材施教"管理模式。

（2）构建多渠道、多层次信息交流网络，着力破解"信息瓶颈"

帮助民营中小企业打通"一带一路"信息渠道，有效连接海内外商品或服务的供需双方，提高民营中小企业海外投资效益。第一，推进政府在项目网络对接平台中发挥作用。共同搭建并向广大民营中小企业宣传"中小企业'一带一路'合作服务平台"，为其提供"一带一路"沿线国家经贸活动信息。加大信息收集、整理、分析和发布力度，用好各网络和报刊等载体，提供"一带一路"沿线国家政治、法律、政策、技术规范、项目供求、文化风俗等信息，并发布各国投资评估报告和法律服务指南，有效提高中小企业"一带一路"投资成功率。第二，支持各地政府或协会组织线下项目对接。鼓励形式多样的企业洽谈、项目对接等经贸活动，有计划地组织当地民营中小企业赴海外参加各类博览会或商务洽谈会等，积极促进民营中小企业开展跨境产能合作。第三，利用非官方社会组织搭建信息桥梁。利用政府、市场等系统资源并整合各类商贸协会，充分发挥"大数据"中心作用，为民营中小企业提供商业机会。统筹金融、法律、保险等专业服务及各类智库等要素，以资讯、培训、资讯等形式为民营中小企业提供"一带一路"配套服务。

（3）创建以信用为主导的融资创新体系，着力突破"资金瓶颈"

突破资金瓶颈，需集合政府机构、金融机构、行业协会、市场主体等各方力量，通过建立信用体系、创新融资模式等方式有效促进资金融通，切实缓解民营中小企业资金短缺难题。第一，着力发挥丝路基金、国家政策银行、国有商业银行等融资主渠道作用。引导社会资本与"一带一路"沿线国家和地区产能合作，支持中资金融机构为民营中小企业提供跨境"互联网＋金融"服务，积极争取境外金融机构信贷服务。加强研究专业服务网络平台，及时发布境内外政策法规，以企业需求为导向开发金融产品，促进民营中小企业项目融资需求对接。第二，加快民营中小企业信用体系建设，为民营中小企业融资提供信贷依据。完善民营中小企业资信体系，建立健全跨境信贷征信对话和评估机制，引导多元金融投资主体共同开发"一带一路"产能合作投融资需求，有效防范信用风险。政府、金融机构、协会形成合力，引导行业带动民营中小企业形成产业链和协作群，推动"一带一路"区域内多边诚信体系建设。建立民营中小企业创新信用评级系统。第三，开发基于集群网络的供应链融资和互联网融资模式。建立健全"一带一路"民营中小企业产业集群网络。创新供应链融资模式，创建以龙头企业为核心的应收账款融资、以担保公司为核心的担保贷款融资、以集群财务公司为核心的组团融资模式。监控互联网融资，依托产业集权内交易大数据，采用云技术处理方式，在风险可控范围内及时快速受理民营中小企业融资。

（4）建立多方联动的海外风险防御机制，着力突破"风险瓶颈"

建立政府、金融保险机构、协会组织等多方联动的海外风险防御机制，着力突破"风险瓶颈"。第一，建立风险评估预警体系和政策性风险补偿机制。建立和完善政府或第三方咨询机构对"一带一路"沿线国家投资等风险评估体系，帮助民营中小企业准确预估风险。设计合理的风险评估流程。加强对民营中小企业融入"一带一路"产能合作政策性风险补偿机制。第二，发挥驻外使领馆对"一带一路"民营中小企业的引导和保护。驻外使领馆策划"一带一路"相关外交活动，优化外交环境，为民营中小企业提供东道国外交政策、宏观经济状况以及相关法律法规等信息，帮助民营中小企业克服文化、法律、政策等方面的"水土不服"，使其顺利安全融入东道国发展环境。当东道国出现某些风险因素损害或危及企业经营安全时，使领馆可采取有力措施保护企业财产和人员安全。第三，鼓励民营中小企业与中国出口信用保险公司合作，降低海外经营风险。中国出口信用保险公司能够为企业提供全流程风险管理服务，包括进行专业的资信调查、建立客户评价体系、提供事后赔偿支付及赔后追偿方面的服务和支持。与民营中小企业并肩"走出去"的中国出口信用保险公司提供有价值的决策参考信息，降低企业海外运营风险，坚定民营中小企业深度融入"一带一路"产能合作信心和决心。

六、对外投资政治风险研究

对外公共投资风险具有突发性、不可预知性、不可控性等特征,这种破坏具有不可逆性。进入 21 世纪,对外投资政治风险逐渐向微观风险转变。对政治风险,中国学者先后从政治学、经济学、管理学等角度针对政局不稳定等风险问题展开研究,主要基于政府如何主导建立风险评估、国内相关机构如何应对等视角展开(胡日,2006 等),针对现存问题,提出了相关建议(罗会钧和黄春景,2009 等)。

如表 6-1 所示,对于政治风险界定,不同专家学者从不同角度展开研究。部分专家学者将政治风险仅仅界定为公共政治力量行为所引起的风险(Stenfan H. Robock 等),部分专家学者将政治风险界定为经济与政治所覆盖的一切风险(Lensik 等)。我们将对外投资政治风险界定为由东道主国家政策、不同政治集团斗争、两国之间政治活动,以及第三方地缘政治等引起的海外公共投资项目不确定性带来的风险。

表 6-1　　　　　　　　　政治风险界定

专家学者(时间)	界定
Stenfan H. Robock (1971)	因东道国政府主权行为导致项目发生风险的潜在可能
Root (1972)	各种政治事件发生导致项目利润与资产减少的不确定性
Jeffrey D. Sinmon (1982)	政府或社会对投资项目产生不利影响的行动与政策
丁文利 (1988)	因东道国政治、政策、外汇等制度不稳定,国际投资项目(收入、成本、利润、市场份额、经营的连续性等)市场与非市场不稳定的可能性
Kennedy (1988)	政治不稳定性事件等非市场因素导致对外投资项目战略、财务、人员带来的风险
Lensik (2002)	政治、社会和经济环境不确定性带来的风险

（一）对外投资政治风险主要来源

本章主要从政府、社会和经济三个宏观角度分析政治风险。

1. 政府因素

对外投资理想政治气候期望的是可持续的、稳定的东道国政治环境。政府效能、政权稳定等将直接影响到对外投资政治风险。影响政府稳定性的最主要因素是不同党派政治观点差异性、政党内部不同政治力量的博弈，特别是政权在不同党派更迭时带来政策的巨大差异等。不同政党组建不同政府带来的不同执政理念、不同政党代表的不同利益核心集团等加快基础设施和基础产业的变革。政权在不同党派间更迭带来的政策调整引起的利益目标不一致时，新政府通过外汇、经济、财政、投资领域等政策调整，以及通过对现有相关法律进行修改来限制与新政府目标不一致的国际投资行为。东道主政府规模及其控制能力影响政府稳定性。政府规模越合理，政府控制能力越强，越能较强掌控各个利益集团。同时，腐败、廉洁程度等也在一定程度上影响东道国政府稳定性。以上因素是容易引发中国对外重大公共投资项目政治风险的重要因素。

2. 社会环境因素

东西方国家意识形态的巨大差异、世界各地民族主义崛起、国际国内战乱等成为当前中国对外投资政治风险的社会环境因素。以美国为首的西方发达国家时常以国家安全等意识形态威胁我国，抑制我国海外大型公共项目投资。看到中国改革开放40多年的快速发展，特别是"一带一路"倡议提出后，以美国为首的西方发达国家更是在经济、军事、政治等方面全方位地在国际舞台上宣扬"中国威胁论"。"中国威胁论"煽动的核心在于，他们宣扬中国向当前国际秩序与国际既得利益集团提出挑战，威胁到当前亚太地区以及世界的稳定。

强烈的民族主义在欠发达地区时常出现。中国海外大型公共投资项目相当一部分在非洲等欠发达、具有强烈民族主义情结的地区。非洲地区复杂的部族冲突、时常发生的暴力事件、相对淡薄的国家统一意识是投资风险的重要来源。因民族主义引起的利比亚战争曾导致我国对外投资在 2011 年损失 180 亿美元，涉及 50 个项目。

由恐怖主义、战争、暴乱、破坏活动、内乱等引起的战乱事件同样引发中国对外投资政治风险。以中东地区、非洲为例，作为中国海外投资巨大的石油投资国之一，苏丹自 1982 年以来战乱不断，加剧了中国对其投资的政治风险。

3. 经济环境因素

经济体制、征收程度、私有财产保护程度等是世界各国经济环境因素的表现形式。经济体制是一个国家或地区的经济组织形式，集中体现了国企、企企、企部等关系。基于不同目的的考量，不同国家或地区对私有财产的征收内容、征收程度、征收频率，以及征收后的补偿机制等有所不同，特别是不公开的、间接的、具有蚕食性质的征收增加了海外大型公共投资项目的政治风险。东道国经济环境因素还包括劳动、商业、贸易、投资、财政等的自由度及产权保护程度等。

（二）对外投资政治风险评估模型研究

1. 宏观政治模型（MSP）

MSP 模型认为，政治风险是指某个国家或地区政治相对于其他地区的不稳定性。这种不稳定性是由经济、意识形态、社会力量等综合作用引起。宏观政治模型 MSP 基于宏观环境因素视角解释这些综合因素之间如何具体影响政治状况。该模型主要分析经济理论、社会理论、意识形态等与不稳定政治状况之间的前因后果动态关系。

2. 政治制度稳定指数（PSSI）

PSSI 模型基于定量视角，通过政治经济指数、社会冲突指数、政府干预指数等指标评价政治制度稳定性。政治经济指数囊括人均能耗、少数民族指数、增长速度、人均 GDP 等指数；社会冲突指数囊括游行、骚乱、武装冲突、政府危机、暗杀等引起的政治不稳定及内部骚乱等指数；政府干预指数囊括法律效应、政府竞争、不规则领导变动、年均法律变动等指数（见图 6-1）。

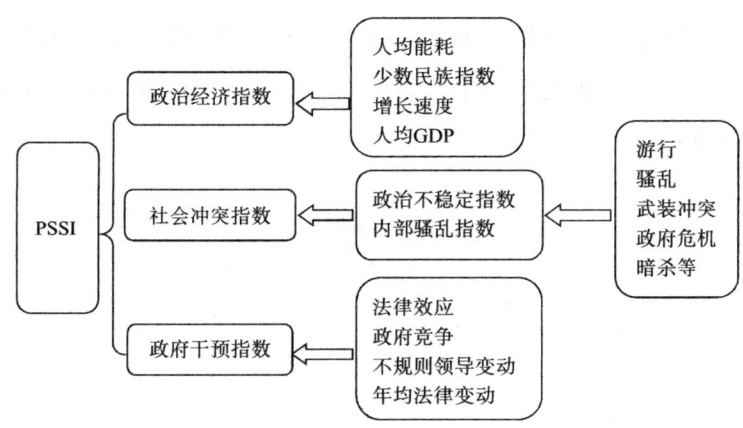

图 6-1　政治制度稳定性指数（PSSI）模型

3. 国家征收倾向模型（NETM）

NETM 模型基于国家挫折水平、外国投资等相互作用视角分析国家征收倾向。抱负、福利、期望等水平综合形成挫折水平，表示该国或地区生态结构。当福利预期低于抱负水平时，挫折水平就高，大量涌入的外国投资将被政府没收，成为"国家挫折"替罪羊。在此模型中，国家挫折水平是与政治不稳定一致的变量因素（见图 6-2）。

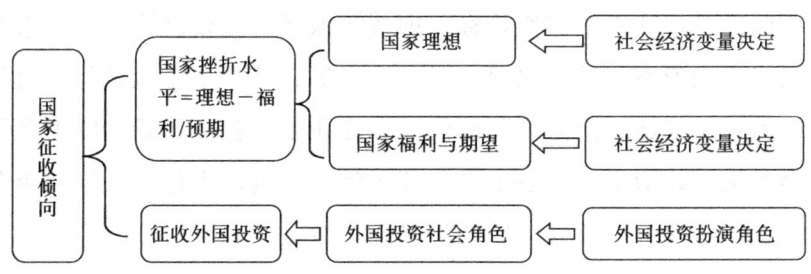

图 6-2　国家征收倾向模型（NETM）

4. 失衡发展与国家实力模型（UDNS）

UDNS 模型前提是，政治风险是某个国家或地区失衡发展与其实力相互作用的结果。国家失衡发展来自政治发展、社会成就、技术进步、资源丰富度、国内秩序。这一模型将世界各国依据其实力与平衡发展状况分为失衡强大、平衡强大、失衡弱小、平衡弱小四种类型。这四种类型中，没收发生概率最低的为平衡强大与平衡弱小的国家，失衡强大国家没收概率最高。在此模型中，与政治不稳相当的变量因素是非均衡发展（见图 6-3）。

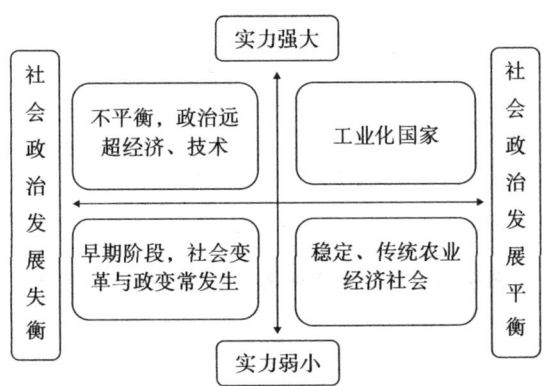

图 6-3　失衡发展与国家实力模型（UDNS）

5. 政治风险指数

美国 BERI 公司定期在《经营环境风险资料》中公布世界各国或地区的政治风险指数。该指数由内因、外因、征兆三个二级指标组成。其中，内因主要包括六个三级指标，即政治派系、维权措施强度、宗教群体、思想意识形态、社会状况、激进力量等，外因主要包括与敌对国家或地区关系、区域政治力量负面性等；征兆主要包括示威、罢工和骚乱等社会冲突、政治暗杀及游击战争等政治不稳定性事件。从国际企业角度评估，汇总评分即得到该国政治风险指数（见表 6-2）。

表 6-2　　　　　　　　BERI 政治风险指数评估因素

一级	二级	三级
BERI 政治风险指数评估	内因	政治派系
		维权措施强度
		宗教群体
		思想意识形态
		社会状况
		激进力量
	外因	与敌对国家或地区关系
		区域政治力量负面性
	征兆	示威、罢工和骚乱等社会冲突
		政治暗杀和游击战争等政治不稳定性事件

基于百分制评分，评分在 70 分以上为低风险，表示企业不受政治变化严重影响，不会出现社会政治重大动乱；评分在 55—69 分为中风险，表示企业将要受政治变化严重影响，将要发生社会政治重大动乱；评分在 40—54 分为高风险，表示企业已经受到政治变化严重影响，社会政治重大动乱正周期性出现。评分在 39 分以下为极度风险，表示企业受政治变化影响严重，已不能再对这个国家进行投资。

（三）对外投资政治风险测评模型构建

本部分参考 PSSI 指数，基于政府能力、社会环境、经济环境等维度，吸收了政治制度稳定指数 PSSI 有关政治、社会和政府的三个角度，对 WBI 指数、HER 指标加以分类、权重分配、风险级别划分，提出政府能力（GP）、社会环境（SE）、经济环境（EE）、政治稳定性（PS）等指标定量衡量政治风险。

政府能力主要针对政府效能、规模清廉、防腐等维度展开测评。政府效能是指国家政府机关与人员工作功能的有效发挥，主要考评政府公共服务独立性、质量与可信度。政府规模是指基于职能、权利配置原则，政府相关具体部门组成的总和。清廉程度与防腐相对应，防腐能力越强，政府清廉程度越高。

社会环境的衡量指标主要包括政局稳定性和法治程度。政局稳定性是指政府机关行使行政能力以及政权更迭中的危害性。法治程度是指基于法律视角考察国家或地区的稳定性。法治程度与文明程度正相关，法治程度越高，该国文明程度越高。

经济环境主要包括财产话语权和问责制（VA），劳动、商业、贸易、投资、金融、财政等自由程度，产权保障（PR）等。财产话语权和问责制表示公民、法人等在该国政府决策选择时的参与程度。

表 6-3　　　　　　　　政治风险测评模型

东道国政治风险	政府能力（GP）	政府效能（GI）
		政府规模（GS）
		清廉程度（FFC）
		防腐（CC）
	社会环境（SE）	政局稳定性（PV）
		法治程度（RL）
	经济环境（EE）	财产话语权和问责制（VA）
		劳动自由（LF）
		商业自由（BF）
		贸易自由（TF）
		投资自由（IF）
		金融自由（FF1）
		财政自由（FF2）
		产权保障（PR）
	政治稳定性（PS）	政党更替（PPR）
		政策连续性（PC）
		周围政治环境稳定性（SSPE）

政治稳定性包括政党更替（PPR）、政策连续性（PC）、周围政治环境稳定性（SSPE）。政党更替是指一个国家或地区由于是两党或多党

轮流执政表现出来的不同政策导致的不同政党之间的相互更迭。政策连续性是指公共政策的目标、手段、效果等不同阶段间继承性与一致性程度。周围政治环境稳定性是指某一国或某一地区周围一定社会的政治系统保持动态的有序性和连续性。

（四）对外投资政治风险管理对策

1. 基于政府层面的对外投资政治风险应对策略

（1）建立健全政府主导的对外投资政治风险信息服务平台与风险评估咨询机构

一是借助中国海外常驻机构、海外跨国公司、中国跨国银行等力量，多渠道全方位收集相关国家或地区政治形势、政策变动、经济环境演化、地缘政治及核心利益相关者等信息，聘请国际专业评估机构，将评估后的政治风险等信息及时、客观地向中国对外投资企业发布。二是构建中国国际政治风险评估机构，及时展开全球政治风险专业评估、预警，以及发布全球权威的世界国家或地区政治风险报告。

（2）建立健全政府主导的中国对外投资保险制度

为保障中国对外投资由于政治因素导致的风险损失，建议中国政府建立健全相应的社会保险等保障制度。建立国家控股的商业保险公司，采用损失补偿等形式予以经营；实施政府相关机构与社会承保机构合理有效的双重审批机制。

（3）建立健全政府间相关外交协助、退出机制与预警防范机制

通过政府间谈判、签订协议，加强包括政治、经济、社会、文化等安全在内的国家安全机制。在中国对外公共投资项目企业出现由于政治因素导致的风险时，政府及时启动相关外交机制，助力企业有利退出。同时，加强中国对外投资企业预警防范机制，将其纳入国家安全战略。

2. 基于企业层面对外投资政治风险应对策略

一是基于自身经营活动与投资活动基本情况，企业应利用"丁氏渐逝需求模型"，对对外投资面临的政治风险进行分析与评估，尽可能在项目实施前做好项目论证工作，减少对外投资政治风险。

二是面对高政治风险国家或地区，企业要主动与中国政府相关机构保持密切联系，实施政治风险信息共享。企业要主动有效评估相关国家政治风险，在政治风险发生前采取应对措施，提高政治风险意识，客观评估，积极有效搜集与整理风险因素；在政治风险发生时，积极与中国政府相关机构对接，积极应对东道国国家或地区政治变化，主动寻求相应帮助。在遵守东道国法律法规和社会规范的基础上，对外投资企业还应积极融入当地市场，参与社区活动，主动履行相关社会责任，融入当地社会主流；实施经营本土国际化，加强企业员工本土化，积极实施当地员工培育计划，提升当地员工管理层次与质量；做到原材料来源本土化，在投资项目质量保障前提下采用当地原材料。

3. 基于东道国差异性层面对外投资政治风险应对策略

（1）对外投资借助国际支持应对政治风险

国际相关条约、国际法律等在一定程度上对东道国国家或地区实施约束，在出现政治风险时，借助国际平台的支持，依据中国与东道国签订的政府间"双方"与"多方"投资保护协定，加强政治风险国际平台与双方政府有效支持。中国对外投资跨国企业应在项目全过程管理中积极与当地政府沟通、协调的基础上，与当地其他政党社会群体保持良好关系，避免由于政权更替实施政策不同所带来的政治风险。

（2）加强公关活动，塑造中国良好国际形象，应对政治风险

首先，加强公关活动。一是加强中国对外大型公共投资企业与东道国国家或地区间公关，尽可能获得理解和支持，塑造中国良好国际形象，促使东道国国家或地区制定与修改利于项目投资的相关法律法规。二是加强中国媒体与东道国国家或地区媒体"强强联合"，进一步扩展

中国媒体在国际上的话语权,积极正面宣传中国对外公共投资项目的国际形象与良好素养。增强中国对外公共投资项目跨国企业社会责任意识,积极参加有利于当地乃至全球的公益事业;加强与东道国国家或地区居民直接交流,加强企业项目引导民意,基于民意的广泛认同降低政治风险。三是加强危机公关意识与预警机制建设,通过及时召开发布会、积极响应东道国相关质疑、积极主动与相关人员相关组织寻求破解方法等途径采取应对预案。

其次,对外投资企业面临政治风险时,我国政府应主动提供对海外公共投资项目企业有利的证据。政府建立外交协助机制,在面临政治纠纷时,积极开展国家间领导人会议交流沟通,通过政府身份交涉政治事件。

最后,采用一体化策略,将我国对外投资企业融于当地环境,成为东道国经济结构中的一个组成部分。

(3) 积极应对经济环境不确定引起的对外投资政治风险

通过签订政府间投资保护协定等加强经济环境不确定对对外公共投资项目政治的风险管理。通过法律、相关条约等途径约束东道国人为因素造成的经济环境不确定性引致的不正当制约行为。在政治风险发生后期,通过国家间沟通主动解决企业被征收、非法干涉等不公平待遇问题。对外投资企业可以寻求第三方合作,选择东道国以外的合作伙伴建立合资企业。

七、对外投资经营风险研究

对外公共项目投资已经成为世界经济的一个重要组成部分。我国对外进行公共项目投资相对比较晚,开始于 1979 年,作为国际合作与竞争的重要参与方式,对外公共项目投资从 20 世纪 80 年代的起步阶段、90 年代的稳步发展与巩固发展阶段,到 2000 年后快速发展阶段,再到 2013 年"一带一路"倡议提出与实施的加速阶段。随着投资数额加大、规模扩大,基于东道国经营环境以及世界经营环境等变化与复杂性加深,中国对外投资经营风险加剧。因此,在新时代背景下,分析与研究中国对外公共项目投资经营风险,加大风险防范与预警具有重要的现实意义。

(一) 中国对外投资经营现存风险问题

除去社会责任风险、政治风险外,中国对外投资经营面临的风险主要有以下六点。

1. 对外投资国际经营经验尚浅

中国对外投资始于改革开放,21 世纪开始进入快速发展阶段,但究其国际历史,我国对外投资真正国际经营的历史并不长,海外大型公共投资国际经验不足,更没有过多的成功实践经验值得借鉴,没有形成特有的组织治理结构与国际经营相匹配。相对"仓促"的对外公共项目投资使企业投资效益比较低,加剧了对外公共项目投资经营风险。

2. 中国对外投资相关信息缺失,缺乏透明度

基于多种原因,中国对外投资相关投资信息缺失,投资行为相关透明度相对较低。基于中国传统经营思维、中国对外公共投资企业自身情况、东道国国家或地区当地特殊环境、管理相对混乱的投资环境等导致的从项目谈判到全方位经营中的不正当行为,都是导致国际社会对中国海外投资抱有非议的因素。

3. 中国对外投资企业国际化经营人才相对短缺

投入大、风险复杂、谈判难度大等成为中国对外投资特征。中国对

外公共项目投资企业急需既熟悉国际商业环境与国际政治等,又掌握国际商业谈判能力且熟悉国际法律、准则的国际商务人才。中国对外公共项目投资企业现金流相对充裕,但管理能力有所欠缺,缺少技术过硬、熟悉投资国语言、文化的高层管理人才。

4. 中国对外投资融资渠道单一、融资成本高

中国对外投资融资渠道比较单一,融资成本比较高,加剧了对外投资经营风险。建议进一步弱化外汇行政管制审批制度,通过市场化机制释放对外投资所需资金。

5. 复杂、缺乏效率、透明度低的行政审批体制制约

当前海外投资需要多个部门审批。行政审批目标与定位需要进一步明确,外汇风险评估缺失,商务相关部门缺乏明确的审批目标。相关海外投资行政管理办法中只有商务部门明确规定了相关的审批期限,使得对外投资企业很难做到"有法可依"。同时,"政出多门"的现象也时常发生。

6. 公关意识与依法合规运营相对欠缺

公关活动是为了打造知名度与增加美誉度。中国对外投资企业公关意识有待加强。国际大型跨国公司一般将项目形象、公关策划纳入公司战略,有效利用国际媒体,"不见其人,先闻其声",公关效应巨大。中国对外公共项目投资企业按照国内传统思维,仅对当地政府进行公关,缺乏相应的公共公关意识;同时在经营方式上,也按照国内惯性思维进行国际经营,造成"水土不服",严重影响了中国对外投资可持续发展,加剧了中国对外投资经营风险。

(二) 中国对外投资经营风险理论基础

境外直接投资影响很多,Thomas 和 Grosse (2001) 以墨西哥为例

展开实证研究，认为贸易程度、区域差异性、经济水平等成为对外公共项目投资经营风险的主要因素。Ramasamy（2010）认为贸易联系、文化、资源禀赋等因素与海外直接投资风险具有显著的正相关关系。Choi 和 Jeon（2007）通过实证研究，得出金融是海外直接投资风险主要因素之一的结论。Linda 和 Charles（1995）认为，随着汇率短期波动，对外直接投资企业经营成本与经营收益呈现一定的不确定性。Schmidt 和 Broil（2009）以美国为例研究了货币升值对海外投资的影响，二者具有正相关关系。

在国内，杨丽梅（2006）认为海外直接投资主要有商业风险和国家风险。陈立泰（2008）认为对外公共项目投资主要风险来自经营风险、金融风险、文化与管理风险和道德风险等，其中金融风险主要包括财务风险和汇率风险。姜华欣（2013）认为全球投资和贸易保护主义出现抬头趋势加剧了对外公共项目投资经营风险。徐莉（2012）提出内生性风险、外源性风险和过程性风险为我国海外公共项目投资所面临的主要风险，其中外源性风险主要包括政治、经济、社会、市场等因素风险，内生性风险主要包括治理结构、管理、内网等因素风险，投资过程结构体系是过程性风险的主要来源。中国对外公共项目投资的经营风险还包括：认为投资不合理的产业结构、相对的竞争劣势、变化的世界经济环境等（韩梅，2009），以及国际政治意识、投资经验缺乏，风险管理意识单薄等（王凤丽，2009）。

1. 国际生产折衷理论

约翰·邓宁于 1977 年提出国际生产折衷理论。该理论认为垄断优势、内部化、比较优势等国际直接投资理论是基于不同时期不同国家实证得出的。基于区位理论考虑，聚焦内部化理论与要素禀赋理论，形成折衷理论。该理论核心在于强调所有权、内部化、区位等优势整合对国际生产的影响，主要包括小规模生产、技术地方化、制度适应性等理论。

2. 小规模生产理论

维尔斯运用产品生命周期与折衷理论对欠发达地区跨国公司对外直接投资竞争优势展开研究。基于市场规模限制，欠发达国家或地区采用劳动密集型技术与小规模生产方式获得相对于发达国家企业来说的所有权优势。所有权优势表现为规模小、劳动密集、工艺灵活等。发展中国家企业具有一些适合发展中国家市场需求的小规模技术的比较优势，可满足一些市场需求规模小、品种较多样化产品的要求，较低的生产成本使其能够获得投资收益，构成其对外直接投资特定优势。小规模技术理论为欠发达国家或地区国际化经营提供理论指导。

3. 技术地方化理论

Lall 认为，外国技术改造、能力设计等形成欠发达国家或地区对外直接投资所有权优势。技术、生产要素结构、市场规模、工业化发展目标等共同特征，促使欠发达国家或地区在国际分工中具有技术与专用设备依赖性较低、投入品或替代品低层次等优势。

4. 制度适应性理论

灵活性生产、较低资本投入、劳动力价格竞争力等优势是欠发达国家或地区相对于发达国家所特有的，同时，还具有与本国经济制度、法律制度、政治制度等相关的所有权优势。欠发达国家或地区一般存在有效政治管理缺乏、市场制度薄弱、经济环境不确定等问题，正是这种生存环境促使欠发达国家或地区经营成功，形成了发达国家大型企业不具备的竞争优势。

（三）对外公共项目投资经营风险研究

对外投资经营风险，一方面来自国际市场或本国市场变化带来的风险，另一方面来自对外投资企业自身。我们将经营风险界定为六个风险，其中，经营市场的环境变化所导致的经营风险包括市场风险、汇率风险，对外投资企业自身机制原因导致的经营风险包括管理风险、决策风险、资金链断裂风险和技术风险。

1. 市场风险

市场风险是指产品质量与数量维持前提下，市场需求与价格变动导致的与预期目标不一致的风险。客观因素，如政治因素、自然灾害等，主观因素，如人为因素等，导致投资者预期收益无法实现，企业市场风险产生。对市场的准确判断与研究是中国对外投资成功的前提。应在市场准确判断基础上展开投资方案、规模、领域选择等事项。一旦市场判断与研究出现问题，将导致整个项目的失败。诸如大型水电站等对外投资一般周期比较长，涉及政府间合作、招标、募集初始资金、责任与成本谈判、投资意向达成、实质投产、产品形成等环节，这期间若发生市场变化，将导致成本无法收回，导致市场风险产生。

2. 汇率风险

汇率变动风险主要是指基于货币种类不同带来的项目融资贷款货币种类不一致而导致的货币兑换产生的风险。对外投资汇率风险与国际汇率波动程度正相关。国际汇率的变动影响对外投资企业计价资产、收入、负债、支出等。本国企业贷款来自本国贷款银行，本国货币还本付息，对外投资企业销售收入来自东道国，获得货币是东道国货币，二者通过国际汇率转换。基于时间差导致国际汇率变动带来对外投资汇率风险。

3. 管理风险

管理风险是指企业内部有效人才的缺乏、管理机制缺乏有效运转导致企业无法按照计划规定的正确合理方法开展管理活动所形成的风险。中国对外投资企业管理风险主要体现在：内在管理机制不健全，表现为文化差异性、海外分支机构监督机制不健全、组织结构国内化、人力资源国内化等。文化差异、认知差异导致低效率沟通及禁忌触犯等，风俗习惯、宗教信仰、价值观等的差异导致管理风险产生。

4. 决策风险

决策风险是指由于前期针对东道国国家或地区产业投资区位、信息、规模、风俗习惯、产品需求等不准确的调研结果进行的决策失误所带来的风险。决策风险在任何项目投资中都容易发生，对外投资的地缘性、复杂性加剧了决策风险的程度。对投资环境缺乏有效分析、海外投资环境复杂、盲目进行对外公共投资，导致预期战略目标无法达到，甚至造成重大损失。

5. 资金链断裂风险

资金链断裂风险是指由于筹集的投资资金没有按照原计划及时达到，或者达到的投资资金数额不够，导致对外投资无法按照原计划进行所带来的风险。由于贷款银行原因无法及时提供相应资金、股东法人改变主意、集团内部资金紧张、例外事件发生等导致对外投资资金链断裂风险。

6. 技术风险

技术风险是指由于项目实施前对技术方案、建设条件误判导致在项目实施过程中出现技术难度无法攻关而出现的项目延期或无法完工等风险。经营经验比较丰富的对外投资企业技术风险小，经营经验比较欠缺的对外投资企业技术风险比较大。

（四）对外投资经营风险预警机制

从技术角度看，建立对外投资经营风险预警机制是防范经营风险的具体方法，应借助该预警机制的有效运行，加强对外公共项目投资经营风险事前管理。作为前馈控制系统，对外投资经营风险预警机制有利于项目在动态环境运行中保持正常运行的稳定性，或者在危机事件发生时促使系统向相对安全的状态转换。对外投资经营风险预警系统的运行应经过四个程序。

1. 监测

基于风险发生过程，从潜伏到爆发，从量变到质变，大多数风险具有可预测性。对外投资经营风险预警监测程序是对经营风险表现和要素进行连续的追踪，及时掌握对外投资经营风险走向的第一手材料。对外投资经营风险监测目标明确，终极对象是风险；监测选用程序和方法及时而灵敏地反映对外投资风险的变化；以尽量小的支出获取最有用的信息成为对外投资经营风险监测系统应该讲究的成本效益原则。

2. 识别

对外投资经营风险预警机制通过鉴别、分类、初步分析检测到的相关信息，有条理、相对突出地反映对外投资经营风险变化。监测到的基础信息量大，包含有用的真实信息、误导性信息、失真信息等。通过预警系统检查过滤信息，找出能反映对外投资经营风险的有用的真实信息；对外投资经营风险预警系统依赖于监测，监测离不开指标，建立识别对外投资经营风险预警机制的关键是预报警情指标体系确定，用于观察海外投资存在的风险隐患。

3. 报警

在设计好对外投资经营风险预警系统警情指标后，根据预警指标变化预报警情、确定警度。一是分析警兆。对外投资经营风险预警系统基于财务指标变化趋势，通过一定方法确定警兆情况，并制定下一步决策方案。二是预报警度。基于警兆变化状况，确定警界区间，参照评价标准，进一步修正，得出警情实际严重程度。三是寻找警源。根据预警对象特点、变化规律，进行预警对象监测，进一步确定警源。

4. 预控

对外投资经营风险预警系统风险预控程序是一个有机整体，包括管理协调机制、充分考虑风险预控方案、投资审批效率、有条件地放宽管制；调整相关法律制定，包括项目审批、事后监管、投资促进、服务措施等。

（五）对外投资经营风险案例研究——柬埔寨甘再 BOT 水电项目

1. 项目概况

甘再水电站项目作为中国对外公共投资项目中的第一个水电站项目，也是 2006 年中资公司在柬埔寨投资额最大的项目。该项目以 BOT（建设—运营—移交）方式进行投资开发。2006 年中标，2011 年 12 月，甘再水电站项目厂房首台机组正式发电，进入商业运行期[①]。该工程总投资 2.805 亿美元，特许运营期为 44 年，其中施工期 4 年，商业运行期 40 年，靠卖电进入商业运营。商业运营期届满后，项目设施将无偿转让给柬埔寨。

表 7-1　　　　　　　　柬埔寨甘再水电站 BOT 项目进程

时间	进程事件
2004-6-11	柬埔寨工业矿产和能源部开展国际竞标
2004-7-2005-01	中水集团与西北勘设院投标
2005-1-20	开标
2006-2-23	《实施协议》《土地租赁协议》《购电协议》正式签订
2006-4-8	甘再项目启动仪式顺利进行
2007-9-18	甘再项目主体工程开工
2007-12-15	右岸拌合及砂石系统建成投产
2007-12-27	大坝导流明渠开浇混凝土
2008-3-15	左岸拌合系统投产运行
2008-5-15	1 号、2 号公路桥通车

---

① 赵珊. 柬埔寨甘再水电站 [D]. 西安：西北大学，2013.

续表

时间	进程事件
2008-5-29	大坝固结灌浆实验完成
2008-9-12	大坝6号坝段垫层混凝土开浇
2008-9-23	左岸人工砂石系统全线建成投产
2008-10-23	反调节堰大坝截流成功
2008-11-12	大坝6号坝段开仓浇筑碾压混凝土
2008-11-18	大坝截流成功
2009-9-26	柬埔寨甘再水电站首台机组提前23天发电
2009-12-7	首台机组启动仪式
2010-7-3	水电站PH2电站提前24小时供电,并计量收费
2011-12	甘再项目正式进入商业运行期
2012-8	收回投资成本预计10年,投资回报率超过100%

资料来源:根据相关资料整理而得。

2. 甘再水电站主体结构

该水电站针对拦河大坝主要建筑物采用碾压混凝土重力坝,153米坝顶高程,41米坝底高程,112米最大坝高,568米坝顶长,6米坝顶宽度,坝段10个,约14万立方米常态混凝土,约145万立方米碾压混凝土,7.173亿立方米库容;由坝后PH3厂房、PH1引水发电系统和反调节堰PH2发电厂房组成引水发电系统主要建筑物,总装机容量19.32万kW,年均4.98亿kW。主体工程动工于2007年9月,首台机组于2009年10月发电,工程竣工于2011年11月,总工期50个月。坝后PH3系统包括引水系统和发电厂房。PH3引水系统采用一管一机形式。发电厂房主要由安装场、主机间、副厂房、220kV开关室及主变室组成。大坝泄洪采用坝顶开敞式溢洪道。反调节堰PH2发电厂房安装发电机组4台,装机容量1.01万kW。

3. 甘再水电站运营管理模式与投融资结构

甘再水电站由建设期正式进入商业运营期始于2012年8月1日。

为经营理念转变，运营管理水平提升，结合公司实际情况与国内公司管理模式，调整甘再水电站运营管理模式，详见图 7-1 和图 7-2。

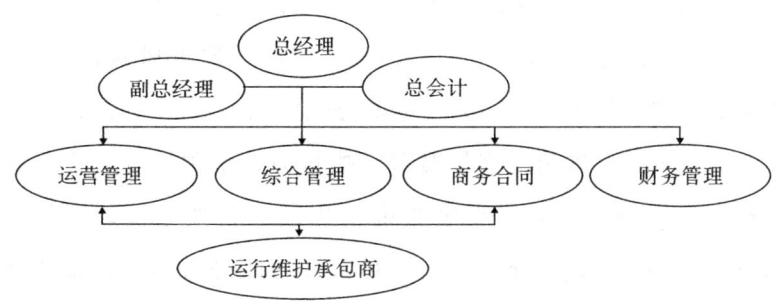

图 7-1　甘再水电站运营组织管理机构

资料来源：根据相关资料整理而得。

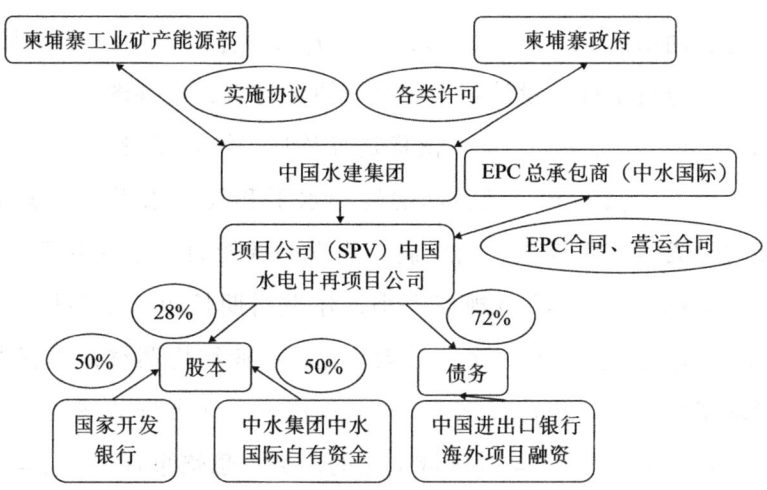

图 7-2　柬埔寨甘再 BOT 水电站项目投融资结构

资料来源：根据相关资料整理而得。

4. 基于多层次模糊综合评价法对柬埔寨甘再水电站投资项目经营风险评价案例

（1）建立评价指标集

一级评价指标集表示为 $R = \{r_1, r_2, r_3\} = \{$参与者风险，性质风险，环境风险}；二级指标集表示为：$r_1 = \{r_{11}, r_{12}, r_{13}, r_{14}, r_{15}, r_{16}, r_{17}, r_{18}\}$ = {政府部门风险，专家风险，公众风险，监督部门风险，监理方风险，设计者风险，供应商风险，承包商风险}，$r_2 = \{r_{21}\}$ = {项目规模}，$r_3 = \{r_{31}, r_{32}, r_{33}, r_{34}\}$ = {政策风险，经济风险，社会风险，自然风险}；三级指标集表示为：$r_{11} = \{r_{111}, r_{112}, r_{113}, r_{114}, r_{115}\}$ = {决策体制，官员腐败，执行力，干预程度，资金到位}；$r_{12} = \{r_{121}, r_{122}, r_{123}\}$ = {专家咨询机构能力，独立性，评价方法科学性}；$r_{13} = \{r_{131}, r_{132}, r_{133}\}$ = {对项目功能是否满意，能否正确理解项目意义，补偿条件}；$r_{14} = \{r_{141}, r_{142}\}$ = {监督程序是否科学，是否合谋腐败}；$r_{15} = \{r_{151}, r_{152}, r_{153}, r_{154}, r_{155}\}$ = {监理工程师的技术与管理能力，授权程度，工作热情是否公正，管理风格与职业道德，执行合同情况}；$r_{16} = \{r_{161}, r_{162}, r_{163}, r_{164}\}$ = {设计技术水平，设计规范性与科学性，设计技术与经济协调与否，文件图纸完备性与及时性}；$r_{17} = \{r_{171}, r_{172}\}$ = {供货是否及时，供货质量}；$r_{18} = \{r_{181}, r_{182}, r_{183}, r_{184}, r_{185}\}$ = {项目部的管理水平和技术水平，组织能力和协调能力，成本、质量与工期控制，管理协调能力，工程变更}；$r_{21} = \{r_{211}, r_{212}, r_{213}\}$ = {项目规模大小，建设周期长短，复杂性}；$r_{31} = \{r_{311}, r_{312}, r_{313}, r_{314}\}$ = {经济政策变化，产业结构调整，投资方向改变，紧缩银根}；$r_{32} = \{r_{321}, r_{322}\}$ = {国内外金融市场的波动，通货膨胀}；$r_{33} = \{r_{331}, r_{332}\}$ = {区域文化的冲突，恐怖事件}；$r_{34} = \{r_{341}, r_{342}, r_{343}\}$ = {灾害风险，气候风险，工程质地}。

（2）评价因素集与指标权重集

从项目参与者风险、项目性质风险、项目环境风险三个角度对对外公共投资风险进行评价，其中项目参与者风险权重占 0.30、项目性质风险权重占 0.30、项目环境风险权重占 0.40。三个一级指标分设 13 个评估指标样本。其中，一级指标项目参与者风险下设政府部门、专家、公众、监督部门、监理方、设计者、供应商、承包商等 8 个二级指标，一级指标项目性质风险下设1个二级指标项目规模,一级指标项目环境风险下设4个二级指标政策、经济、社会、自然等。

表7-2　　　　　　　　对外公共投资风险指标的权重

序号	内容	权重向量	分块矩阵
1	项目参与者一级因素集	$A = (0.10\ 0.07\ 0.19\ 0.12\ 0.14\ 0.18\ 0.08\ 0.12)$	—
2	政府部门二级因素集	$A_1 = (0.25\ 0.25\ 0.18\ 0.22\ 0.20)$	D_1
3	专家二级因素集	$A_2 = (0.30\ 0.30\ 0.40)$	D_2
4	公众二级因素集	$A_3 = (0.35\ 0.35\ 0.30)$	D_3
5	监督部门二级因素	$A_4 = (0.45\ 0.55)$	D_4
6	监理方二级因素	$A_5 = (0.20\ 0.15\ 0.25\ 0.20\ 0.20)$	D_5
7	设计者二级因素	$A_6 = (0.25\ 0.25\ 0.30\ 0.20)$	D_6
8	供应商二级因素	$A_7 = (0.40\ 0.60)$	D_7
9	承包商二级因素	$A_8 = (0.15\ 0.30\ 0.25\ 0.20\ 0.10)$	D_8
10	项目性质一级因素集	$B = (1.00)$	—
11	项目规模二级因素	$B_1 = (0.35\ 0.30\ 0.35)$	D_9
12	项目风险一级因素集	$C = (0.30\ 0.25\ 0.30\ 0.15)$	—
13	政策二级因素	$C_1 = (0.35\ 0.25\ 0.25\ 0.15)$	D_{10}
14	经济二级因素	$C_2 = (0.55\ 0.45)$	D_{11}
15	社会二级因素	$C_3 = (0.60\ 0.40)$	D_{12}
16	自然二级因素	$C_4 = (0.35\ 0.30\ 0.35)$	D_{13}

(3) 计算评估指标样本矩阵

聘请5位专家学者展开该项目投资风险评分,形成评价指标矩阵采用分块矩阵 D_1, D_2, D_3, D_4, D_5, D_6, D_7, D_8, D_9, D_{10}, D_{11}, D_{12}, D_{13} 进行表述如下:

$$D_1 = \begin{bmatrix} 2.90 & 2.95 & 3.00 & 3.10 & 2.90 \\ 3.10 & 3.00 & 2.95 & 3.00 & 2.95 \\ 3.20 & 3.20 & 3.10 & 3.00 & 3.10 \\ 3.10 & 3.15 & 3.00 & 3.10 & 3.00 \\ 3.30 & 3.20 & 3.20 & 3.20 & 3.10 \end{bmatrix}$$

$$D_2 = \begin{bmatrix} 2.80 & 3.00 & 4.00 \\ 3.00 & 2.80 & 3.00 \\ 2.50 & 2.00 & 2.40 \\ 2.30 & 2.80 & 2.50 \\ 2.00 & 2.50 & 3.20 \end{bmatrix} \quad D_3 = \begin{bmatrix} 2.90 & 3.30 & 3.40 \\ 3.20 & 3.50 & 3.20 \\ 2.60 & 2.50 & 2.40 \\ 2.50 & 2.80 & 2.60 \\ 2.30 & 2.60 & 3.10 \end{bmatrix}$$

$$D_4 = \begin{bmatrix} 3.00 & 3.30 \\ 3.20 & 3.30 \\ 3.10 & 3.20 \\ 3.15 & 3.15 \\ 3.20 & 3.25 \end{bmatrix} \quad D_5 = \begin{bmatrix} 2.95 & 3.15 & 3.10 & 3.20 & 3.00 \\ 3.00 & 3.20 & 3.35 & 3.20 & 3.05 \\ 3.10 & 3.10 & 3.20 & 3.20 & 3.15 \\ 3.00 & 3.25 & 3.30 & 3.30 & 3.10 \\ 3.20 & 3.35 & 3.40 & 3.30 & 3.20 \end{bmatrix}$$

$$D_6 = \begin{bmatrix} 2.90 & 2.90 & 2.95 & 2.95 \\ 3.00 & 3.10 & 3.10 & 3.10 \\ 2.90 & 2.95 & 3.10 & 2.95 \\ 3.00 & 3.10 & 3.05 & 2.95 \\ 3.15 & 3.25 & 3.20 & 3.20 \end{bmatrix} \quad D_7 = \begin{bmatrix} 3.10 & 3.20 \\ 3.25 & 3.35 \\ 3.15 & 3.20 \\ 3.05 & 3.10 \\ 3.15 & 3.20 \end{bmatrix}$$

$$D_8 = \begin{bmatrix} 3.05 & 3.20 & 3.15 & 3.10 & 3.10 \\ 3.20 & 3.30 & 3.25 & 3.30 & 3.25 \\ 3.20 & 3.30 & 3.25 & 3.25 & 3.25 \\ 3.20 & 3.45 & 3.35 & 3.40 & 3.30 \\ 3.25 & 3.45 & 3.30 & 3.35 & 3.25 \end{bmatrix}$$

$$D_9 = \begin{bmatrix} 3.40 & 3.50 & 3.60 \\ 3.30 & 3.40 & 3.40 \\ 3.30 & 3.50 & 3.40 \\ 3.50 & 3.80 & 3.60 \\ 3.10 & 3.20 & 3.20 \end{bmatrix} \quad D_{10} = \begin{bmatrix} 3.30 & 2.90 & 3.15 & 3.05 \\ 3.40 & 3.30 & 3.20 & 3.10 \\ 2.95 & 2.95 & 2.70 & 2.65 \\ 3.20 & 3.30 & 3.25 & 2.90 \\ 3.25 & 3.35 & 3.20 & 3.00 \end{bmatrix}$$

$$D_{11} = \begin{bmatrix} 3.15 & 3.10 \\ 3.35 & 3.25 \\ 3.25 & 3.10 \\ 3.25 & 3.20 \\ 3.30 & 3.25 \end{bmatrix} \quad D_{12} = \begin{bmatrix} 3.55 & 3.20 \\ 3.45 & 3.30 \\ 3.35 & 3.15 \\ 3.45 & 3.30 \\ 3.60 & 3.45 \end{bmatrix}$$

$$D_{13} = \begin{bmatrix} 3.20 & 3.20 & 3.30 \\ 3.10 & 3.10 & 3.30 \\ 3.00 & 3.10 & 3.10 \\ 3.30 & 3.30 & 3.30 \\ 3.10 & 3.10 & 3.10 \end{bmatrix}$$

（4）灰色评价系数与评估权重计算

对 U_{11} 第 h 个评估灰类评估系数 M_{1i}，各类评估灰类总灰色系数为 M_{11}，项目属于第 h 个灰色评价系数为：

$h = 1: M_{111} = f_1(d_{11}) + f_1(d_{12}) + f_1(d_{13}) + f_1(d_{14}) + f_1(d_{15}) = 3.12$

$h = 2: M_{112} = f_2(d_{11}) + f_2(d_{12}) + f_2(d_{13}) + f_2(d_{14}) + f_2(d_{15}) = 3.90$

$h = 3: M_{113} = f_3(d_{11}) + f_3(d_{12}) + f_3(d_{13}) + f_3(d_{14}) + f_3(d_{15}) = 4.73$

$h = 4: M_{114} = f_4(d_{11}) + f_4(d_{12}) + f_4(d_{13}) + f_4(d_{14}) + f_4(d_{15}) = 2.20$

$h = 5: M_{115} = f_5(d_{11}) + f_5(d_{12}) + f_5(d_{13}) + f_5(d_{14}) + f_5(d_{15}) = 0.00$

对 U_{11}，该投资项目属于各个评价灰类总灰色评价系数

$$M_{11} = \sum_{h=1}^{5} M_{11h} = 3.12 + 3.90 + 4.73 + 2.20 + 0 = 13.95$$

（5）计算灰色评价权向量和权矩阵

评价指标 U_{11} 对项目第 h 个灰类评价权向量记为：q_{ijh}，$q_{ijh} = \dfrac{M_{ijh}}{M_{ij}}$

风险评价指标对 U_{11} 各灰类评价权向量 q_{11} 为：

$q_{11} = (0.224, 0.28, 0.339, 0.158, 0)$

同理计算出项目其他灰色评估向量 q_{ij}，得出其他 U_{ij} 各灰色评价权矩阵 Q_1、Q_2、Q_3、Q_4、Q_5、Q_6、Q_7、Q_8、Q_9、Q_{10}、Q_{11}、Q_{12}、Q_{13}：

$$Q_1 = \begin{bmatrix} 0.224 & 0.28 & 0.339 & 0.158 & 0 \\ 0.221 & 0.276 & 0.342 & 0.16 & 0 \\ 0.216 & 0.27 & 0.346 & 0.168 & 0 \\ 0.218 & 0.273 & 0.345 & 0.163 & 0 \\ 0.213 & 0.266 & 0.346 & 0.175 & 0 \end{bmatrix}$$

$$Q_2 = \begin{bmatrix} 0.186 & 0.232 & 0.31 & 0.273 & 0 \\ 0.191 & 0.239 & 0.318 & 0.252 & 0 \\ 0.212 & 0.264 & 0.353 & 0.172 & 0 \end{bmatrix}$$

$$Q_3 = \begin{bmatrix} 0.197 & 0.247 & 0.319 & 0.237 & 0 \\ 0.219 & 0.273 & 0.326 & 0.182 & 0 \\ 0.217 & 0.271 & 0.327 & 0.185 & 0 \end{bmatrix}$$

$$Q_4 = \begin{bmatrix} 0.224 & 0.279 & 0.342 & 0.155 & 0 \\ 0.235 & 0.294 & 0.334 & 0.138 & 0 \end{bmatrix}$$

$$Q_5 = \begin{bmatrix} 0.216 & 0.27 & 0.346 & 0.168 & 0 \\ 0.232 & 0.290 & 0.336 & 0.143 & 0 \\ 0.238 & 0.298 & 0.331 & 0.133 & 0 \\ 0.235 & 0.294 & 0.334 & 0.138 & 0 \\ 0.221 & 0.276 & 0.344 & 0.160 & 0 \end{bmatrix}$$

$$Q_6 = \begin{bmatrix} 0.212 & 0.264 & 0.345 & 0.179 & 0 \\ 0.218 & 0.273 & 0.342 & 0.167 & 0 \\ 0.219 & 0.274 & 0.344 & 0.164 & 0 \\ 0.215 & 0.269 & 0.344 & 0.172 & 0 \end{bmatrix}$$

$$Q_7 = \begin{bmatrix} 0.225 & 0.281 & 0.341 & 0.154 & 0 \\ 0.232 & 0.290 & 0.336 & 0.143 & 0 \end{bmatrix}$$

$$Q_8 = \begin{bmatrix} 0.229 & 0.286 & 0.338 & 0.147 & 0 \\ 0.246 & 0.307 & 0.326 & 0.121 & 0 \\ 0.237 & 0.296 & 0.332 & 0.135 & 0 \\ 0.239 & 0.299 & 0.331 & 0.131 & 0 \\ 0.234 & 0.292 & 0.334 & 0.139 & 0 \end{bmatrix}$$

$$Q_9 = \begin{bmatrix} 0.243 & 0.304 & 0.327 & 0.125 & 0 \\ 0.261 & 0.326 & 0.315 & 0.098 & 0 \\ 0.257 & 0.321 & 0.318 & 0.104 & 0 \end{bmatrix}$$

$$Q_{10} = \begin{bmatrix} 0.233 & 0.292 & 0.333 & 0.141 & 0 \\ 0.228 & 0.285 & 0.335 & 0.152 & 0 \\ 0.224 & 0.280 & 0.334 & 0.162 & 0 \\ 0.209 & 0.261 & 0.341 & 0.188 & 0 \end{bmatrix}$$

$$Q_{11} = \begin{bmatrix} 0.237 & 0.296 & 0.332 & 0.135 & 0 \\ 0.229 & 0.286 & 0.338 & 0.147 & 0 \end{bmatrix}$$

$$Q_{12} = \begin{bmatrix} 0.261 & 0.326 & 0.315 & 0.098 & 0 \\ 0.239 & 0.299 & 0.331 & 0.131 & 0 \end{bmatrix}$$

$$Q_{13} = \begin{bmatrix} 0.225 & 0.281 & 0.341 & 0.154 & 0 \\ 0.227 & 0.283 & 0.340 & 0.151 & 0 \\ 0.233 & 0.291 & 0.335 & 0.141 & 0 \end{bmatrix}$$

（6）对一级指标 U_i 进行综合评价

对项目投资风险的 U_1、U_2、U_3、U_4、U_5、U_6、U_7、U_8、U_9、U_{10}、U_{11}、U_{12}、U_{13} 做综合评价，评价结果记为 $B_i = A_i \cdot Q_i = [b_{i1}, b_{i2}, b_{i3}, b_{i4}, b_{i5}]$：

$B_1 = [0.219, 0.274, 0.343, 0.164, 0]$

$B_2 = [0.198, 0.247, 0.329, 0.226, 0]$

$B_3 = [0.211, 0.263, 0.324, 0.202, 0]$

$B_4 = [0.230, 0.287, 0.337, 0.146, 0]$

$B_5 = [0.229, 0.286, 0.338, 0.148, 0]$

$B_6 = [0.216, 0.270, 0.344, 0.170, 0]$

$B_7 = [0.229, 0.286, 0.338, 0.147, 0]$

$B_8 = [0.238, 0.298, 0.331, 0.132, 0]$

$B_9 = [0.253, 0.317, 0.321, 0.109, 0]$

$B_{10} = [0.226, 0.283, 0.335, 0.156, 0]$

$B_{11} = [0.233, 0.292, 0.335, 0.140, 0]$

$B_{12} = [0.252, 0.315, 0.321, 0.111, 0]$

$B_{13} = [0.228, 0.285, 0.338, 0.148, 0]$

得到投资风险总灰色评价权矩阵 B 为：

$B = (B_1, B_2, B_3, \cdots, B_8)T$

$B_1 = (B_1)T$

$C = (C_1, C_2, C_3, C_4)T$

（7）综合评价投资项目风险

综合评价结果 R 为：

$R = A \times B = [0.10, 0.07, 0.19, 0.12, 0.14, 0.18, 0.08, 0.12]$

$\begin{bmatrix} 0.219 & 0.274 & 0.343 & 0.164 & 0 \\ 0.198 & 0.247 & 0.329 & 0.226 & 0 \\ 0.211 & 0.263 & 0.314 & 0.202 & 0 \\ 0.230 & 0.287 & 0.337 & 0.146 & 0 \\ 0.229 & 0.286 & 0.338 & 0.148 & 0 \\ 0.216 & 0.270 & 0.344 & 0.170 & 0 \\ 0.229 & 0.286 & 0.338 & 0.147 & 0 \\ 0.238 & 0.298 & 0.331 & 0.132 & 0 \end{bmatrix} = [0.221, 0.276, 0.333, 0.167, 0]$

$R = A \times B = [1.00 \quad 0.253 \quad 0.317 \quad 0.321 \quad 0.109 \quad 0]$

$= [0.253 \quad 0.317 \quad 0.321 \quad 0.109 \quad 0]$

$R = C \times B = [0.30, 0.25, 0.30, 0.15] \begin{bmatrix} 0.226 & 0.283 & 0.335 & 0.156 & 0 \\ 0.233 & 0.292 & 0.335 & 0.140 & 0 \\ 0.252 & 0.315 & 0.321 & 0.111 & 0 \\ 0.228 & 0.285 & 0.338 & 0.148 & 0 \end{bmatrix}$

$$= [0.236, 0.295, 0.331, 0.137, 0]$$

(8) 计算综合评价值 R

项目参与者风险评价风险值为：

$$R = B \cdot CT = [0.221, 0.276, 0.333, 0.167, 0] \begin{bmatrix} 5 \\ 4 \\ 3 \\ 2 \\ 1 \end{bmatrix} = 3.56$$

项目性质风险评价风险值为：

$$R = B \cdot CT = [0.253, 0.317, 0.312, 0.109, 0] \begin{bmatrix} 5 \\ 4 \\ 3 \\ 2 \\ 1 \end{bmatrix} = 3.687$$

项目环境风险评价风险值为：

$$R = B \cdot CT = [0.236, 0.295, 0.331, 0.137, 0] \begin{bmatrix} 5 \\ 4 \\ 3 \\ 2 \\ 1 \end{bmatrix} = 3.627$$

项目参与者风险各个二级指标风险值为 K：

$K = [3.548, 3.417, 3.483, 3.601, 3.269, 3.532, 3.597, 3.639]$

项目性质风险各个二级指标风险值为 K：

$K = [3.714]$

项目环境风险各个二级指标风险值为 K：

$K = [3.579, 3.618, 3.705, 3.590]$

项目参与者风险权重占 0.30、项目性质风险权重占 0.30、项目环境风险权重占 0.40,可以得到该对外公共投资总体风险值为:3.56 × 0.30 + 3.687 × 0.30 + 3.627 × 0.40 = 3.629,属于较高风险范畴。

综上分析,该项目各指标风险评价值如图 7 - 3 所示:

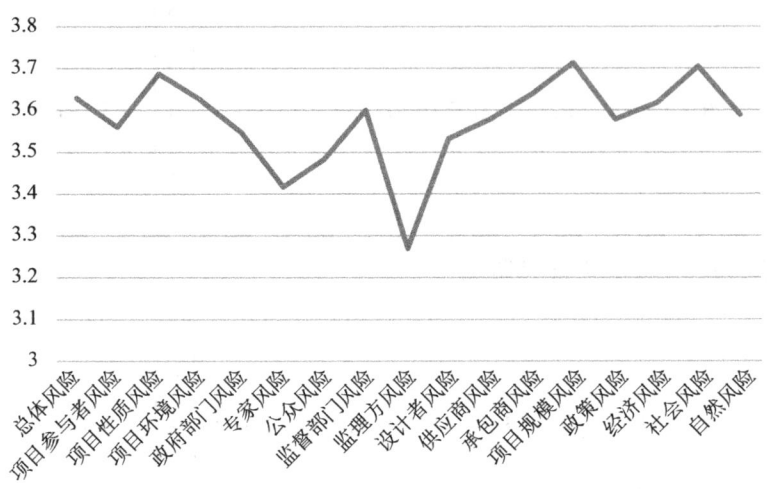

图 7 - 3　柬埔寨甘再水电站投资项目经营风险

(9) 结论与启示

结论:该项目总体风险值 3.629,为较高风险。一级指标项目参与者、项目性质、项目环境三个指标风险值分别为 3.56、3.687、3.627;二级指标中,在一级指标项目参与者中,承包商风险值最高,为 3.639,监督部门风险值第二,为 3.601;在一级指标项目性质中,项目规模风险值最高,为 3.714;一级指标项目环境风险中,社会风险风险值最高,为 3.705,经济风险风险值第二,为 3.618。这些指标均属于较高风险范畴。

启示:第一,创建我国对外投资复杂风险全过程管理体系。突破现有项目风险管理制度局限,分别从项目规划管理(方法、程序、依据、风险响应机制等)、建设管理(管理主体与组织机构设定、管理主体与责任划分、质量管理、融资风险管理、风险响应机制等)、运营管理(运营主体与模式选择、质量、安全、风险响应机制等)三大阶段及复杂风险评估机制出发构建我国对外投资复杂风险全过程管理体系。第二，国际产业链投资机制：实现我国对外投资的国际产业链投资机制。借鉴日本海外产业链投资机制，我国对外投资要从其发展出发，集点、线、面、网研究于一身，贯穿价值创造、分配、传递全过程。

（六）对外投资经营风险防范对策建议

1. 完善对外投资经营风险防范与预警体制

（1）大力培育有竞争优势投资主体

基于全球激烈的市场竞争环境，应转变小规模、分散化的传统局面，组建集资本、生产、技术于一体的"1＋N"式现代企业集团，以重组、联合等形式集体作为投资主体进行对外投资，有效防范各种对外公共项目投资经营风险。

（2）政府指导，依托中介，提供信息服务

政府相关部门做好指导，借助国际、国内网络中介服务，加强海外投资信息的搜集、整理与分析，引进国际市场相关信息咨询服务与技术帮助，建立健全中国对外投资企业风险诊断机制。

（3）建立风险诊断制度，完善对外公共项目投资保险体制

充分利用专业中介机构力量的同时，建立风险诊断制度，培育国际化企业管理人才队伍及信息中心。借鉴发达国家成功经验，建立风险诊断制度，完善对外公共项目投资保险体制。

（4）简化对外公共项目投资审批手续

简化对外投资项目审批手续，结合年检情况，针对实力雄厚、管理规范的中国对外投资企业给予一定投资自主权，进一步加大对外投资管理体制的灵活性，促进投资主体对国际市场变化做出迅速反应，增强对外公共项目投资企业的抗风险能力。

（5）建立境外投资咨询机构，构建政企新型协调配合关系

不同国家不同地区对外投资在实施过程中遇到的风险类别与程度不同，且复杂多样。项目投资要进行的大量调研，对于一家企业来说成本比较高，而且可以获得的信息也较为有限。为此，建议由政府主导建立境外投资风险评估和咨询机构，构建政企新型协调配合关系，帮助与扶持海外公共投资项目。

2. 加强对外投资公共关系管理

(1) 实施共商、共建、共享"三供"机制，树立良好国际形象

一是实施共商、共建、共享"三供"机制，契合当地经济、社会、产业发展需求。二是构建双赢、多赢命运共同体。与国际跨国公司联合，避免"一股独大"，实现共享利益、共担风险。三是高度重视对外投资核心利益相关者相关利益。四是借鉴发达国家实践经验，提高企业与东道主政府、居民与社会间关系处理能力。

(2) 依法合规运营，遵守国际惯例

依法运营，遵守国际法规、惯例与东道国法律，积极主动履行社会责任，确保对外投资安全平稳运营。坚持"互利共赢、合作发展"经营理念，减少政权更迭带来的政策不确定性风险。尊重项目所在国、合作方及外籍员工的宗教信仰和风俗习惯，积极探索跨文化管理策略。

(3) 积极履行社会责任，加强公关

积极履行社会责任，坚持价值共享。截至2017年3月底，中缅管道项目已在东道国或地区进行社会经济援助项目178个，开展水灾、旱灾、冰雹、地震等自然灾害捐赠，得到项目沿线社区受益居民和社会各方的一致认可与赞誉，海外项目美誉度提升。加强公关，学习并逐步接近国际一流标准，对外投资在公共关系管理上应积极主动展开公关，针对不同对象实施相应的公关策略和方案，建立政府层面、媒体及NGO组织、社会公众分类策划公共关系管理机制。

3. 构建对外公共项目投资系统风险防范

(1) 借助国际投资咨询公司，加强所在国政治、经济形势评估

在专家咨询、实地考察基础上，借助国际投资咨询公司对投资国进行综合评估，借助世界知名咨询公司等国际专业人士进行收集并评估收集的相关情报，加强对投资所在国政治、经济等的评估，减少投资风险。

（2）实施国际本地化战略，充分利用保险分散风险

实施对外公共项目投资企业国际经营本地化战略，通过多雇用当地员工，尽量实现采购本地化等。加强保险系统机制，对外公共项目投资企业通过加入保险等担保风险，并减少投资风险。

（3）着眼增强投资主体经营核心能力

经营核心能力是指企业在生存过程中所具有的相对于其他企业特有的经营能力，这是技能、资产、运行机制等多方面的互补的有机融合。对外投资企业经营核心能力是企业国际竞争力提升所在、首要因素，也是投资主体抵御国际经营风险的能力体现。

（4）完善治理结构，实行内部诊断制度

对外公共项目投资企业应对经营风险的前提条件是形成完善的治理管理结构。一是加强对外公共项目投资企业财务监督，完善其内控机制。二是若东道主外部治理机制健全，可借助其倒逼对外公共项目投资企业内部治理，有效治理与控制对外公共项目投资项目企业。三是实施内部诊断制度，完善对外公共项目投资企业治理管理结构，设立专门机构，定期内部评估对外公共项目投资企业经营管理情况，并提出相应改进建议。

4. 对外投资企业加强自身经营管理

（1）正确评估投资所在国政治与经济形势

投资前，针对政局稳定性、经济发展状况、政策优惠等，加强对投资所在国的综合评估。在境外设立跨国公司分支机构信息部门，及时掌握东道国相关投资政策的演变、动态与趋势，并于国内、国际评估机构加以评估。

(2) 发挥自身比较优势，完善公司治理结构

积极发挥比较优势，多种形式推进科技创新。加强和完善对外投资企业公司治理机构，强化内部激励与约束机制，实施国际化经营战略，完善国际化人才管理。

(3) 加强周期性国际投资风险评估，优化投资结构

国际投资风险评估贯穿于整个投资期。一是基于大量雇用当地劳动力，应进行周期性国际投资风险评估。二是进一步优化投资结构。在国际市场上寻找利益相关者，尤其是利用筹集资本机会在国际上分散经营风险。应注意把东道国国内子公司原料、零部件等的市场与国际市场连接，把研究与开发设备特有技术和关键部分集中在母国等。

八、顶层设计破解中国市场国际化进程中歧视难题

三星手机 Note 7 "爆炸门"事件曾引起国际社会对中国市场国际化进程中歧视待遇问题的关注。跨国企业在中国市场国际化进程中基于产品质量、产品价格、赔偿问题、态度问题等的"双重标准"，对中国市场消费者进行歧视。破解中国市场国际化进程中面临的歧视难题是国际理论界与实践中研究的热点问题。除了跨国企业传统歧视原因，中国市场内也存在巨大缺陷，为此我们主要从国内视角梳理了加入世界贸易组织（WTO）后跨国企业在中国市场国际化进程中针对中国消费者采取区别对待的案例，总结了发达国家市场国际化过程中针对产品质量问题的处理机制经验，为破解跨国企业在中国市场国际化进程中的歧视难题提供对策与建议。

2001 年 12 月 11 日，中国正式加入 WTO，中国开始了全面国际化道路。但是，在国际市场国内化、国内市场国际化过程中，中国市场遭

受了"不公平"的歧视待遇。

中国市场一直是跨国企业问题产品召回双重标准歧视的"重灾区"。2016年8月，三星手机Note 7"爆炸门"事件再次引起国际社会对中国市场消费者面临歧视待遇问题的关注。此次事件处理问题产品时带有地区差异性的系列举措，具有明显市场歧视之嫌，直接损害中国消费者合法权益。中国消费者以更高价格购买"质量歧视"的国际品牌产品，却无法享受与国外消费者相同的待遇。实践证明，世界各国市场在国际化过程中都不同程度受到"不公平"待遇。但是，像中国市场遭受的歧视范围之广、时间之长、危害之大，还是少有的。在"一带一路"倡议下，需要从顶层制度设计来破解中国国内市场国际化进程中遭遇的歧视难题。

"一带一路"倡议需要中国市场获得公平对待

在贸易保护的国际背景下，中国提出"一带一路"倡议，倡导国际社会公平、公正贸易；对"一带一路"沿线国家进行简化相互投资和发展产业合作、增强大型投资项目投资、共创工业园与跨境经济合作区；加强自由贸易，促进金融机构合作等，共建人类命运共同体。这个倡议的顺利实施迫切需要破除中国市场国际化进程中的歧视难题，促进中国市场国际化过程中的真正享受WTO倡导的"非歧视性原则""公平贸易原则"与"透明度原则"三条基本原则。

"一带一路"作为中国主导的国际贸易"高水平的开放之路"，秉持着国际开放合作精神。作为践行"一带一路"倡议的主体企业，需要国际市场的公平竞争。因此，"一带一路"倡议的实施是一个对接国际高标准规则、适应世界市场开放、公平竞争的过程。"一带一路"倡议积极对接国际标准规则，致力于塑造包容开放的新的世界经济体系。"一带一路"倡议以规则、规制、管理、标准等制度型开放推动为宗旨，在国际市场公平竞争基础上坚持内外开放的相互促进与良性互动，形成范围大、领域宽、层次深国际市场格局，共建互利共赢、安全高效、多元平衡、公平竞争的国际新经济秩序与开放型经济体系。

破除歧视难题能为"一带一路"沿线国家或地区为争取 WTO 三项基本原则提供经验样本

基于发展中国家发展模式的多元性,部分发达国家歧视的不同发展模式。WTO 应尊重发展模式多样性,也包括对中国发展模式的尊重。截止到 2021 年 11 月,WTO 共有成员 164 个,具体分为发达成员、发展中成员、转轨经济体成员、最不发达成员 4 类。其中,绝大多数成员为发展中国家。发达国家在 WTO 中占有绝对的话语权,制定了有利于其自身的国际市场法则。以农业为例,依据 WTO 规则,部分发达成员一年内允许农业补贴金额高达几百亿美元,而一些发展中成员没有此权利。农业补贴刺激了部分发达成员的农产品生产,农产品生产在国际上供给过度,价格下降,给其他发展中成员造成损失。这种补贴扭曲了国际市场,造成国际市场规则的不公平。除农业补贴问题,在电子商务、投资便利化等方面,WTO 规则均存在不公平问题。

"一带一路"沿线国家 66 个国家和地区,大多数属于不发达水平,在 WTO 谈判过程中以及本国市场国际化进程中处于劣势。以中国为代表的发展中国家成员,依托"一带一路"倡议平台,破除中国市场国际化进程的歧视难题能够为"一带一路"沿线国家提供经验样本。

破除歧视需要系统的、整体的、有机一体的顶层设计

优化国际营商环境是一项系统工程,综合性强,复杂度高,涉及市场主体经济活动的诸多环节,涉及政府、市场和社会诸多方面,涉及经济体制改革、行政体制改革、法治国家建设诸多领域,涉及不同国家或地区诸多主体。建设国际营商环境制度体系,明晰基础制度、运行制度和保障制度内在逻辑,分清层次、把握主线、统筹全局、有序推进。建立与国际通行规则相衔接的投资贸易制度体系,统筹用好国际国内两个市场、两种资源新局面。对标国际通行规则,不断缩小与国际一流营商环境差距。通过顶层设计,加快质量安全标准与国际标准接轨,建立商品质量惩罚性赔偿制度；建立健全产品质量完整的法律体系，通过标准化程序建立政府、社会组织、消费者"三位一体"的监督机制。

（一）中国市场国际化进程中歧视特征表现

加入 WTO 以来，中国市场国际化进程中一直遭受歧视，特别是 2012 年以来，中美贸易摩擦加剧，WTO 争端解决委员会停摆，一轮轮贸易战、五花八门关税、此消彼长的反垄断、反倾销调查等针对中国的歧视频繁发生。从国际召回案件来看，在中国国际市场中存在以下明显特征。

1. 中国市场上未被召回的产品趋于多样化

从 2005 年的美国强生药品，到 2019 年的手机、洗衣机、家用空调，以及汽车、医疗等，国际产品在中国市场涉及消费者生活中的方方面面。从日常用品等轻工业品到汽车等重工业品，从关系消费者健康的快餐，到生物制药等战略性新兴产业，从食品到服装，从玩具到化妆品，从产品质量到技术标准，从售后服务到危机处理，国际品牌在中国市场无不展示着"双重标准"。2021 年的"加拿大鹅"事件，最终以卖方退货退款告终。"加拿大鹅"在美国、英国、加拿大等国家和地区，无论线上还是线下渠道，都允许消费者在购买后 30 天内退货。但在中国市场，"加拿大鹅"却表示，"在中国大陆专卖店售卖的货品均不得退款"。在退换货政策上中外不一、大搞"双标"的奢侈品牌并非一家。LV、Burberry、爱马仕等线下专卖店售出商品均"只换不退"；但若在线上门店购买，则可自签收之日起"七天内无理由退货"。迪奥、香奈儿、博柏利等多个奢侈品牌同样存在"中国特供"服务政策情况。在中国大陆地区门店购买的商品"只换不退"，连在我国实行的网购七天无理由退换，也比很多国家最长可达 60 天的退换货期限紧凑不少。跨国公司产品任何质量问题都与中国国际市场消费者息息相关，严重侵害了消费者权益。

2. 中国市场上未被召回的产品频率加快，且质量相对低下

中国市场由于产品质量问题未被召回次数的频率加快。从地区上看，从 2005 年的美国等仅有的少部分发达国家歧视中国市场，到 2021 年几乎涉及美国、瑞典、日本等全部发达国家，甚至韩国等新兴市场国家也对中国市场进行歧视。而且，歧视发生频率越来越高。

2022 年，在中国市场，保时捷在购车时为车主提供了因芯片短缺而延迟补装的方案，近期却告知车主将不再补装电子转向柱，官方补偿仅为提供 2300 元代金券。而在北美市场，保时捷是有安装电动转向柱硬件和机械部分的，只是缺少芯片，且因为更换配置，保时捷美国官方将赔偿给美国车主 500 美元，并提早发送邮件通知了相关车主。保时捷此举涉嫌"双标"，对待国内外消费者补偿方案不统一，中国消费者有遭"歧视"嫌疑。

很多外资、合资企业，面向中国市场时，产品品质会低一些，或者售后标准要低一些，而面向中国外的国际市场，品质会好一些，售后服务标准更高。这种产品品质歧视不仅是汽车行业，也涉及智能手机、食品、饲料等相关产品。宜家、麦当劳事件，均是降低服务质量，用"双标"来节省成本。

3. 多种理由成为中国市场国际化歧视的惯用伎俩

美国强生、瑞典宜家、日本本田等以"符合中国国家标准"为由，日本夏普、日本索尼、韩国大金、日本松下、日本大金、美国 GE 医疗等以"未在中国市场上销售"为由先后拒绝执行该公司全球召回有质量的产品。"未在中国市场上销售""产品符合中国国家标准"等成为跨国公司歧视中国市场的惯用口径。2021 年，韩国三养火鸡面，在产品保质期说明上存在着严重双标问题。在销售同款产品保质期上，中国市场显示为一年，但在韩国本土为半年。这一现象在中国市场上并不是首次出现。2021 年 8 月，梦龙雪糕在欧洲使用浓缩牛奶，在中国采用

复原奶（奶粉大量掺水）的"差异化生产"。梦龙的官方微博称"使用植物基"是为了"顺应未来发展，让可持续生活成为常态"。2021年3月，好丽友仅在中俄两国涨价，同时，好丽友在他国使用正常的巧克力，唯独在中国使用代可可脂巧克力（容易造成免疫系统异常、增加心血管胃肠道患病风险）。好丽友在声明中表示价格上涨是出于人工成本考虑，而配料差距则被其归结于翻译问题。2021年，英国版芬达橙配料表与中国大不相同。英国版里添加了浓缩果汁，而在中国却以香精兑水来代替，且许多添加剂也存在差距。面对质疑，可口可乐工作人员则表示，芬达橙添加的东西不同是因为各国标准不同。

根据苹果条款，规定2021年11月1日至12月5日，凡是在苹果官网上下单的产品，可以将退货时间延长至2022年1月8日。该服务仅在美国、加拿大、英国等其他国家生效，这些国家消费者还可享受最高82天退货服务。针对中国消费者仍然采用的是14个自然日的时限。"Applecare+"是苹果为提高售后服务而推出的政策，但是关键条款不明晰，形同虚设，落地时也被维修门店推诿，且苹果"双标"行为也体现其售后服务体系的不完善，与之高端形象非常不匹配。

知名奢侈品牌LV在中国大陆是7天内可以退货，30天内可换货，但在美国、加拿大可以30天内退货。该品牌在这些国家退换货政策的最后，还专门标注了这样一句话：全球任何一家门店都接受退换，但不包括巴西、中国、哥伦比亚等。

4. 中国监管力度不够成为"歧视待遇"关键因素之一

由于经济发展原因，我国在相关的法律法规方面尚未完善，相关标准不够健全，使国外一些利欲熏心的企业钻了空子。梦龙冰淇淋在中国走的是高端路线，价格比国产雪糕高出好几倍，但却按照中国普通雪糕的标准来生产。跨国公司因产品质量原因在国际市场上召回时常发生。美国、加拿大、日本等发达国家国内市场一旦出现产品质量问题，均能得到有效及时的召回处理。中国消费者权益保护法已对此类事件进行了规定，对于不合规格和质量要求的服装产品，按照国家规定消费者可以选择退货，或者要求运营商履行更换和修理等义务。而在中国市场上，跨国企业在国家食药总局、国家质量监督局等对其约谈后才做出一定让步，而且还不是"同等待遇"。因此，中国有关部门质量监督机制、社会责任缺失、惩罚力度以及顶层设计成为"歧视待遇"的关键因素之一。最近，发展中国家也加入了歧视中国产品的行列。2021年，印度电子和信息技术部发布最新通知，将在2021年6月永久禁止59款中国手机应用程序，包括字节跳动、百度、微信和UC浏览器等。

《中华人民共和国消费者权益保护法》规定七日无理由退货。作为任何一家企业进入一个市场后，首先要遵循当地市场交易惯例，很多外企认为中国市场交易惯例是7天，线上购物7天无理由退货，这确实是事实，而国外可能根据交易惯例会有更长时间。

（二）中国市场国际化进程中歧视难题自身原因探究

1. 国内质量产品问题相关民事责任范围狭窄

以食品检验标准为例，相对于欧美，我国主粮标准十分严格。在部分非主粮食品检验标准上，相对要宽松较多。改革开放初期，我国经济水平相对落后。相比于质量，中国消费者对食品价格更为敏感，很多跨国企业选择廉价的原料降低成本，提高市场竞争力。我国相关机构出于降低物价需要，制定相对宽松的标准。这让生产水平不够精细的本土企业得到生存和发展空间。经过40多年的快速发展，中国居民可支配收入大幅增加，消费者增加了对食品质量的要求，但是，过去制定的食品检验及处罚标准难以有效制约跨国企业。

针对有质量问题的产品，中国现有《缺陷汽车召回管理规定》《食品召回管理办法》等相关法律制度，其规定仅为修理、更换与收回，没有具体规定如何修理、更换与收回，以及因为产品质量问题导致的包括误工费、交通费等遭受的损失，更没有相应的未履行的责任，以及诉讼判决后不执行的问题等。与发达国家相比，中国相关法律，如《中华人民共和国产品质量法》中没有相应的惩罚性赔偿规定，而且赔偿范围太狭窄。

2. 国内质量产品问题相关刑事责任主体缺失

承担产品质量责任主体包括产品生产者、销售者，即从事产品生产、销售活动的各类企业及个体工商户。责任主体不履行保证产品质量义务时，应当承担法律后果，包括行政责任、刑事责任和因产品质量问题引起的民事责任。中国对国际品牌相关制度尚不完善、涉及消费者权益保障条例还不健全。现阶段，《中华人民共和国产品质量法》第40条关于"销售失效、变质产品的，责令停止销售，没收违法销售的产品和违法所得，并处违法所得一倍以上五倍以下罚款，可以吊销营业执照；构成犯罪的，依法追究刑事责任"规定，向工商行政管理部门举报，由工商部门依法对该超市做出处理。《中华人民共和国消费者权益保护法》第49条关于"经营者提供商品或者服务有欺诈行为的，应当按照消费者的要求增加赔偿其受到的损失，增加赔偿的金额为消费者购买商品的价款或者接受服务的费用的一倍"的规定，要求该超市退还所购买的过期变质食品的货款，并赔偿相当于该货款数额一倍的损失。《中华人民共和国食品安全法》第96条规定："食品经营者生产不符合食品安全标准的食品或者销售明知是不符合食品安全标准的食品，消费者除要求赔偿损失外，还可以向生产者或者销售者要求支付价款十倍的赔偿金。"要求该超市退还所购买的过期变质食品的货款，并赔偿相当于该货款数额十倍的损失。如果协商不成，消费者可向仲裁机关申请仲裁，也可直接向人民法院起诉，通过诉讼程序来处理。《缺陷汽车召回管理规定》第43条、《食品召回管理规定》第40条、《药品召回管理办法》第38条等分别对有质量问题的汽车、食品、药品等规定了有关的刑事责任。但是这些刑事责任主要是针对召回机关公务人员与主管机关委托进行鉴定与评估相关人员，没有针对有质量问题产品的制造商、进口商、批发商等相关利益相关者的刑事责任的规定。美国《产品召回增加责任与文件》明确规定针对有质量问题产品相关制造商的刑事追究责任，刑期最高由 5 年增加到 15 年。中国市场上有质量问题产品的相关制造商，没有刑事责任的相关法律。这在一定程度上衍生了对中国市场消费者遭受的"不公平"歧视待遇。

3. 产品质量相关责任主体处罚力度小，企业违约成本低

与日美等为代表的发达国家相比，中国法律对有质量问题产品的企业惩罚力度不大。某品牌在海外市场因偷工减料，或者没有满足标准而被罚得倾家荡产，但国内面对产品质量达不到标准时，惩罚力度相对较低，违法成本低，起不到警示作用，因此很多跨国企业敢于"双标"。在中国，《缺陷汽车召回管理规定》第 42 条规定处于 10 000 元以上 30 000 元以下罚款，仅仅为汽车利润的 10% 左右。美国《产品召回增加责任与文件》规定对制造商民事责任罚款 1 500 万美元。日本相关法律规定，汽车制造商进行产品回收，并罚款 2 亿日元为上限。在德国，因食品等致人死亡时，企业将受到乃至破产的惩罚。跨国企业违约成本低、惩罚力度小成为中国市场国际化过程中"不公平"歧视主要原因之一。

4. 地方政府、企业高层"零和博弈"现象频繁

基于政绩，地方保护主义严重。《中华人民共和国消费者权益保护法》第 27 条规定，各级人民政府应加强监督，预防危害消费者人身、财产安全行为的发生，及时制止危害消费者人身、财产安全的行为。现实中，由于地方保护主义各级政府未能有效发挥监督作用。地方政绩考核以经济绩效为主，跨国企业大项目作为引资的主要载体成为与当地政府谈判的筹码。在产品质量出现问题时，地方政府与跨国企业存在"潜在"契约，这个"潜在"契约是以牺牲消费者利益为代价的。

产品质量问题影响到企业声誉。跨国企业高层管理者出于自身特有利益，采取"封口费"措施来处理产品质量问题，不愿意将其公布于

众，更不愿接受社会监督。高层管理者一方面向政府有关部门与机构、媒体等贿赂，使消费者信息知情权得不到保障，欺骗中国市场消费者；另一方面给发现或者购买质量问题产品的消费者予巨资，使其进行隐瞒。

5. 消费者自信力不足，维权意识薄弱

（1）公益性消费者维权组织力量薄弱

中国未设立专门保护消费者权益的行政机构。中国消费者协会作为公益性非政府组织，也处于起步阶段，不具有行政执法权与行政处罚权。在维护消费者权益时，中国消费者协会力不从心，仅通过点评、调解、提请媒体曝光等手段加以应对，话语权比较低。社会自主性新闻媒体参与性较低，媒体所扮演的公众利益代表角色缺失，难以形成良好的监督和舆论氛围，对跨国公司违约行为未能形成有效的社会制约机制。

（2）国内消费者民族品牌弱，国际品牌强

经济合作发展组织（OECD）于2016年4月报告指出，63.2%假货从中国流出，中国是全球第一大假冒商品流出国。中国市场民族品牌频繁出现劣质劣产品事件，消费者对民族品牌丧失信任，使之更倾向于国际品牌产品。在同领域内，中国缺少与跨国企业相抗衡的强势优秀民族企业品牌，"店大欺客"事件屡屡发生。

凭借累积的技术与强大的品牌力，跨国公司国际品牌在国内市场中与我们民族品牌竞争中占据极大优势，对我国消费者轻视和傲慢情绪得以迅速滋长。他们参与生存与品牌运营时，难以给予我国消费者充分的尊重。当问题被爆出，三养、好丽友等国际品牌会根据此前惯性思维，用经不起推敲的公关辞令回应中国消费者质疑。

（3）消费者成熟度低，自我消费保护与维权意识不强

消费者对本土产品缺乏信任，盲目追求国际品牌。但是，对国际品牌产品的真实品质及安全表现缺乏清晰认识，对所购买产品关键指标了解不足，甚至在自身利益受损时意识不到产品责任。中华民族以

宽容为美,"上善若水,有容乃大"的宽容也促使国际品牌投机取巧,星巴克使用过期食材、DQ冰淇淋虚假营销、麦当劳吃出活蛆等道歉了事,善于原谅的中国消费者们选择了一再"原谅"。对国际品牌的"高包容性"一定程度上助长了跨国企业"中外有别"的行为。相比国外消费者,中国消费者未养成对消费凭据等凭证妥善保管的良好习惯,这也为日后产品出现问题时进行维权埋下隐患。在维权过程中,消费者抵制行为也是暂时的,在跨国企业面前弱势地位明显,无法有效维权。

(4) 国家标准化滞后,技术认定能力不足,权威检测机构缺乏

"产品安全和质量标准"是消费者评判产品质量最重要的参照体。中国市场标准相对较低。相比于国内市场,很多海外市场标准比较高,产品须达到比较高的标准,才能销售。但在中国市场,并不需要达到那么高的品质,就能满足标准。跨国企业按照中国国内市场标准选择相对差的原料,满足基本的标准即可,节省成本。中国国家产品标准滞后于国际标准,更新率与更新速度比较低,部分行业标准低于欧、美、日等发达国家,一旦产品出现问题,跨国企业以"符合中国国家标准"为由拒绝承担相应赔偿责任。中国国内缺乏国际权威监测机构,现有检测技术支撑能力不足,无法提供缺陷消费品实施召回需求的权威、稳定的鉴定结果,直接影响问题产品有效处理与召回。

(三) 破解中国市场国际化进程中歧视难题对策与建议

1. 建立健全相关法律制度

中国已颁布《中华人民共和国食品卫生法》《中华人民共和国药品管理法》《中华人民共和国经济合同法》《中华人民共和国商标法》《工业产品生产许可证试行条例》《锅炉压力容器安全监察条例》《产品质量监督试行办法》《进出口商品检验条例》等涉及产品质量的法律、

法规，各部门、各地区也制订了若干质量方面的条例、制度，但还没有制订综合性质量法规。目前，中国召回制度仅限于汽车、儿童玩具、药品、食品等领域，其他与消费者息息相关的商品在法律上几乎是"一片空白"。中国急需加强产品质量相关立法工作，建立健全囊括全部产品的质量问题的相关法律法规。

2. 制定专业性、可操作性、详细的行业标准

产品质量标准是产品生产、检验和评定质量的技术依据。产品质量特性一般以定量表示，例如强度、硬度、化学成分等；对于难以直接定量表示的，如舒适度、灵敏度、操作灵活度等，则通过产品和零部件的测试，确定若干技术参数，以间接定量反映产品质量特性。中国现有质量问题产品的行业标准仅是指导性的，操作性比较差，专业性比较欠缺。提升国内行业标准，达到世界先进水平，与海外标准一致，减少跨国公司在标准上的"机会主义"。加强市场监管，提升国内消费者维权意识，有效地约束外企"双标"行为，切实保护国内消费者权益。及时收集跟踪国际最新技术标准，建立相应技术标准信息中心，更新数据库，加快质量安全标准与国际标准接轨，弥补现存行业标准漏洞。制定各类行业产品的专业性、详细的、可操作性强的行业标准，扩大质量问题产品的覆盖范围，分类管理。

3. 引进惩罚性赔偿制度，提高质量问题产品惩罚力度

在产品责任领域中引入惩罚性赔偿制度。我国惩罚性损害赔偿金制度规定适用于合同关系中的欺诈行为不妥，限制了诸多故意侵害他人身体、健康和财产的行为，尤其是将包括产品责任在内的侵权行为排除在外，使该制度的效果大打折扣。仅规定增加赔偿价款或者服务费用的倍数不合理，如果买卖的商品价值很低，这种双倍的惩罚性赔偿金几乎没有惩罚的作用，而如果买卖的商品价值很大，仅仅因为存在轻微的欺诈行为就双倍进行惩罚似乎又不公平。没有强调侵权人的主观状态，对故意、恶意、重大疏忽和普通过失未加区分，也未考虑是否无视他人安全

以及引起伤害的严重程度。坚决执行标准，依法惩处，加大惩处力度。针对质量问题产品，中国现有的相关惩罚制度规定的惩罚力度比较低。跨国企业宁可缴纳罚款也不实施召回制度。因为与召回相比，缴纳处罚金的成本更低。我国应在产品责任领域中引入惩罚性赔偿制度，加大惩罚力度。

4. 完善产品警示、召回制度，及时更新产品质量标准

产品警示、召回义务，既是行政法上的义务，也是民法上的义务。两者内容、目的虽然基本相同，且出现重叠，但两者有明确不同。产品警示是公法上的义务，召回义务是私法上的义务。因此，应从行政法上义务的角度完善产品质量处罚相关制度。

从行政法角度来看，《药品召回管理办法》《儿童玩具召回管理规定》《食品召回管理规定》等已确立产品警示、召回义务，但是产品质量法之中并无相关规定。将既有规定的规范层次提升，从行政法规、规章的层次提升到法律层次。在产品质量法中明确缺陷产品警示、召回的条件、具体方式、程序，违反警示与召回义务的行政处罚等。

5. 构建全国性信息系统，建立健全产品行业各利益相关者信息共享机制

构建全国性信息系统，建立健全监督机制。针对质量问题产品，建立全国性或区域性的收集、归类、处理以及鉴别等信息系统，建立健全质量问题产品监督机制。相关部门及时监测、预警、跟踪、反馈有质量问题产品事件，强化动态响应机制，提升处理质量与效率。

实现国内外行业标准"互通情报"，搜集国外已经颁布的有关行业标准、产品质量标准等信息与政策，研究中国市场"合意性"，促进国内与国际标准一致，或者高于国际标准。加强不同行业"互通情报"，加强不同行业质量问题产品处理机制沟通。监督机构"互通情报"。优化监督机制，构建监督平台。监管部门适时调整行业标准。促进民间维权组织间的沟通与交流，保障各行业监督经验与监督渠道的畅通性。借

助新媒体、自媒体等高科技信息技术，增强监督信息透明化。促进消费者"互通情报"。消费者要勇于捍卫消费尊严，加强质量问题产品信息沟通，做到"互通情报""心中有数"。借助媒体形成良好抵制质量问题产品的监督和舆论氛围。

6. 顶层设计政府、社会组织、消费者"三位一体"监督机制

顶层设计，构建政府、社会组织、消费者"三位一体"监督机制，即政府紧抓制度，社会组织紧抓监督，消费者紧抓集体维权。

政府紧抓制度。以"中国制造 2025"战略为契机，实施国家标准化战略。以大数据为背景，构建政府—社会—企业—消费者"四位一体"的消费者维权体系与权益保护机制。加快关键技术标准研制制度的制定与更新机制。建立健全公益性社会维权组织、公益诉讼制度、信用体系，加强消费领域新法规的操作性，促使消费维权法真正"落地"。

社会组织紧抓监督。加强社会公益性维权组织间的协调与团队建设，提升整体与跨国企业谈判能力。促进与质量问题商品的所有利益相关者的信息沟通，增加信息的真实性与适用性，改善监督机制环境。完善消费者维权网络监督机制，创新消费者纠纷协调渠道。建立"职业打假人"社会监督机制。构建质量问题产品信心监督平台。

消费者紧抓集体维权。随着科学技术加速发展，消费者消费方式向"体验消费"转变。绿色消费、健康消费成为当代消费主流。维权意识由个体维权向集体维权与公益维权转变，由关注产品质量向自身人格权、隐私权维护。因此，消费者要与时俱进，强化集体维权，增强维权力量与信心，降低维权成本。主动维权、文明维权、绿色维权。

7. 积极主动争创国际品牌，形成以我为主导的国际行业标准

中国品牌国际化要入乡随俗，依法合规。中国品牌、中国产品服务要走出去之前，须了解当地质量标准和法律规定，技术产品规格。中国品牌国际化碰到最大的问题是西方标准体系对中国的限制。中国产品走

出去要主动适应国际标准，并努力建立自己的标准。国货品牌在商品质量、性能上着力，不断创新，尤其是在消费者数据收集、消费者需求洞察方面，做到更极致，追赶和超越国际品牌。本土品牌强大起来，也将对国际品牌形成压力，倒逼其提升服务力。

第三篇

"一带一路"倡议下海外工业园可持续发展模式创新研究

作为地方工业发展的重要载体，工业园区的建设是工业化和城市化的最佳结合点。改革开放以来，我国工业园区发展迅速，在我国国民经济发展中起到不可替代的作用。目前，全国各地都掀起了产业向园区集中的新热潮。工业园区的发展促进了区域经济结构的调整和优化，推进了新型工业化进程。随着"一带一路"倡议的提出与实施加速了中国企业"走出去"的步伐。发达国家将海外工业园建设作为"走出去"战略的重大举措，中国海外工业园是"一带一路"国家战略重要支撑点，也是中国企业"走出去"战略升级重要平台。截至2017年3月，我国已在50个国家和地区建立118个园区，77个位于"一带一路"沿线的23个国家①。其中，处在丝绸之路经济带的沿线35个，处在21世纪海上丝绸之路的沿线42个。柬埔寨（山东）工业园、非洲（乌干达）山东工业园、巴基斯坦圣山南亚工业园、乌兹别克斯坦工业园等正在建设与加速发展期。然而，商务部宣布建立的50个"国家级境外经贸合作区"仅剩余19家，卢旺达工业园业主寥寥无几，赞比亚工业园招商效果不佳，海外工业园可持续发展面临巨大风险。因此，构建具有前瞻性和科学性海外工业园可持续发展模式与风险防范机制，是我国开放型经济外溢发展的迫切需要。

九、国内外相关研究的学术史梳理及研究动态

（一）海外工业园可持续发展演化机理研究

如何增强可持续发展能力是海外工业园建成后的关键问题（王娟

---

① "一带一路"沿线园区发展现状（上）_国家，https://www.sohu.com/a/273109444_100166736.

宁，2013）。"一带一路"沿线国家由于市场经济不成熟、工业基础不牢固、社会文明体系不健全，为山东省海外工业园发展带来巨大投资风险（史巧玲，周升起，2016；荀克宁，2015）。田鹏颖（2007）、沙德春（2015）、何继江（2014）认为社会技术创新是工业园区可持续发展的内在驱动力并可有效防范风险，同时将社会技术分为政策法规、商业模式和社会气质三方面。但是社会技术创新如何量化还面临理论和实践挑战（文皓，2014）。Robert 等（1989）、Jounikorhonen（2000）、David Gibbs（2007）从不同角度论述工业园成功要素，概括为"三化四性"，即非物质化、网络化、废料资源化、循环性、多样性、地方性和共生性。许玲娇（2014）从网络要素与社会资本角度构造园区可持续发展的要素体系，实证检验了这些要素对工业园可持续发展的积极意义。国内外关于工业园区可持续发展相关研究代表性成果如表 9-1 所示。

1. 园区持续发展机理

（1）社会技术创新

田鹏颖（2007）基于 17 世纪英国哲学家培根创设的"培根计划"

表 9-1 国内外关于工业园可持续发展的研究主题、主要观点、代表性文献

研究主题		代表性文献
园区持续发展机理	社会技术创新	①社会技术创新是工业园区可持续发展的内在驱动力并可有效防范风险：田鹏颖（2007）；何继江和刘宁（2014）；许玲娇（2014）；David Gibbs（2007）；Robert（1989）；②社会技术创新如何量化还面临挑战：文皓和曾国屏（2014）；沙德春（2015）
	社会责任履行	①履行社会责任能够转化为"软竞争力"，有利于园区跨越国际壁垒、提升社会形象及其长期盈利能力：刘藏岩（2005）；王志乐（2005）；邵兴东（2009）；张旭、宋超、孙亚玲（2010）；吴华明、林峰（2013）；侯仕军（2015）；王清刚、李琼（2015）；②ISO26000 趋利避害，促进中国企业走出去战略的落实：郭家源（2011）；齐丽云（2013）；李丽（2015）；方慧、赵甜（2017）；周祖城（2016）；冯丽艳、肖翔、赵天骄（2016）

续表

研究主题		代表性文献
工业园可持续发展评价指标体系	发展水平	经济绩效、环境质量、管理能力、生态网络稳定性是关键影响因素,可进行全生命周期评价:Azapagic 等（2000）；赵一平（2004）；黄鸥（2004）；张成考（2006）、陈秀珍等（2008）；雷明（2009）；刘敏毅（2011）
	建设水平	①园区定位、循环利用资源程度、公众参与程度:Lowe（1997）；Brian（2004）；Deog‐Seong（2005）；②清洁生产、生态网络、环境体系、园区管理效率是关键评价指标:元炯亮（2003）；黄海凤等（2005）；鲁成秀（2004）；黄方（2007）；周强（2007）；耿勇（2007）；孙晓梅（2010）；乔琪（2011）；③分行业、分地域评价园区可持续发展水平:叶振宇（2016）；王军（2008）；张帆（2007）；李仁安（2006）；郝艳红等（2006）；梁斌等（2009）；张芸等（2010）
	产业链柔性	①组建共生产业链是园区稳定性的前提条件:Volker（1997）；王灵梅等（2005）；王虹（2006）；段宁（2006）；蔡晓军等（2006）；②生态产业链内外部资源协同利用和利益相关者协同效用提高产业链稳定性:王兆华（2002）；武春友（2002）；吴一平（2004）；龚晓宁等（2003）；徐大伟（2005）；王艳丽等（2006）；郑季良（2007）；方丽丽（2008）；苑清敏（2008）；张理娟、张晓青、姜涵、刘畅（2016）；张述存（2017）
模型方法		①距离函数模型、多层次灰色理论评价模型等:乔琪（2011）；Anna Wolf（2007）；Benedetti（2002）；王灵梅（2011）；朱晖（2014）；②模糊数学分析法、灰色聚类分析法、层次分析法:田泽（2016）、吴旺、杨仕教（2016）、武春友（2007）；Nisson（2009）、Jim Altha, Diwekar 等（2005）；武春友（2007）；Nisson（2009）

展开研究，认为社会技术创新是工业园区可持续发展的内在驱动力。何继江和刘宁（2014）以中国经济改革第一个试验区蛇口工业区为例展开研究，总结了蛇口模式的本质，是社会技术创新的典范，兼具技术与制度创新的知识创新，核心是包括商业模式、组织管理、知识繁衍技术等在内的，围绕土地经营、产业聚集、创新孵化、知识社区四大核心功能的整体社会技术创新。

文皓和曾国屏（2014）认为，作为开放型经济新体制的一个方面，外溢发展，包括物理技术与社会技术扩散，并通过新加坡科技工业园与苏州工业园区的经典案例为例，深入总结社会技术及其扩散的路径，为更好的经验借鉴提供启示。沙德春（2015）以台湾新竹科技园为例，从政策法规、产业商业模式、社会气质三个层面分析了社会技术创新及其对园区转型升级中的作用，形成以"活动优惠"为代表的政策法规层面社会技术创新；以"垂直化分工生产体系"和"自创品牌"为典型的产业商业模式层面社会技术创新；以"党禁""报禁"解除为基点的民主自由化社会气质的塑造。

（2）社会责任履行

刘藏岩（2005）、王志乐（2005）等认为，企业社会责任实践成为企业参与竞争的有效手段或资本，也成为决定企业能否在全球化运作中取得成功的决定性因素之一。邵兴东（2009）从企业环境、企业资源和企业能力角度探讨企业社会责任形成企业竞争优势机理，通过企业社会责任战略管理，企业履行社会责任转化为可创造价值的企业资源与能力，形成企业竞争优势。张旭、宋超、孙亚玲（2010）以59家医药上市公司2003—2007年数据为依据，实证分析企业社会责任与企业竞争力之间的关系。吴华明、林峰（2013）借鉴波特竞争优势基本形式概念，提出了产品低成本、差异化、利他性内涵的竞争优势基本形式"三维理念"，并用该理念解释企业责任竞争力的形成。侯仕军（2015）认为责任竞争力是企业继人才、技术、管理等要素之外需要锻造的新的竞争力。企业责任竞争力提升需要政府、社会组织和企业"三位一体"协同努力。王清刚、李琼（2015）认为，履行社会责任能够转化为"软竞争力"，有利于园区跨越国际壁垒、提升社会形象及其长期盈利能力。

齐丽云（2013）以G3标准和ISO26000《社会责任指南》为基础，采用结构方程模型的方法构建了企业社会责任绩效评价模型，并以交通运输行业为例战略展开模型检验与企业社会责任绩效评价。李丽

(2015)以社会责任国际标准ISO26000作为参考标准,结合了密松水电站项目停建事件,研究了我国企业"走出去"面临社会责任的实际影响,并提出相应的对策。冯丽艳、肖翔、赵天骄(2016)认为,积极承担社会责任有助于降低企业风险。

2. 工业园可持续发展评价指标体系

(1) 发展水平

Azapagic 等(2000)提出经济绩效、环境质量、管理能力、生态网络稳定性是关键影响因素,可进行全生命周期评价。建设生态工业园,发展循环经济已成为我国工业园区谋求可持续发展的战略选择。赵一平、朱庆华、耿勇、武春友(2004)构建了工业园区生态承载力评价指标体系,并以大连某工业园区为例展开综合评价。黄鹂(2004)运用核心能力理论,提出知识型企业核心能力层次模型,并构建了知识型企业核心能力的评价指标体系。生态工业园可持续发展能力评价是对生态工业园多目标的综合评价。张成考(2006)基于灰色系统理论,根据生态工业园评价指标设计原则,构建了相对完整的生态工业园评价指标体系。陈秀珍等(2008)根据生态工业园区基本内涵与特点,应用层次分析法与模糊综合评价理论构建生态工业园可持续发展的综合评价模型。刘敏毅(2011)将全生命周期评价方法引入对生态工业园区评价指标体系设计,从规划、建设、运行管理全过程展开描述,以保证生态工业园区的演替符合可持续发展的要求。

(2) 建设水平

Lowe(1997);Brian(2004);Deog–Seong(2005)等将海外工业园区的建设水平采用园区定位、循环利用资源程度、公众参与程度等指标加以衡量。元炯亮(2003)构建了包括经济、生态环境、生态网络、管理等指标在内的生态工业园区评价指标体系框架。黄海凤等(2005)基于灰色聚类法构建了包括经济指标、环境指标、管理指标、生态指标4个一级指标,万元综合能耗、单位面积工业产值、绿化覆盖率等在内的 18 个二级指标的生态工业园区的评价指标体系和评价模式。鲁成秀和尚金城（2004）基于可持续发展理论、工业生态学理论、循环经济理论、系统工程理论、景观生态学理论、交易费用理论等为基础，运用生命周期评价、系统工程方法、景观生态规划等方法，根据指标选取的科学性、可操作性、有针对性、代表性等原则构建了包括清洁生产指标、生态网络指标、环境质量及生态建设指标、社会经济发展指标，以及园区管理与政策指标等几个方面的生态工业园评价指标体系。黄方、卓问和刘余（2007）运用层次分析法建立了生态工业园区评价指标体系和评价模型，编写求解模型程序，对成都市高新工业区进行综合能力评价，并提出生态工业园区可持续发展提出建议。周强和高妍（2007）依据客观性原则、科学性原则、系统性原则、动态性原则、可操作性原则等，基于总体层、系统层、状态层和变量层四个层次的划分，构建了包括工业生产系统、园区管理系统、环境系统、经济系统和社会生活系统 5 个一级指标工业产业生态化水平、管理水平等 9 个二级指标原子利用率、水资源重复利用率、固废综合利用率、生产原料可替代率等 27 个三级指标的生态工业园区循环经济指标体系。耿勇和张攀（2007）运用能值分析理论及方法，基于工业园产业、人口、资源和环境生态等子系统，建立囊括系统结构、功能和生态效率三项指标的工业园可持续发展指数的综合评价体系，整合分析工业园系统发展现状、动态与动因的，优化工业园可持续发展模式，并对大连双 D 港工业园展开生态经济绩效评价。孙晓梅、崔兆杰、朱丽、刘雷（2010）界定了生态工业园运行效率的内涵，阐明了生态工业园运行效率的表现特征，构建了包含经济运行效率、资源转化效率、污染减排效率、生态工业特征指标和园区管理效率 5 个准则层在内的指标体系，建立了包含 27 个具体指标的生态工业园运行效率评价指标体系。叶振宇（2016）认为，工业园区发现需要因地制宜，针对实际条件合理选择可借鉴、可复制、可持续的模式类型，围绕主要导向，实施分类发展。王军、岳思羽、乔琦、刘景洋、林晓红（2008）以静脉产业类生态工业园区基本概念为基础，构建了包括经济发展、资源循环与利用、污染控制和园区管理4个层次共20个指标的静脉产业类生态工业园区评价指标体系。张帆、麻林巍、蓝钧、陈世杰、陈景文（2007）针对北京市工业开发区发展现状及特点，提出了具体包括6大类准则，共计25个具体指标的一套生态工业园评价指标体系框架及其计算评价方法。陈郁、刘素玲、张树深、张芸、程磊、王焕雷（2010）根据化工生态工业园区基本内涵与特点，建立包括园区发展现状、发展协调度、发展潜力在内的生态工业园区可持续发展评价指标体系，涉及经济、环境、生态、技术及意识等方面，给出生态工业园可持续发展的综合评价模型。

（3）产业链柔性

Volker（1997）认为，组建共生产业链是园区稳定性的前提条件。王虹、张巍、朱远程（2006）认为，工业园区能够有效节约资源、保护环境，企业关联、利益驱动、科技保证、政府导向、公众促进是工业园区生态产业链形成的条件，并从整体生态效率注重、资源梯级循环利用、企业结构转型促进、环境污染高峰穿越、经济环境双赢实现等方面分析了生态产业链的构建对资源约束的缓解作用。毛玉如、孙启宏、沈鹏、乔琦、段宁（2006）认为，生态工业园区遵从循环经济的3R原则，以国家生态工业示范园区为案例，分析其组成并归纳了链网结构特点，以期为我国生态工业园区理论研究深化和实践深入提供参考。尹建华、王兆华（2009）基于循环经济理论基本思想，详细分析了工业园区新陈代谢的核心环节副产品交换系统，并结合大连开发区实际案例，通过副产品交换系统奖励提高工业园区资源循环与管理效率和效益。武春友、孙源远（2009）提出采用生态承载力方法计算工业园区的生态效率，以大连经济技术开发区为例，探讨了工业园区生态承载力评价方法的适用性和可行性。吴一平、段宁、乔琦、刘景洋（2004）以新疆石河子国家生态工业（造纸）园区设计为例，运用产业生态学理论，系统地分析生态工业园区系统构成、工业共生关系、生态工业链网结构，为生态工业园区设计及其运行提出切实可行建议。龚晓宁、钟书华（2005）为在生态工业园区内实现物质循环、模拟自然生态系统建立一种工业平衡体系，从功能、稳定性、共生关系及运行规律等方面分析了自然生态系统食物链与生态工业园区工业链形成与特点，得出生态园区内工业链接兼具遵循自然生态规律与市场经济规律的结论。强调尊重自然规律同时，注意发挥人的智能资源。郑季良、陈卫萍（2007）认为，生态工业园建设基础与关键是生态产业链。生态产业链以促进副产物和废物交换、能量和废水梯级利用为目的，是产业的生态集聚。方丽丽、齐振宏、王璟（2008）认为，生态产业链是一种新型的生产组织形式，以共生原理和积聚效应促进工业园区发展以有效地解决传统产业园区经济发展与生态环境之间矛盾。张理娟、张晓青、姜涵、刘畅（2016）、张述存（2017）等认为，生态产业链内外部资源协同利用和利益相关者协同效用提高产业链稳定性。

（二）海外工业园可持续发展的影响机理研究

1. 关于社会责任和可持续竞争力的关系

Wisdom Zhi（2016）、刘藏岩（2005）、王志乐（2005）、邵兴东（2009）、张旭、宋超、孙亚玲（2010）认为，企业履行社会责任能够转化为企业的"软竞争力"，有利于园区跨越国际壁垒、提升社会形象及其长期盈利能力。吴华明、林峰（2013）、侯仕军（2013）、王清刚和李琼（2015），从社会属性、企业网络化发展、社会嵌入行为的现实意义及企业责任竞争经济价值四个方面分析园区可持续发展的基本诱因，并从理念塑造、战略统领、现状梳理、竞争举措四个环节探讨园区可持续发展能力的微观塑造机制。

2. 海外工业园可持续发展的动因研究

工业园区是大量企业在园区内的集聚，产生规模效应。产业集群形成和发展促进工业园区的形成，企业集群成为海外工业园区产业关联性与协同性的有效组织形式。

朱开明、余福茂（2005）将价值创新的资源筹措能力作为工业园产生并实现可持续发展的真正内在动因，基于不同阶段集聚对资源客观要求，工业园发展重要的支撑因素是集聚整合力，特别是基于价值创新的资源筹集能力。创新要素、市场要素、资源要素、基础设施、文化基础等构成工业园区可持续发展的支撑要素，创新要素是工业园区实现可持续发展最为重要的支撑要素之一。

吴建业（2011）指出，协同效应是在一定支撑条件下产生的，它是由组织结构而不是由技术或企业规模决定的，产业关联性以及源于共同利益的相互依附和信任是其最基本的条件。

曹玮（2006）从集群根植性与工业园关联性视角展开研究，产业关联与产业文化基于根植性促使企业集群相互依存，并造就在园区内相互遵守的行业规范等"潜在约定"。

刘南、周庆明（2004）认为工业园发展以企业为主导，以当地特色产业与区内网络关系为基础促进现代产业分工的专业化工业园区的竞争优势。

王志华（2015）从集群角度对工业园区兼有培育产业集群生长点与发动机"双重身份"展开研究，认为集群聚集可以促进工业园区交易成本降低、创新体系完善。

刘友金等（2017）基于"硅谷"等发达国家工业园区实践经验，从知识转播方式、技术研发传散等视角论证了工业园区的动因。

周耀根（2018）认为政府组建班子是工业园区可持续发展的动因之一。基于工业园与产业集群发展规律，对工业园区进行整体规划与科学管理。

(三) 工业园区评价指标体系研究

1. 园区可持续发展水平评价

Azapagic 等（2000）、黄鹍（2004）、陈秀珍等（2008）、雷明（2009）、刘敏毅（2011），分别从经济绩效、环境质量、管理能力、生态网络稳定性等方面进行多角度和多层次的评价，引入全生命周期评价及多层次灰色理论设计评价模型。

赵一平（2004）基于生态承载力视角构建了包括气候、植被、土壤、地形地貌和水文 5 个一级指标的工业园区生态承载力可持续发展的综合评价体系，并提出一定对策。

张成考（2006）基于灰色理论构建了生态工业园综合评价模型。该模型包括：生态网络稳定性、环境质量、经济绩效、资源潜力、经济增长、科技创新能力、环境治理力度、循环再生能力、环境可持续度、法律制定与管理 10 个准则层，聚合度、冗余度、空气质量、环境噪声、绿化覆盖率等 36 个指标层。

陈秀珍等（2008）通过运用科学与实用性相结合，3R 原则、系统化与层次性、静态指标与动态指标相结合，定性与定量相结合等原则，从经济发展、资源利用、生态环境、管理能力 4 个准则层，经济发展水平、经济发展潜力、资源利用水平、循环利用能力、投入减少指数、污染排放强度、污染治理指数、环境保护指数、污染减排指数、基础设施建设、政策与管理水平 11 个变量层，以及年均 GDP 增长率、人均 GDP、工业增加值率、工业全员劳动生产率、高新技术产业占第二产业比重、新产品产值占总产值比例、工业废气综合利用率、工业固体废弃物无害化处理率等 48 个指标层定量生态工业园区可持续发展水平。

2. 园区建设水平评价

Lowe（1997）、Brian（2004）、Deog‐Seong（2005）从园区定位、

循环利用资源程度、公众参与程度等多方面设计评价指标。元炯亮（2003）、黄海凤等（2005）、鲁成秀（2004）、黄方（2007）、周强（2007）、耿勇（2007）、孙晓梅（2010）、乔琪（2011）运用能值分析等理论分别从清洁生产、生态网络、环境体系、园区管理效率等方面评价工业园发展水平，建立距离函数模型进行实证研究。王军（2008）、张帆（2007）、李仁安（2006）、郝艳红等（2006）、梁斌等（2009）、张芸等（2010）构建具有行业（静脉产业类、工业开发区、电力、化工、钢铁）特征或地域（省、市）特征的指标评价体系。

3. 园区产业链柔性与稳定性研究

Volker（1997）、王灵梅等（2005）、王虹（2005）、段宁（2006）、蔡晓军等（2006）研究发现组建共生产业链是园区稳定性前提条件，王兆华（2002）、武春友（2002）、吴一平（2004）、龚晓宁等（2003）、徐大伟（2005）、王艳丽等（2006）、郑季良（2007）、方丽丽（2008）、苑清敏（2008）分别运用交易费用理论和产业生态学理论对工业园共生行为，从生态产业链内外部整体资源协同利用和利益相关者协同效用提高虚拟产业链稳定性。

美国社会学家 C. A. 佩里（1929）提出"邻里单位"理论，从广义上界定邻里单位，包括住房、周边环境、公共设施、小学、零售商店、娱乐设施等在内的一切单位。

布鲁诺和狄波基（1982）经过研究认为，影响工业园区的重要因子主要包括：风险资本、接近市场、交通便捷、具有吸引力的生活环境、供应充足便捷、土地和设施易得、服务业繁荣等12个因子。

Deog-Seong 等基于 Daedok Technovalley 工业园实践经验，认为应通过工业共生网络建设、人文环境塑造、物流设计完善、优化等途径实现工业园区可持续发展。

4. 工业园区可持续发展评价方法与模型研究

Anna Wolf（2007）、Benedetti（2002）、Nisson（2009）、Jim Altham

(2004)、Diwekar 等(2005),运用三重底线法、模糊地图法开展深入系统研究。国内学者评价方法研究集中于两个方面:确定指标权重系数方法研究、进行指标量化构建评价模型方法研究(商华、武春友,2007)。确定指标权重系数方法研究主要包括模糊数学分析法(田泽,2016;张炳,2013;王灵梅,2011;朱晖,2014)、灰色聚类分析法(吴旺、杨仕教,2016;黄海凤、张成考,2006);进行指标量化构建评价模型方法研究主要包括层次分析法(黄方、元炯亮,2010;乔琦,2011)和投入产出分析法(邓伟根,2009)。

潘祥杰等(2002)采用模糊综合评价模型,对政策法规、环境、社会保障、咨询中介、投融资和教育培训等六大子系统进行综合评价,构建了高新园区服务评价指标体系。李炅之等(2010)以苏州工业园为例,基于区位、布置方式、业态组合、居民消费行为等视角探讨社区商业模式选择问题。谭博裕(2011)总结了欧美、日本、新加坡等地区和国家社区商业中心发展模式与特色,从政府规划、商业规律、宣传力度等方面对中国工业园区商业模式进行启示。

十、"一带一路"倡议为海外工业园区可持续发展提供新契机

"一带一路"倡议将在很长时期影响我国经济与社会的发展,同样也会对企业"走出去"带来深远影响。因此,要抓住"一带一路"倡议新机遇,实现在全球价值链中高端突破。以山东省为例,该省正在进行新旧动能转变试验,转变经济增长方式、调整经济结构稳定增长需要与"一带一路"沿线国家或地区进行合作,这需要以工业园区为支撑点。中国作为制造业大国,生产出现了一定程度的产能过剩,对资源的需求更加迫切。传统的经济增长模式已经不能适应当前世界经济发展

要求，"一带一路"倡议为中国经济结构转型升级、实施"全球价值链攀登"战略提供了新的契机。为此，大力实施海外工业园区可持续发展有利于构建起"大物流"，实现物流低成本运作，将中国具有一定竞争优势的产业向"一带一路"沿线国家或地区输出，同时将"一带一路"沿线国家或地区资源优势与技术特色向中国引流，形成与"一带一路"沿线国家或地区的承接地，承接供需与优势互补。

（一）"一带一路"倡议下海外工业园区产业规模化优势

海外工业园区出于同类产业或各类产业在同一区域内集中投资与运营的聚集地。基于相对便利的环境与经营运输等最佳条件，园区内具有比园区外更多的规模效应、集聚效应等制度与空间优势，增强了聚居地的地方品牌优势与园区内企业国际竞争力。"一带一路"倡议的提出与实施更加突出该优势。

第一，产业贸易规模不断加大。2013年至2021年，我国与沿线国家年度贸易额从1.04万亿美元，扩大到1.8万亿美元，增长了73%[①]。中欧班列累计开行超过5万列，涉及23个欧洲国家、180多个欧洲城市。辐射"一带一路"自由贸易区网络加快建设，已与13个沿线国家签署7个自贸协定。

第二，国际投资合作加深，产业链供应链融合程度进一步加深。2013年至2021年，中国对"一带一路"沿线国家和地区直接投资累计1613亿美元，"一带一路"沿线国家和地区对华投资设立企业3.2万家，实际累计投资712亿美元。截至2021年12月，我国企业在"一带一路"沿线国家和地区建设的境外经贸合作园区累计投资430.8亿美元，创造34.6万个就业岗位，较好地发挥了海外工业园区载体和平台

---

① 商务部谈"一带一路"倡议：与沿线国家年度贸易额增长73%，https://baijiahao.baidu.com/s?id=1733316504643029322&wfr=spider&for=pc。

作用，促进了国际产能合作。

第三，以工业园区为合作平台，完善相应机制，加强合作交流效率。"一带一路"沿线国家和地区通过双边或多边沟通机制，建立与加强工业园区建设，相继建立了 200 个合作机制，涉及贸易畅通、投资合作、服务贸易、电子商务合作等。中国国际进口博览会、中国—东盟博览会、中国—亚欧博览会、中国—中东欧国家博览会、中国—非洲经贸博览会等重大展会论坛加大了"一带一路"沿线国家和地区交流，促进了产业规模化与开放程度。

为此，"一带一路"倡议下的 66 个国家或地区，市场规模庞大，中国在该区域内具有技术优势，要进一步深化对俄罗斯、蒙古国、西亚、中亚、东盟、南亚以及中欧国家的经济技术合作，加强"一带一路"倡议海外工业园区的建设与整合，形成更为广泛、更为密切、更具优势的国际产业合作与创新区域。

（二）"一带一路"倡议下海外工业园区产业集约化优势

第一，海外工业园区提升规模效益，深化与引入现代产业价值链经营模式，凸显产业集约化优势。海外工业园区内的企业主动对接产业链，实现双方或多方产业投资向产业链输出方转变，增强产业链契合与有机运作，进一步释放产业链效应。

第二，海外工业园区有利于相关产业配套环境的建立与完善，园区内核心产业与配套产业、主导产业与附带产业等"1 + N"式产业模式更加密切衔接，形成低成本运作，有利于增强国际竞争力，避免恶性竞争。基于海外工业园区公共资源，例如通用的交通等基础设施，可以实现资源共享，减少重复成本，增强工业园区内产业发展活力，进一步释放附加成本，将更多资金投入研发，减少产业运行的外部成本压力。

第三，海外工业园区产业相对集中，优势明显。我国在"一带一路"沿线国家和地区海外园区产业选择,主要集中在相对于发展中国家具有比较优势的纺织、家电、机电、微电子等产业,以及有资源开发和科技研发等产业。入驻"一带一路"沿线国家和地区海外园区企业的投资项目,一般结合入驻企业类型和所在国的国情和资源条件,兼具东道国和中国产业发展的特色。例如,俄罗斯乌苏里斯克经贸合作工业园区主要涉及鞋类、服装、家具、皮革、木业、建材等产业为主的民营企业入驻。非洲地区经贸合作工业园区主要涉及金属冶炼、陶瓷烧制以及制造业等主要发展产业,原因在于非洲地区丰富的矿产、木材、橡胶等自然资源及低关税、少限制等优越贸易条件。东南亚地区经贸合作工业园区主要涉及服装纺织、机械电子、建材等劳动密集型产业,原因在于东南亚地区劳动力价格低廉优势。我国机械电子、轻工纺织、建筑建材等优势产能通过泰中罗勇工业园、柬埔寨西哈努克港经济特区等海外工业园区实现有效转移,满足东道国发展需求。

(三)"一带一路"倡议下海外工业园区产业便利化优势

第一,"一带一路"沿线国家和地区海外风云园区是由政府主导建立和推动的。海外工业园区一般是由国家或当地政府推动的,具有政府沟通优势,更容易获得政府、社会等更广泛的关注与支持。海外工业园区不仅仅是一个国家或地区的企业落地投资,有更多的国家或地区同时进驻工业园区,有利于国际上相关产业投资便利化、技术创新便利化、经营运作便利化、技术合作便利化,使制度优势与开发程度更加明显。

第二,国际产能合作是"一带一路"沿线国家和地区海外工业园区建设的主要特色。海外工业园区已成为我国企业在境外开展汽车、摩托车、机械、电子、化工、纺织、服装等优势产业合作的集聚式发展平台。例如,青岛海尔集团电器产业有限公司领投的巴基斯坦海尔—鲁巴经济区以家电产业为主。江苏太湖柬埔寨国际经济合作区投资有限公司与柬埔寨国际投资开发集团有限公司共同建设的柬埔寨西哈努克港经济特区以用工成本较低、贸易环境宽松为优势。康吉国际投资有限公司投资建设的俄罗斯乌苏里斯克经贸合作区成为中国鞋业打造国际品牌、辐射全球的一个重要根据地。中国机械工业集团有限公司及所属中工国际工程股份有限公司、哈尔滨投资集团、明斯克州政府等中白股东共同投资建设的中国—白俄罗斯工业园区重点发展电子信息、精细化工、生物医药、高端制造、物流仓储等产业。集中体现海外工业园区产业便利优势与集群优势。

第三,"一带一路"沿线国家和地区海外工业园区加大了相互间的贸易往来。截至2017年3月,在20个"一带一路"沿线国家和地区的56个已建和在建境外经贸合作区,我国企业进驻工业园区已达到1 082家,累计投资185.5亿美元,总产值达到506.9亿美元,在我国所有合作区中所占的比重分别为72.72%(合作区数量)、71.09%(入驻企业数量)、76.68%(累计投资额)和72.13%(总产值)。

以山东省企业集团在俄罗斯投资建设的"中俄托木斯克木材工贸合作园区"为例,2015年5月8日,中航林业有限公司在俄子公司中俄托木斯克工贸合作区开发投资股份有限公司及新疆中泰(集团)有限责任公司等3家企业,在托木斯克州投资建设制浆项目与俄罗斯联邦托木斯克州政府签署《谅解备忘录》。该项目从2015年持续至2020年,建设年产量50万吨纸浆厂、产能50万立方米锯材厂和发电能力达12兆瓦的热电厂,项目总投资额达500亿卢布。此合作项目充分发挥了中航林业在俄罗斯白亚尔地区丰富的森林资源优势,投资建设制浆厂的产品将运回中国新疆用来生产优质的粘胶纤维。合作区处在国家"一带一路"和俄联邦欧亚经济一体化发展的战略线上,加快园区生产建设、促进园区招商工作是积极融入国家"一带一路"倡议、助力丝绸之路经济带建设的重要途径。目前,合作区项目已被列为国家"一带一路"134个优先发展项目之一。

(四)"一带一路"倡议下海外工业园区抵御产业经营风险优势

企业经营,无论是在国内还是海外均存在风险,其中包括政治风险、经营风险、社会风险、市场风险、汇率风险等,海外投资风险加剧。

第一,海外工业园区的建设与完善,实施中国企业"抱团出海",有利于抵御海外产业经营风险与投资风险。"一带一路"沿线有66个国家或地区,这些国家发展程度不一样、宗教信仰不一样、风俗习惯不一样、政治制度和政策等不一样,这些多元化因素加剧了中国企业海外产业投资经营风险。为此,海外工业园区可持续发展为山东企业海外投资提供了一体化经营与协同化经营新模式,可以有效发挥伙伴关系与"邻里效应",降低海外产业投资风险。

第二,海外工业园区有利于降低制度性交易成本,有效避开贸易壁垒。海外工业园区建设为"一带一路"沿线国家和地区提供现实有效的解决方案,创造新的经济环境。海外工业园区在东道主土地、税收、基础设施配套等政策优惠与便利条件凸显,降低交易风险,增强国际竞争能力。以辽宁省为例,先后推动在俄罗斯、白俄罗斯、印度、印度尼西亚等"一带一路"沿线国家和地区建立10个海外工业园区。海外工业园区积极影响当地投资、就业、基础设施、区域发展、知识学习、经验分享等,增加了东道主国家居民对中国企业的好感,提升中国企业形象、"中国制造"形象。

第三,海外工业园区建设形成我国优势产业在海外形成聚集效应,降低中国企业"走出去"风险与成本。海外工业园区已成为推进"一带一路"建设和国际产能合作重要载体,以及中国企业"走出去"平台和名片。海外工业园区对入园企业提供了"一站式"服务,在帮助企业发展和处理当地政策关系上起到重要作用,减少了由于当地政策、法规、居民风俗习惯等造成的不必要损失。比如，泰中罗勇工业园为入园企业在泰国的注册、取得各项许可证方面提供帮助，在企业遇到问题时出面协调。海外园区聚拢了一批相关企业，打破了企业家和投资人对地域的陌生感和不适感，帮助走出去的民营企业从"心理"层面做好全面准备。

十一、泰中罗勇海外工业园区成功实践经验分析

（一）泰中罗勇工业园区情况介绍

泰中罗勇工业园开发有限公司是由中国华立集团与泰国安美德集团于 2005 年在泰国合作开发的面向中国投资者的现代化工业园区。工业园区位于泰国东部海岸，距离泰国首都曼谷素万那普国际机场 100 千米，距离泰国最大深水港廉差邦码头仅 27 千米，总体规划面积 12 平方千米，其中一期规划占地 1.5 平方千米，二期规划占地 2.5 平方千米，三期占地 8 平方千米；计划投资 2 亿美元，实际投资 1.96 亿美元；包括一般工业区、保税区、物流仓储区和商业生活区，主要吸引汽配、机械、家电等中国企业入园设厂。泰中罗勇工业园区是首家在泰国开工建设的中国境外工业园区，已被中国政府认定为首批"境外经济贸易合作区"。中国传统优势产业在泰国的产业集群中心与制造出口基地最终形成集制造、会展、物流和商业生活区于一体的现代化综合园区。截至 2017 年，共有入区企业 86 家，先后吸引了浙江皮尔轴承、重庆力帆、重庆宗申等国内知名企业进驻。

华立集团总部设在杭州，是一家专注于实业经营、产业投资与整合

的多元化投资发展的民营企业集团。目前，该集团控股 3 家 A 股上市公司，参股两家 A 股上市公司。华立集团从 2000 年起开始在泰国投资，开启了企业国际化、"走出去"的大门，并把国际化确定为企业集团三大战略之一，践行"守护绿色家园，分享健康生活"的商业理念，坚定不移地"走出去"，已经逐步成为一家具有国际竞争力的民营跨国企业。

泰国是东盟创始成员国，地处东南亚中心位置，是"一带一路"倡议重要起点和连接中国东盟并辐射非洲、欧洲的重要支点国家。在"一带一路"倡议建设中，泰国起到了重要的桥梁和纽带作用。当前中国与泰国已经建立起中国—东盟自由贸易区、大湄公河次区域经济合作机制。尽管国际形势风云变幻，中泰两国关系始终保持积极良好的发展态势，为"一带一路"倡议的实施打下坚实的基础。

（二）泰中罗勇海外工业园区成功关键因素分析

在国家"一带一路"倡议下，越来越多中国的企业开始布局"一带一路"沿线国家，通过"走出去"提高企业国际市场竞争力。作为中国企业"走出去"的重要目地国，泰国具有比较完善的基础设施、相对宽松的投资环境、稳定的社会和政治形势。根据泰国工业部的评估，到 2020 年，预计汽车、电子信息、智能制造等十大目标产业投资总额将达到 5 500 亿泰铢，约合人民币 10 000 多亿元。同时，在基础设施领域，泰国正在加快建设轨道交通、港口和机场等项目。泰国经济正向更加智能、创新的模式转变。"泰国 4.0"战略与"一带一路"倡议发展理念高度契合。

作为"泰国 4.0"战略的核心项目"东部经济走廊计划"是目前泰国政府正在积极推进的区域发展项目。为吸引高新产业，泰国正在大力发展该地区基础设施建设，实施一系列鼓励高新技术产业落地的政策，与"一带一路"倡议发展战略全面对接。泰中罗勇海外工业园区正好处在"东部经济走廊"的一个重要位置，既推进泰国"东部经济走廊"建设发展，又推进中国对泰国投资，形成了中泰两国和两国企业界的合作共赢。

为大力吸引投资，泰国政府出台了包括制造业无外资比例限制、外资购地享有所有权、免缴进口机器关税 8 年、外销产品的进口原材料免关税 5 年、企业所得税最高减免 13 年以及外汇自由汇出等一系列措施鼓励外来投资。中国企业在此投资建厂可促进原产地多元化。泰国目前对生物技术、纳米技术、高级材料技术和数字技术等领域的投资者给予免除一定年限企业所得税的优惠政策，同时也以类似税务激励措施鼓励国内外企业参与基础设施建设。在"一带一路"倡议的利好推动下，越来越多中国传统优势产业企业投资泰国。在泰中罗勇工业园区里有汽配、摩托车、新能源新材料、电子机械以及其他中国传统优势产业企业进驻。

泰中罗勇海外工业园区根据泰国国情、产业格局和中国制造业特点进行招商选择。初期，海外工业园区主要针对 3 个方面展开业务：第一类是中国商品原产地多元化，把原先是国内原产地变为泰国原产地，有效应对欧美国家贸易壁垒和贸易摩擦。第二类是"跳板"企业。许多企业到泰国投资除了开发泰国本地市场外，还想把泰国作为一个"缓冲"，布局开拓东南亚市场乃至全球市场。第三类是希望借力泰国优势资源企业。海外工业园区建设初具规模后，海外工业园区着力引导国内企业来投资泰国独特行业与产业。泰中罗勇工业园区主要引进泰国政府乐于外国投资的农业、橡胶加工业等。泰国是世界上最大的橡胶产地，有成熟的汽车制造业、摩托车制造业。现在，泰中罗勇海外工业园区有新泰车轮和中策橡胶等大型中国轮胎制造企业落户，园区汽摩配产业链日趋完善，轮胎产业集群规模初显。泰中罗勇海外工业园区优先选择技术上是泰国前沿或国际前沿的企业，吸引高附加值企业。此外，园区严格执行环保责任，不引进"三高"企业，要求入园企业符合环保标准并通过泰国的环境影响评估。

（三）泰中罗勇海外工业园区成功经验与启示

许多企业在"走出去"时，由于对国外文化、政策、制度等方面的了解不深刻，往往面临不确定性风险。泰中罗勇海外工业园区作为与泰国工业管理局签约合作的园区，为入园企业提供各项手续办理的一站式中文服务，以及提供包括BOI优惠证书、法律政策咨询、员工培训等诸多服务。泰中罗勇海外工业园区在能源供应、厂房建设、与政府部门及银行等沟通、基础设施、资源等方面有效降低了入园企业"单独出海"面临的巨大风险，有助于企业更好地适应投资目的地的各项环境，形成良好协同效应，实现海外工业园区与入园企业共赢。

泰中罗勇海外工业园区促使中国企业"走出去"认同投资所在国文化，海外工业园区帮助入园企业更快更好地了解和熟悉当地文化、当地员工特点以及当地法律法规，有效降低入园企业运营成本。

泰中罗勇海外工业园区在招商引资过程中有意识地引进产业上下游企业，引进优势互补的关联性企业，有效提高入园企业的纵深发展水平，构建了纵深产业链产业园，形成了"集团化"园区发展模式，园区逐渐成为中资企业泰国投资的优质平台。通过该平台，华立集团成功转型为中国企业"走出去"的"推动者"，带着成功经验实施了"三线"战略。在东盟，华立集团以泰中罗勇海外工业园区为核心，加快开发第三期项目，并延伸至泰国缅甸边境及缅甸土瓦港，为中国企业提供陆路至印度洋的通道；在北美，华立集团已经启动投资建设墨西哥蒙特雷工业园区，占地约10平方千米，发展企业零部件、光伏风电装备制造业，为中国企业提供开拓美洲市场平台；在非洲大陆，华立集团计划适时在北非地区开发工业园区，半径可辐射欧洲、非洲以及中东市场。

十二、"一带一路"海外工业园区可持续发展评价体系关键:重塑与定位

海外工业园区战略已成为我国帮助发展中国家改善民生、提供助力、践行国际责任重要战略之一。"一带一路"倡议的提出与实施为海外工业园区快速发展提供了契机。当前,针对风险的研究主要是从经济风险角度展开,对社会责任风险关注较少,并且国内对社会责任风险的评价主要基于企业视角,对"一带一路"海外工业园区评价相对较少;根据ISO26000《社会责任指南》国际标准对"一带一路"海外工业园区可持续发展的研究更是少之又少,缺乏系统的评价研究;依据ISO26000《社会责任指南》国际标准六大因素对"一带一路"海外工业园区可持续发展的定量分析更是几乎没有。本章依据ISO26000《社会责任指南》标准中人权、劳工实践、环境、公平运行实践、消费者问题、社区参与和发展六大主题,结合当前"一带一路"国际背景以及中国现实国情,重塑"一带一路"海外工业园区可持续发展评价体系,找到减少"一带一路"海外工业园区可持续发展的关键维度,确定关键维度次序,创新"一带一路"海外工业园区可持续发展评价体系,推动"一带一路"海外工业园区可持续发展。

(一) 社会责任风险评价维度

1. 社会责任风险评价内涵与评估

风险一般是指与预期目标不一致的不确定性,包括事件发生的不确定性、损失的不确定性以及兼有发生可能性与损失程度不确定性。海外工业园区可持续发展社会责任风险是指海外工业园区可持续发展在实施

及后续管理中由于未能很好地履行社会责任而对未来投资收益产生的不确定性、导致投资中可能会遭受收益损失甚至本金损失的风险,主要表现为自然风险、社会风险、经济风险和技术风险等。关于海外工业园区可持续发展含义的研究如表 12-1 所示。

表 12-1　　　　　海外工业园区可持续发展含义研究列示

视角	专家学者
事件发生不确定性	Allan H. Willett（1901）；Mowbray（1995）；Williams（1985）；Knight（2003）
损失不确定性	Rosenb（1972）；Rosenb（1972）；Haynes（1985）
发生可能性与损失程度	Williams（1993）；Tumer（1992）；朱淑珍（2002）

资料来源：根据相关资料整理而得。

2. 社会责任风险评价维度

Ghosh 和 Jintanapakanont（2004）应用因子分析法来识别海外工业园区可持续发展中的关键风险因素[1]。Huseby 和 Skogen（1992）将决策行为不确定性纳入海外工业园区可持续发展评价指标体系[2]。Jiang 等（2009）采用模糊聚类及模糊相似度方法对海外工业园区可持续发展进行了评价[3]。Malone（1999）认为共享依赖、流依赖、共同依赖以及三者之间的相互依赖性是影响海外工业园区可持续发展的影响因素[4]。

---

[1] Sid Ghosh, Jakkapan Jintanapakanont. Identifying and assessing the critical risk factors in an underground rail project in Thailand: a factor analysis approach [J]. International Journal of Project Management, 2004 (22): 633-643.

[2] Huseby A B, Skogen S. Dynamic risk analysis: the Dyn-risk concept [J]. R International Journal of Project Management, 1992, 10 (3): 160-164.

[3] Jiang, W. G., Deng, L. Chen, L. Y., Wu, J. J., Li, J. Risk assessment and validation of flood disaster based on fuzzy mathematics [J]. Progress in Natural Science, 2009, 19: 1419-1425.

[4] T. W. Malone, K. Crowston, J. Lee, B. Pentland et al., Tools for inventing organizations: toward a handbook for organizational processes [J]. Manag. Sci, 1999, 45 (3): 425-443.

Knight 和 Robinson（2002）[①]、Lee 和 Daniel（2003）[②]、Lin 和 Chen（2004）[③]、Rehan 和 Tahir（2005）[④]、Motawa（2006）[⑤] 等基于模糊集理论，将成本风险、安全风险、投标风险、环境风险、海外工业园区变化风险纳入海外工业园区可持续发展评价。Marina V. Sokolova（2009）对环境对海外工业园区可持续发展的影响情况进行了研究[⑥]。贾康（2010）的研究考虑了政府顶层设计对海外工业园区可持续发展影响较大[⑦]。吴俊培和卢洪友（2004）[⑧]、周绍朋和任俊正（2010）[⑨]、黄新建和唐良霞等（2012）[⑩] 认为社会责任影响到海外工业园区可持续发展方向。简新华和叶林[⑪]（2009）、郑玉歆（2011）[⑫]、林兆木（2014）[⑬]、丛

[①] Knight K, Robinson F A. Use of fuzzy logic for predicting design cost overruns on building project [J]. Journal of Construction Engineering and Management, 2002, 128 (6): 503 – 512.

[②] Lee S, Daniel W H. Predictive tool for estimating accident risk [J]. Journal of Construction Engineering and Management, 2003, 129 (4): 431 – 436.

[③] Lin C, Chen Y. Bid/no – bid: decision making – a fuzzy linguistic approach [J]. International Journal of Project Management, 2004, 22 (2): 585 – 593.

[④] Rehan S, Tahir H. A fuzzy – based methodology for an aggregative environmental risk assessment: a case study of drilling waste [J]. Environmental Model & Software 2005, 20 (1): 33 – 46.

[⑤] Motawa I A, Anumba C J, El – Hamalawi A. A fuzzy system for evaluating the risk of change in construction projects [J]. Advances in Engineering Software, 2006, 37 (9): 583 – 591.

[⑥] Marina V. Sokolova, Antonio Fernandez – Caballero. Modeling and implementing an agent – based environmental health impact decision support system [J]. Expert Systems with Applications, 2009 (36): 2603 – 2614.

[⑦] 贾康. 政府公共投资、社会投资与经济社会发展 [J]. 西南民族大学学报（人文社会科学版），2010（3）：138 – 141.

[⑧] 吴俊培，卢洪友. 公共品的"公"、"私"供给效率制度安排 [J]. 经济评论，2004（4）：15 – 19.

[⑨] 周绍朋，任俊正. 企业社会责任管理理论及在中国的实践 [J]. 国家行政学院学报，2010（3）：38 – 41.

[⑩] 黄新建，唐良霞. 政治关联、股权融资与变更募集资金投向 [J]. 软科学，2012（4）：123 – 126.

[⑪] 简新华，叶林. 论中国的"两型社会"建设 [J]. 学术月刊，2009（3）：65 – 72.

[⑫] 郑玉歆. 节能减排须减少盲目性 [J]. 学习与实践，2011（9）：24 – 32.

[⑬] 林兆木. 中国经济转型升级势在必行 [J]. 经济纵横，2014（1）：17 – 22.

树海（2005）[①]、周炜和于宁（2005）、洪兴建和李金昌（2007）[②]、高小平（2006）[③]、周杰琦和汪同三等（2014）[④] 将能源消耗、当地居民诉求、碳排放量、绩效、突发事件、收入水平作为影响海外工业园区可持续发展的主要因素之一。冯珍等（2010）[⑤] 从外部环境风险、技术本身风险和企业内部风险三方面设计了海外工业园区可持续发展评估指标体系。李林（2007）[⑥] 利用平衡记分卡法对海外工业园区可持续发展复杂风险评价指标体系进行了设计。以上专家学者主要是从经济风险角度展开研究。

从社会责任风险角度，毛显强、刘峥延、刘菲（2013）、张中元（2015）、徐昕旖、孔令红、Wisdom Zhi（2016）、尚民（2016），从环保意识缺失、劳资关系处理不当、与当地居民冲突、环境角度研究了对外投资的社会责任风险。张水波、杨秋波、张毅文（2016），基于东道国环境、基础设施海外工业园区复杂性、海外工业园区利益相关者三个维度分析了中国对外基础海外工业园区可持续发展面临的风险。李一文（2016）基于政治、经营、文化、法律、自然五个维度分析了对外投资风险。蒲雁（2015）基于政治、经济、社会等角度分析了我国铁路企业海外工业园区可持续发展的风险问题。聂名华（2009）认为中国对外直接投资面临政治、恐怖主义、民族主义、政策与法律、汇率、文化冲突等多方面的风险。黄志雄（2011）、王立峰（2013）等从尊重人权

[①] 丛树海，周炜，于宁. 公共支出绩效评价指标体系的构建 [J]. 财贸财经，2005（3）：37-42.

[②] 洪兴建，李金昌. 两极分化测度方法述评与中国居民收入两极分化 [J]. 经济研究，2007（11）：139-153.

[③] 高小平. 建立综合化的政府公共危机管理体制 [J]. 公共管理高层论坛，2006（2）：35-42.

[④] 周杰琦，汪同三. 外商直接投资、经济增长和 CO_2 排放 [J]. 北京理工大学学报（社会科学版），2014（3）：30-38.

[⑤] 冯珍，张所地. 农业高新技术海外工业园区可持续发展风险指标和风险系数动态评估研究 [J]. 科技管理研究，2010，14（13）：88-90.

[⑥] 李林. 基于平衡记分卡法的公共海外工业园区可持续发展绩效评价指标设计 [J]. 社会科学家，2007（1）：168-170.

角度，丰帆（2005）、王冰（2005）等基于消费者问题角度，万华集团实践等（2002）基于公平运行实践角度，何伟俊（1995）、赵锡斌（2005）、蒋伏心（2009）、张向前（2013）等基于保护环境角度研究了海外工业园区可持续发展，包括部分海外工业园区可持续发展社会责任风险问题。但是，以上成果在社会责任风险领域仅从某一方面或某一角度进行研究，缺乏依据一定国际社会责任标准展开的系统性研究，是缺乏针对"一带一路"海外工业园区可持续发展的评价体系。为此，本书基于ISO26000《社会责任指南》标准，将人权、劳工实践、环境、公平运行实践、消费者问题、社区参与和发展等六大议题作为"一带一路"海外工业园区可持续发展评价维度。典型的社会责任评价维度如表12-2所示。

表12-2　　　　　　　　　典型的社会责任评价维度

代表作者（组织）	评价因素
罗宾斯	慈善事业、定价问题、雇员关系、资源保护、产品质量
德鲁克（1992）	雇员、环境即社区、客户
菲利普·科特勒[①]	社区卫生、社区安全、教育和就业、社区和经济发展，如提供低息住房贷款
富时社会责任指数	利益相关方、环境、供应链中的劳工、人权、气候变化和反贿赂等六个方面
美国经济优先委员会	女性地位、慈善捐赠、军事合同、有色人群地位、信息披露、动物实验、环境记录、社区服务、南非问题、核能等十个议题
经济合作与发展组织（OECD，2001）	信息公布、一般政策、环境、劳资关系、消费者权益、打击行贿、科学技术、竞争、税收等九个议题
Mallin等（2014）	社会责任信息披露指数度量
中国纺织工业协会（2005）	劳动合同、管理体系、强迫或强制劳动、童工、薪酬福利、工作时间、歧视、性骚扰与虐待、工会和集体协商、职业安全与健康等十个议题
李立清[②]（2006）	人权保障、劳工权益、社会责任管理、社会公益和商业道德等五个议题

---

① Kotler, P. & Nancy L. Corporate social responsibility: Doing the most good for your company and your cause. John Wiley & Sons, 2004, 12.

② 李立清. 企业社会责任评价理论与实证研究 [J]. 南方经济, 2006 (1): 105-118.

续表

代表作者（组织）	评价因素
中国可持续发展工商理事会（2007）	人权、资源节约和生态保护、竞争与合作、员工、环境绩效、产品和服务、文化多样性、社区建设与公益事业、公共关系等九个议题
中国国务院国资委（2008）	诚实守信依法经营坚持、盈利能力持续不断提升、产品质量服务水平切实提高、资源节约环境保护加强、自主创新技术进步推进、安全生产保障、职工合法权益维护和社会公益事业参与等八个议题

资料来源：根据相关资料整理而得。

3. ISO26000《社会责任指南》标准体系

ISO26000《社会责任指南》标准体系是国际上第一个相对比较统一的最新的国际社会责任标准体系。20世纪90年代以来社会责任观念掀起巨潮，最初只针对企业提出企业社会责任，即企业生产守则等。国际劳工组织（ILO）致力于推广国际劳工标准，联合国基于全球契约十项原则成立联合国全球契约办公室，社会责任国际（SAI），第三方认证准则的（SA8000），全球报告倡议组织（GRI）颁布的《可持续发展报告指南》第三版（G3）等。但以上标准、指南针对性比较窄，有一定局限性。如何统一界定社会责任，特别是如何统一实践与衡量社会责任成为国际社会共同努力研究的课题。应消费政策委员会申请，ISO技术管理局（TMB）决定开发国际性社会责任标准ISO26000，2005年开始实施ISO26000海外工业园区计划。经过5年漫长的制定工作，发达国家和发展中国家、各利益相关方之间达成共识，覆盖90多个国家和40多个社会责任国际组织与区域性组织。ISO26000《社会责任指南》标准体系于2010年11月1日由ISO正式颁布。现有代表性的国际社会责任准则及ISO26000《社会责任指南》标准制定过程如表12－3、表12－4所示。

表 12-3　　　　　　现有代表性的国际社会责任准则

准则	使用国家和地区	内容
SO14000（1996）	被130多个国家和地区使用，成为全球质量和环境管理体系公认标准	环境方针、规划、事实与运行、检查与纠正措施、管理评审等五大部分17个要素
SA8000（1997）	被62个国家2 919个机构使用，覆盖65个行业，获得认证前十位国家和地区：印度、中国、意大利、巴西、巴基斯坦、越南、西班牙、罗马尼亚、中国台湾、菲律宾	童工、健康与安全、强迫劳动和强制劳动、歧视、结社自由和集体谈判权、报酬、惩戒措施、管理系统、工作时间等九个方面
联合国《全球契约》（1999）	被130多个国家8 700个企业使用，世界上使用范围最广的自愿性的社会责任倡议	人权、劳工、环境和反腐败领域享有全球共识十项原则
OECD《跨国企业准则》（2000）	34个国家政府签署，并逐渐全球推广	一般政策、信息公布、劳资关系、环境、打击行贿、消费者利益、科学技术、竞争、税收等方面九大议题
GRI（2000）	截至2014年11月，发布GRI报告20 881份	"超越环境"，将报告框架范围扩大到包括社会、环境、经济和治理领域

资料来源：根据相关资料整理而得。

作为ISO26000的关键定义，社会责任被定义为"通过透明和道德行为，组织为其决策和活动给社会和环境带来的影响承担的责任。这些透明和道德行为有助于可持续发展，包括健康和社会福祉，考虑到利益

表 12-4　　　　　　ISO26000《社会责任指南》标准制定过程

阶段	时间	内容
第一阶段	2001年	ISO下属消费政策委员会（COPOLCO）提交申请，理事会批准这一申请报告，并成立战略顾问组（SAG）
	2002年	COPOLCO向ISO理事会提交社会责任标准化可行性报告
	2003年	ISO成立专门战略咨询小组负责制定社会责任标准

续表

阶段	时间	内容
第二阶段	2004 年	ISO 技术管理局决定启动 ISO26000 社会责任指南
	2005 年	ISO26000 社会责任工作小组成立,并召开首次会议,ISO26000 社会责任指南开发工作正式启动
	2008 年	专家组将 ISO26000 海外工业园区建议和草案向国际标准化组织社会责任委员会提交,经再次探讨形成委员会草案
	2010 年	经过参与 ISO26000 制定的国家及各利益相关方对委员会草案的修订并最后确定国际标准草案,等待批准
	2010 年	ISO26000《社会责任指南》标准正式发布

资料来源:根据相关资料整理而得。

相关方的期望,符合适用法律并与国际行为规范一致,融入整个组织并践行于其各种关系之中"。ISO26000《社会责任指南》标准体系,主要内容围绕组织治理,涉及 6 大主题 35 个议题(见表 12-5)。

表 12-5　　　　ISO26000《社会责任指南》标准体系

一级议题	二级议题	维度提取
人权 A_{21}	尽责审查	尽职审查 A_{211}
	人权风险状况	
	避免同谋	处理申诉 A_{212}
	处理申诉	
	歧视和弱势群体	弱势群体 A_{213}
	公民权利和政治权利	
	经济、社会和文化权利	经济、社会和文化权利 A_{214}
	工作中基本原则和权利	
劳工实践 A_{22}	就业和雇佣关系	就业和雇佣关系 A_{221}
	社会对话	
	工作条件和社会保护	工作条件和社会保护 A_{222}
	工作中的健康和安全	
	工作场所中的人的发展与培训	工作场所中人发展与培训 A_{223}

续表

一级议题	二级议题	维度提取
环境 A_{23}	防止污染	防止污染 A_{231}
	资源可持续性	资源可持续性 A_{232}
	减缓并适应气候变化	温室效应 A_{233}
	环境保护、生物多样性与自然栖息地恢复	生态恢复 A_{234}
公平运行实践 A_{24}	在价值链中促进社会责任	价值链中促进社会责任 A_{241}
	反腐败	政治责任意识 A_{242}
	负责任政治参与	
	公平竞争	公平竞争 A_{243}
	尊重产权	尊重产权 A_{244}
消费者问题 A_{31}	保护消费者健康与安全	消费者基本权利 A_{311}
	消费者信息保护与隐私	
	基本服务获取	
	消费者服务、支持及争议处理	否争议处理 A_{312}
	公平营销、真实公正的信息和公平合同实践	
	教育和意识	教育和意识 A_{313}
	可持续消费	
社区参与和发展 A_{32}	社区参与	社区参与 A_{321}
	财富与收入创造	否社区环境 A_{322}
	教育和文化	
	健康	
	就业创造和技能开发	技术开发 A_{323}
	技术开发与获取	
	社会投资	

资料来源：ISO26000《社会责任指南》标准体系。

（二）"一带一路"海外工业园区可持续发展评价体系与定位

1. "一带一路"海外工业园区可持续发展评价体系层次结构模型

从理论上来说，一个评价指标体系的构建要从总体设计、应用操作、目标明确三个层面展开。同样,"一带一路"海外工业园区可持续发展综合评价指标体系的构建原则也要从总体设计、应用操作和目标方向三个层面予以考虑。指标体系总体设计应遵循科学系统、全面完整的原则,从而可以从各个方面合理地反映"一带一路"海外工业园区的可持续发展情况。指标体系中各项指标的选取应满足可衡量、可获得、可比较的要求,以便指标在评价实施中的应用和操作。指标体系构建还应着眼未来,具有持续性和前瞻性特点,指引"一带一路"海外工业园区可持续发展能力的提高。

地缘政治、东道主国家的政治环境以及中国海外工业园区"一股独大"的情况给海外工业园区的可持续发展带来巨大的社会责任风险。日本在海外工业园区的可持续发展中社会责任风险相对比较少,究其原因,日本在海外工业园区可持续发展中实施与发达国家或者东道主国际合作,从而避免社会责任风险。张晓涛、郑雅洁、岳云嵩(2014)研究了东道主行为对中国海外工业园区可持续发展影响,结果显示,东道主国家地缘政治、东道主国家的政治环境成为海外工业园区可持续发展主要制约因素之一。因此,我们将国际协作共同开发、东道主国内政治风险、东道主国家地缘政治环境等纳入"一带一路"海外工业园区可持续发展选择风险指标中。依据ISO26000《社会责任指南》标准体系六大主题35个议题中提取的21个三级维度指标,我们构建了包括"海外工业园区选择""海外工业园区实施""海外工业园区后续"3个一级指标,将"国际协作共同开发""东道国国内政治环境""东道国地域政治环境"3个二级指标纳入海外工业园区选择一级指标,将"人权""劳工实践""环境""公平运行实践"纳入海外工业园区实施一级指标,将"消费者问题""社区参与和发展"纳入海外工业园区后续一级指标。这就构建了3个一级价值维度、9个二级价值维度和21个三级价值维度的"一带一路"海外工业园区可持续发展评价体系层次结构模型。

2. "一带一路"海外工业园区可持续发展指标权重与一致性检验

(1) 决策目标中分层目标权重计量与一致性检验

根据"一带一路"海外工业园区可持续发展评价指标体系特征与评价目标要求，课题组采用层次分析法，选取5位对此问题研究资深的专家学者进行打分，作为其评价的定量依据。采用1—9分对于各价值维度重要性给予数量标度（见表12-6）。

表12-6　　　　　　　决策目标中分层目标判断矩阵

风险重塑	A_1	A_2	A_3	权向量 W
海外工业园区选择 A_1	1	5/2	7/5	0.4793
海外工业园区实施 A_2	2/5	1	7/9	0.2139
海外工业园区后续 A_3	5/7	9/7	1	0.3068

$\lambda_{max}=3.0120$ 一致性比例 CR = 0.0115 < 0.1 对总目标权重1.0

依据"一带一路"海外工业园区可持续发展评价体系中海外工业园区选择、海外工业园区实施、海外工业园区后续的影响程度构造判断矩阵，最大特征值$\lambda_{max}=3.0120$，对社会责任风险评价体系重塑权重为1.0，一致性比例 CR = 0.0115 < 0.1，最大特征值相对应的归一化后权向量详见表12-6。由表12-6权向量列可以看出，海外工业园区选择对海外工业园区可持续发展评价重塑影响权重为47.93%，处于决定性地位，表明中国海外工业园区可持续发展重在海外工业园区选择。海外工业园区后续影响权重为30.68%，海外工业园区实施影响权重21.39%，这两者处于不可忽视的地位，特别是在海外工业园区实施完成后的管理中，其对海外工业园区可持续发展影响比较大。

(2) 分层目标指标权重计量与一致性检验

"一带一路"背景下重塑海外工业园区可持续发展评价，根据前文构建的评价体系，分别对分层目标备选方案进行权重计量与一致性检验。重塑"一带一路"背景下海外工业园区可持续发展评价的分层目标计算相应指标权重，并进行一致性检验。①海外工业园区选择 A_1。

根据相应判断矩阵,最大特征值为 3.010,重塑海外工业园区可持续发展评价权重为 0.4793。②海外工业园区实施 A_2。根据相应判断矩阵,最大特征值为 4.0554,重塑海外工业园区可持续发展评价权重为 0.2139。③海外工业园区后续 A_3。根据相应判断矩阵,最大特征值为 2.0000,重塑海外工业园区可持续发展评价权重为 0.3068。三个分层目标判断矩阵和最大特征值相应归一化后权向量详见表 12-7。

表 12-7　　　　　　　　　分层目标判断矩阵

A_1	A_{11}	A_{12}	A_{13}	W	A_2	A_{21}	A_{22}	A_{23}	A_{24}	W	A_3	A_{31}	A_{32}	W
A_{11}	1	1	6/5	0.3539	A_{21}	1	4/5	8/9	6/5	0.2399	A_{31}	1	1	0.5
A_{12}	1	1	8/9	0.3202	A_{22}	5/4	1	7/9	7/9	0.2327	A_{32}	1	1	0.5
A_{13}	5/6	9/8	1	0.3259	A_{23}	9/8	9/7	1	4/5	0.2589				
					A_{24}	5/6	9/7	5/4	1	0.2685				
λ_{max} = 3.010 一致性比例 CR = 0.0096 < 0.1 对总目标权重 0.4793					λ_{max} = 4.0554 一致性比例 CR = 0.0208 < 0.1 对总目标权重 0.2139						λ_{max} = 2.000 一致性比例 CR = 0.0000 < 0.1 对总目标权重 0.3068			

(3) 备选方案层对指标权重计量与一致性检验

"一带一路"海外工业园区可持续发展评价体系重塑共有 21 个三级价值维度,其相应指标判断矩阵如表 12-8 所示。本书采用和积分法计算最大特征值向量。

①判断矩阵列元素归一化。元素一般项为:$\tilde{h}_{ij} = \dfrac{h_{ij}}{\sum_{1}^{n} h_{ij}}$ ($i, j = 1, 2, \cdots, n$)。

②判断矩阵按行加总。$\tilde{w}_i = \sum_{1}^{n} \tilde{h}_{ij}$ ($i, j = 1, 2, \cdots, n$)。

③对向量 $\tilde{w}_i$ 归一化处理。

$w_i = \dfrac{\tilde{w}_i}{\sum_{1}^{n} \tilde{w}_j}$ ($i, j = 1, 2, \cdots, n$)。$w = (w_1, w_2, \cdots, w_n)^T$ 即所有特征向

量近似解。

④判断矩阵最大特征根 λmax：$\lambda_{max} = \sum_{1}^{n} \frac{(Hw)_i}{nw_i}$。

(三)"一带一路"海外工业园区可持续发展评价重塑权重分布与定位

如前文推演最终所得"一带一路"海外工业园区可持续发展评价体系重塑权重如图 12-1 所示。

分目标层（海外工业园区选择、海外工业园区实施和海外工业园区后续）对决策目标（海外工业园区可持续发展评价）权重分别为 0.4793、0.2139 和 0.3068。分目标层对决策目标（海外工业园区可持续发展评价）影响权重分别为：国际协作共同开发 0.1696、东道国国内政治环境 0.1535、东道国地域政治环境 0.1562、人权 0.0513、劳工实践 0.0498、环境 0.0554、公平运行实践 0.0574、消费者问题 0.1534、社区参与和发展 0.1534。备选方案中，权重最高的依次为：人权指标中的弱势群体权重为 0.0168；劳工实践指标中的工会组织，指标权重为 0.0193；环境指标中的生态恢复，指标权重为 0.0161；公平运行实践指标中的尊重产权，权重为 0.0163；消费者问题指标中的争议处理，权重为 0.0727；社区参与和发展指标中的社区环境，权重为 0.0610。可见，各三级指标在总目标所占权重中列前十位的依次是：争议处理占 0.0727、社区环境占 0.0610、教育意识占 0.0529、社区参与占 0.0499、技能和技术占 0.0426、工会组织占 0.0193、弱势群体占 0.0168、尊重产权占 0.0163、生态恢复占 0.0160、工作环境条件占 0.0156。因海外工业园区选择二级指标中没有再细分三级指标，故在海外工业园区实施与海外工业园区后续二级指标中，海外工业园区施工完成后的管理经营中所承担的社会责任风险显得格外重要，远远高于海外工业园区施工期间的风险。因此，在海外工业园区慎重选择的前提下，将重点防范

表12-8 备选方案目标判断矩阵

A_{21}	A_{211}	A_{212}	A_{213}	A_{214}	W
A_{211}	1	5/6	9/8	5/4	0.2554
A_{212}	6/5	1	1/3	7/5	0.2124
A_{213}	8/9	3	1	6/5	0.3283
A_{214}	4/5	5/7	5/6	1	0.2039

$\lambda_{max} = 4.2262$ 一致性比例 CR = 0.0847 < 0.1

对总目标权重 0.0513

A_{22}	A_{221}	A_{222}	A_{223}	W
A_{221}	1	6/5	4/3	0.3874
A_{222}	5/6	1	8/9	0.3130
A_{223}	3/4	9/8	1	0.2997

$\lambda_{max} = 3.0055$ 一致性比例 CR = 0.0053 < 0.1

目标权重 0.0498

A_{23}	A_{231}	A_{232}	A_{233}	A_{234}	W
A_{231}	1	4/5	6/5	3/4	0.2281
A_{232}	5/4	1	7/5	8/9	0.2765
A_{233}	5/6	5/7	1	4/5	0.2057
A_{234}	4/3	9/8	5/4	1	0.2897

$\lambda_{max} = 4.0076$ 一致性比例 CR = 0.0029 < 0.1 对总目标权重 0.0554

A_{24}	A_{241}	A_{242}	A_{243}	A_{244}	W
A_{241}	1	5/4	1	7/9	0.2470
A_{242}	4/5	1	7/9	7/8	0.2136
A_{243}	1	9/7	1	6/7	0.2548
A_{244}	9/7	8/7	7/6	1	0.2846

$\lambda_{max} = 4.0125$ 一致性比例 CR = 0.0047 < 0.1

对总目标权重 0.0574

A_{31}	A_{311}	A_{312}	A_{313}	W
A_{311}	1	1/2	2/5	0.1809
A_{312}	2/1	1	9/5	0.4740
A_{313}	5/2	5/9	1	0.3451

$\lambda_{max} = 3.0735$ 一致性比例 CR = 0.0707 < 0.1 对总目标权重 0.1534

A_{32}	A_{321}	A_{322}	A_{323}	W
A_{321}	1	4/5	6/5	0.3253
A_{322}	5/4	1	7/5	0.3974
A_{323}	5/6	5/7	1	0.2774

$\lambda_{max} = 3.0005$ 一致性比例 CR = 0.0005 < 0.1 对总目标权重 0.1534

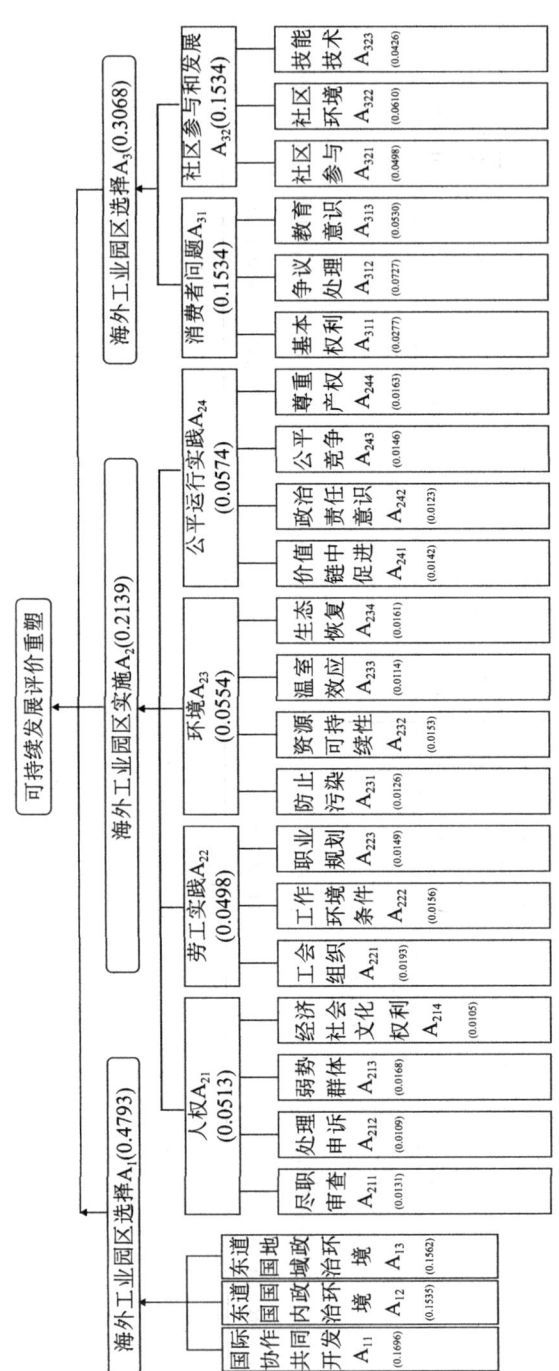

图 12-1 "一带一路"海外工业园区可持续发展评价重塑权重分布

"一带一路"海外工业园区后期运营所承担的社会责任风险。

（四）结论

传统的经济风险已经不再是中国海外工业园区的主要风险因素。劳资冲突、环境因素、文化风险、社区参与和发展、教育意识等社会责任风险已经成为当前"一带一路"中国海外工业园区可持续发展的主要风险因素。如果不能有效处理好相应的社会责任风险，将严重影响"一带一路"中国海外工业园区可持续发展。

随着ISO26000《社会责任指南》标准的颁布与实施，社会责任标准成为部分国家设置绿色壁垒的工具。在经济全球化推动下，企业承担社会责任已成为一种不可逆转的国际潮流。为此，基于ISO26000《社会责任指南》标准，研究"一带一路"中国海外工业园区可持续发展问题就显得尤为紧迫。构建一种具有前瞻性与科学性的"一带一路"中国海外工业园区可持续发展评价机制是当前中国海外工业园区可持续发展管理实践的迫切需求。

我们依据科学系统性、全面完整性、可衡量性、可获得性、可比较性、可持续性、可前瞻性等原则（肖红军，2016），依据ISO26000《社会责任指南》标准中人权、劳工、环境、公平运行实践、消费者问题、社区参与和发展六大主题36个二级议题构建了包括海外工业园区选择指标、海外工业园区实施指标、海外工业园区后续指标3个第一层次指标，国际协作共同开发、东道国国内政治环境、东道国地域政治环境等9个第二层次指标；尽职审查指标、处理申诉指标、弱势群体指标、经济、社会和文化权利指标等21个三级层次指标的"一带一路"海外工业园区可持续发展评价体系。主要结论如下。

第一，依据ISO26000《社会责任指南》标准"一带一路"海外工业园区可持续发展进行量化进而构建综合评价指标体系已成为"一带一路"海外工业园区可持续发展研究的重要课题。"一带一路"海外工业园区可持续发展评价已成为"一带一路"海外工业园区选择、评估、实现可持续发展的重要一环。

第二，依据重塑的"一带一路"海外工业园区可持续发展综合评价体系，加强对"一带一路"海外工业园区可持续发展的管理与监督。在海外工业园区全过程进行社会责任管理，越来越强调海外工业园区选择的社会责任风险，一级指标中应注重国际协作共同开发、东道国国内政治环境、东道国地域政治环境研究，加强社会责任的管理；在海外工业园区实施一级指标中，应注重从人权、劳工实践、环境、公平运行实践四方面进行社会责任的履行；在海外工业园区后续一级指标中，应注重从消费者问题、社区参与和发展两个角度进行社会责任的履行。因此，基于ISO26000《社会责任指南》标准实施"一带一路"海外工业园区社会责任全过程管理，降低"一带一路"中国海外工业园区社会责任风险，促进再投资，实现"一带一路"中国海外工业园区的可持续发展。

十三、利用ISO26000标准提升海外工业园可持续发展能力路径创新研究

（一）明确与合理定位海外工业园区发展方向

第一，明确与合理定位海外工业园区发展方向是实现海外工业园区可持续发展的首要问题。确立海外工业园区集约化发展方向，根据不同的地理位置、发展阶段、风俗习惯、开放程度、资源禀赋等选择不同的定位。例如，东南亚地区劳动力成本相对比较低，可以建设与规划劳动

密集型产业的海外工业园区。

第二，嵌入国际价值链，深化国际分工体系，完善全球生产体系。进一步深化的国际分工体系、完善的全球生产体系要求海外工业园区采用集群式集约化发展模式。海外工业园区集约化发展模式能够提升我国产业国际竞争力。海外工业园区建设能够促使产业集聚，发挥集约化优势，实现整体行业产业链的国际嵌入，增强国际竞争力。

第三，坚持海外工业园区可持续发展方向。海外工业园区发展应以科学发展为理念，精准调研，科学规划，合理定位与选址，有序运作与实施，践行国际社会责任担当，增进生产文明与生态文明建设，实现海外工业园区可持续发展。

第四，突出海外工业园区带动效应。借助海外工业园区实现新旧动能转化，凝聚企业、人才、资源等国际优质资源，提升海外工业园区创新能力与国际引领能力，实现可持续发展。

（二）基于企业异质性理论，提出合适的社会责任国际倡议

社会责任已成为海外工业园区可持续发展的主要制约因素之一。未来的国际竞争是社会责任的竞争，承担社会责任、降低社会责任风险成为世界各国"走出去"的必然趋势。

不同国家不同地区，企业的规模、成立年份、资本集中度、所有权、人力资本、组织方式、技术选择等存在着企业特征差异，综合体现为企业生产率差异，即企业异质性理论。根据企业以上异质性理论，需要规划与建立不同的海外工业园区，建设适合自身发展的海外工业园区模式。

ISO26000《社会责任指南》标准是由发达国家或跨国组织共同发起与颁布的，主要体现了发达国家或跨国企业的思想。在ISO26000《社会责任指南》标准制定过程中，发展中国家参与度与话语权相对比

较弱。发达国家和地区与发展中国家和地区在对待 ISO26000《社会责任指南》标准的反映程度、实施进程方面存在差别，故中国海外工业园区的规划与建设应该考虑到这一点。

ISO26000《社会责任指南》标准的颁布与实施，对于中国来说既是机遇也是挑战。中国应抓住机遇，面对挑战。具体来讲，中国政府、社会组织、海外投资企业等应认真学习研究 ISO26000《社会责任指南》标准，深入关注世界各国对 ISO26000《社会责任指南》标准的实施进程，及时掌握信息与调整海外工业园区可持续发展战略。海外工业园可根据自身情况，积极引入联合国全球契约十项原则和（或）ISO26000 的先进理念和做法，减少海外工业园区经营风险。

（三）识别利益相关方并确定社会责任相关事项和优先事项的原则与做法

海外工业园可根据"一带一路"倡议中不同地域、不同行业、不同文化、不同环境，识别出园区的利益相关方、应重点关注的社会责任主题和议题。

第一，在海外工业园区选择中，应首先考虑该工业园区的国际协作共同开发，以增强国际其竞争力，避免恶性竞争，实现利益共享，降低该项目的社会责任风险。国际协作共同开发，特别是与发达国家跨国企业，或者与东道主国家企业合作，构筑"命运共同体"，共同抵御开发过程中所承受的风险。

第二，加强对东道国地域政治环境风险研究，充分认识到项目东道国的地缘政治环境，在考察评价其地缘政治环境基础上做出科学决策。东道主国家地域政治环境在一定程度上影响该国的政治决策，增加了海外工业园区的政治风险。因此，加强东道主国家和地区地缘政治环境风险研究，与其周边国家或地区展开友好接触，建立"双边"或"多边"合作机制，降低海外工业园区政治风险。

第三，在海外工业园区实施过程中，充分认识到应在东道国当地居民人权、当地劳工实践、环境保护及公平运行实践中实现良好的社会责任，减低海外工业园区社会责任风险。ISO26000《社会责任指南》标准将人权、劳工实践、环境保护、公平运行实践等纳入其主要议题中，增强了海外工业园区在规划与建设，以及后续运行中应当从人权、劳工实践、环境保护、公平运行实践等方面加强社会责任的履行，承担相应的社会责任，有效降低海外工业园区的社会责任风险。

第四，在海外工业园区建立的后续工作中，需要将该地区的社区参与和发展与消费者纳入该项目可持续发展战略，降低海外工业园区社会责任风险，实现园区可持续发展。海外工业园区一般持续的时间比较长，这就要加强后续工作的管理。海外工业园区应当融入当地社区，与当地居民、当地消费者融为一体，形成"你中有我、我中有你""一荣俱荣、一损俱损"的利益交融格局，这样才能实现海外工业园区的可持续发展。

（四）合理选址，采用多类型多元化工业园区模式

第一，海外工业园区的建设与可持续发展，合理选址是关键环节。城市依托度是我国海外工业园区项目选址时优先考虑的首要因素。与相关城市中远期发展规划匹配度、城市人口外溢与新城区打造、高效的市政配套资源对接、地方政府软硬环境支持、入区企业腹地市场所在、劳动力招募便捷与高效、商务成本竞争优势等都是城市依托度与海外工业园区关联性的诸多体现。

第二，区位优势影响海外工业园区可持续发展。在深入考察和严谨分析基础上，应综合考虑经济发展水平、资源禀赋、人力资源、市场容量、产业发展、社会稳定等因素，制定科学、可行的实施方案。此外，还要了解海外工业园区选址区域的劳动力市场与整体素质和文化教育水

平；考察海外工业园区预定区域的政治环境与周边地缘政治；认真分析海外工业园区预定区域产业环境，了解当地产业发展趋势等。

第三，基于当今世界的多元化发展，实施多类型、多元化的工业园区模式。建立国家层面海外工业园区、地方政府层面海外工业园区、微观层面海外工业园区，采用多层面、立体式同时推进的多类型多元化工业园区模式，构建海外园区发展的"金字塔"。

基于以上分析，海外工业园区选址时，在区域环境层面，主要考虑区位优势、自然环境、地质条件、环境保护、政策优惠等区域优势、能源供应、交通环境等方面；在产业链层面，主要考虑企业产品消费市场、原材料供应保障能力及价格、与合作伙伴相对位置（包括核心配件、辅助配件、辅料等）、劳动力供应保障能力及价格、产业集群与竞争对手等方面；目标选址层面，主要考虑包括属性、价格、预留或扩张空间、仓储转运条件、社区环境等的土地条件、基础设施与公共配套、包括住宿、休闲娱乐、医疗卫生等职工生活配套等方面。

（五）强化地方政府推动，突出海外工业园区建设特色

当前，政府引导、支持与推进是我国海外工业园区不可或缺且需先行的重要条件。

第一，政府要将海外工业园区纳入对外开放战略布局。海外工业园区作为我国企业"走出去"的重要平台，是共建"一带一路"、推进国际产能合作的有力抓手。海外园区是中国经济增长与对外开放实践经验的"展示窗"、经济发展的"引擎器"。海外工业园区建设开发过程是集群效应的体现，是拉动投资、提升土地价值重要途径，更是一座城市发展的进程。

第二，政府应在资金投入、税收信贷、出口退税、运输物流、投资保险、管理权限等方面给予一定优惠政策。加强资金投入与来源渠道的

多元化，建立因地制宜的税收信贷政策，强化出口退税力度与效率，做大做强运输大物流，建立健全投资保险机制，放宽管理权限，为海外工业园区建设与发展"松绑"，增强其自由权利。

第三，发挥政府间内引外联渠道优势，加强政府间协调与危机处理。政府主导加强海外工业园区与国内自贸试验区、高新区、开发区等园区的互动，互通有无，促进我国与东道国地区经贸往来，共享经验与资源，共同提升开放发展水平。进一步加强海外工业园区与新加坡、伦敦、迪拜等国际知名的自由贸易区（港）交流合作，促进东道主国家和地区与发达国家和地区的要素流动，助力东道主国家和地区建立自己的"双循环"机制。

第四，增强海外工业园区领军企业的领导地位，充分发挥其引领和带动作用，加强海外工业园区产业特色，培育各省海外工业园区人文特色。海外工业园区领军企业在相关政府部门、贸促机构、驻外使领馆等机构助力下成立海外工业园区协会，梳理海外工业园区间运营，有意引导海外投资企业，搭建海外工业园区交流互动平台，化解同质竞争问题，推广复制经验，发挥联动效应。

十四、创建海外工业园区可持续发展管理支撑体系

（一）国际产业链投资机制与合作共赢—联盟可持续发展管理

本部分集中讨论集点、线、面、网，贯穿价值创造、分配、传递全过程展开共同开发的海外工业园区国际产业链投资机制。

1. 基于 ISO26000 标准研究东道国复杂风险机制

第一，海外工业园区风险已经由传统的经济风险向复杂的社会责任风险转变，并且愈演愈烈。传统的风险主要涉及经济、社会、政治、人文、法律等风险，具体到股东、债权人、雇员、消费者、供应商等核心利益相关者。同时，还涉及海外工业园区经营行为为东道主国所带来的微观层面的不利影响所关联的利益主体，例如东道主国政府部门、当地社区居民等。

第二，ISO26000《社会责任指南》标准围绕组织治理涉及人权、劳工实践、环境、公平运用实践、消费者问题、社区发展六大议题。国外国家或者国际组织以社会责任履行为理由制造贸易壁垒，这增加了海外工业园区在东道主国风险的复杂性。为此，基于 ISO26000《社会责任指南》标准六大主题展开东道主国复杂风险机制研究。

第三，东道主国地缘政治风险也是海外工业园区可持续发展的主要制约因素之一。研究东道国的地缘政治，具体包含：东道国参加的国际合作组织，其友好国家、敌对势力等；东道国国内政治势力利益诉求、利益均衡势力、矛盾点等对我国海外工业园区可持续性影响研究；东道国技术水平、环境等问题，我国海外工业园区要极力合理评估各方因素，寻求与不同政治势力、政治组织、政治团队等的和谐共处，总结以前或正在发生的由于重大群体性事件导致海外工业园区风险危机的根源，做好预防措施，从长远战略眼光来维护园区东道国的社会秩序和稳定。

2. 国际产业链投资机制

第一，国内外经济形势的大变革为传统国际产业链带来了新挑战，深化国际产业链上下游之间的合作、构建新生态环境成为我们面临的迫切命题。"一带一路"倡议提升新兴经济体的国际产业链地位，中国"智造"让国际产业链"不断链"，加速国际产业链条进一步延伸。

第二，构建中国主导的国际产业链，创新海外工业园区产业链模式。中国主导的国际产业链模式，基于中国科技与产业特征，面对世界前所未有之大变局，在确保中国产业安全与遵循国际产业发展规律、市场机制基础上构建中国主导的符合中国与世界产业循环规律的国际产业链模式。作者建议将其主要放在构建品牌导向模式、产能导向模式、因势借势模式方面。品牌导向模式是指海外工业园区企业通过自主知识产权开发、原创技术研发、创新能力、网络联盟管理等方式，在技术研发、产品质量等方面争创品牌，树立行业标杆，攀升国际价值链高端，不断巩固海外工业园区优势地位。产能导向模式是指以"产能"为中心，将海外工业园区企业深入融入国际产业链全过程，通过生产力扩大、产品质量提升、市场规模扩大等方式获得国际产业链优势地位。因势借势模式是指在深度融入国际产业链全过程中，精准选择追随行业领导者，在与行业领导者共同发展的过程中积累经验，为未来核心技术研发、争创自主品牌奠定坚实基础，以期拓展未来市场领域。

第三，实现海外工业园区国际产业链投资机制。借鉴日本海外产业链投资机制，海外工业园区要从其发展出发，集点、线、面、网研究于一体，贯穿价值创造、分配、传递全过程。明确国际产业链投资主体，提升国际产业链现代化水平，嵌入全球价值链，优化国际产业链结构。

第四，建立健全国际产业链风险评估与安全保障体系，切实维护海外公共投资项目投资重点领域的国际利益共享机制，加强因外交事件、技术封锁、金融危机、重大突发事件等因素引发的产业链风险预警。国际产业链是一个复杂系统，多种主体、目标、要素、层级相互交织、相互影响，需要增强其柔性化，促使国际产业链更加安全可靠与协调顺畅，促使国际产业链投资的韧性与稳健性双保双升。

3. 合作共赢——联盟风险管理

战略联盟风险主要是指由于联盟系统内外部环境不确定性、复杂性而导致合作联盟内部成员发生损失的可能性。如联盟解体、被兼并导致联盟失败的可能性等。

第一,战略联盟风险因素相对较多,主要表现为:联盟内成员合作动机不一致、联盟成员之间的信用风险、联盟内文化冲突、联盟管理的不协调、利益分配不对称、外部环境的不确定性等。在海外工业园区战略联盟管理中应精准掌握风险来源与特征。

第二,加强战略联盟风险防范与风险管理。战略联盟风险贯穿于联盟全过程,从联盟组建、运营到解体。联盟风险规避是一个系统的过程,应从联盟实施的过程中加以控制。建立健全从选择合适的联盟伙伴、确定共同的战略计划,到对联盟组织进行有效的管理、建立学习型组织、建立合理的利益分配原则、建立合理的退出机制等战略联盟风险的全过程管理制度。

第三,基于海外工业园区的复杂性,研究中国海外工业园区风险管理国际合作共赢机制共同开发机制。合作共赢——联盟风险管理风险应对与风险防范。从联盟内成员合作动机不一致、信用风险、联盟内文化冲突、联盟管理不协调、利益分配不对称、外部环境不确定性等方面展开联盟风险管理。加强控制联盟实施过程,从选择合适联盟伙伴、确定共同战略计划、对联盟组织进行有效管理、建立学习型组织、合理利益分配原则、合理退出机制等进行海外工业园区风险防范研究,避免我国以往对外投资以"独一性"自居所带来的重大损失。

(二) 创建海外工业园区可持续发展管理信息平台支撑体系

运用大数据、云计算等先进技术创建海外工业园区可持续发展信息平台支撑体系。

1. 构建海外工业园区可持续发展协同管理机制

区域复合系统的协同管理是指在系统内部自组织和来自外界调节管理活动作用下各个组成子系统之间和谐共存、以使系统实现协同效应的过程。协同管理实质基于所面临的复合系统结构功能特征,运用协同学原理，根据实现可持续发展的期望目标对系统实施有效管理，以实现系统协调并产生协同效应。

第一，加强海外工业园区可持续发展的协同机制的顶层设计。海外工业园区协同管理是一项复杂的系统工程，涉及经济、政治、社会、文化、生态等多个领域。顶层设计机制要求从海外工业园区建设与发展整体出发，统筹谋划，从涉及的多个领域整体协同推进。加强协调配合，产生共振效果，促进效应最大化。将社会责任理念嵌入企业管理制度创新、企业商业模式创新、企业信息披露制度创新中。

第二，加强海外工业园区可持续发展的协同管理的动态监管机制。遵循"职权法定、权责对等、公开透明、便民高效"原则，明确政府职权边界、编制权力清单基础上，建立健全海外工业园区运行监管机制。合理划分权限，同步下放审批权限。明确监管重点，抓住开工和竣工两个重要环节，对海外工业园区建设项目全过程监管，保证符合东道主国以及国际相关法律法规规定。建立在线信息平台，通过信息平台实现项目信息共享和全过程监管，建立相应的信用记录。明确海外工业园区监管主体、客体、内容、方式、程序等。加强事中事后监管，推动海外工业园区信息互通共享，拓展海外工业园区东道国本地居民参与监督渠道。

第三，加强海外工业园区可持续发展的协同监管长效机制。建构包括协同推进、信息化监管、协调沟通等的海外工业园区可持续发展协同监管的长效机制。适时梳理与完善现有海外工业园区制度，修订与完善不适应新形势、新任务、新要求的规章制度。建立相应的海外工业园区利益相关者磋商机制，以及与之相适应的新规章制度。强化相关制度执行力度，加强生态环境理念宣传与监督，建立多元化的生态文明体系，减少海外工业园区社会责任风险。

2. 基于大数据构建审批—核准—备案—支撑海外工业园区全过程信息共享机制

基于大数据，构建海外工业园区全过程信息收集、整理、使用等共享机制。具体包括：

第一，审批机制。构建规范高效的行政审批机制，规范行政审批程序，推进行政审批电子化，强化行政审批监督机制。规范海外工业园区的申请、审查、决策等程序，全面整合网络资源，引进先进技术，完善相关法律。依据信息共享平台，基于海外工业园区的审批目标、参与主体构成，按照社会稳定风险评估内容、审查意见、审核公示、报上级主管部门审批等流程展开海外工业园区风险管理审批机制。

第二，核准机制。海外工业园区核准内容主要包括移民安置、建设征地、生态环境、人文变化、经济效益等方面。同时，基于共享数据信息机制，国家核准机关针对海外工业园区风险引发的社会稳定外部性和公共性问题进行审查，审核领域主要集中在宏观公共事项方面。

第三，备案机制。海外工业园区备案机制主要包括备案制度内涵、范围、指导原则、程序、事后监督和责任追查机制等，为海外工业园区后续风险管理建立备案机制，促进海外工业园区可持续发展、绿色发展、良性发展。

第四，支撑机制。构建海外工业园区风险管理信息支撑机制，主要包括问责原则、过程、手段等在内的领导干部考核问责机制；复杂风险识别、监察、预警、预控等在内的监控机制；包含信任、信息共享、整合等协调机制。

3. 构建海外工业园区可持续发展决策机制信息共享平台与应急决策冲突协调机制

第一，实现海外工业园区可持续发展的多目标决策机制最优解。在面对海外工业园区多目标决策时，基于决策过程，从效用、层次、需求、冲突分解、理想转移等理论进行综合分析，探寻海外工业园区可持续发展多目标决策最优解。海外工业园区多目标决策具体过程表现为：通过计算得出海外工业园区建设可行方案，在众多可行性方案中选择相应满意的方案。通过构建包括风险因素识别、预防、信息共享、结果处理等在内的海外工业园区可持续发展多目标决策机制信息共享平台，实现多目标决策机制的最优解。

第二，构建应急决策群体冲突协调机制，有机结合冲突测度和消解模型驱动，有效控制社会秩序与稳定风险。海外工业园区涉及众多群体，应急决策群体由不同的专家组成，各个决策专家专业背景、知识结构、判断水平、目标等存在一定差异，冲突发生。基于冲突环境的复杂性、应急决策问题的独特性，构建包括冲突测度与冲突消解的应急决策冲突协调模型。通过冲突测度判断海外工业园区中群体冲突的程度与性质，协调者组织相关专家组对决策者偏好进行协商、反馈、规范化修正，群体冲突逐渐减少进而消解冲突，获得最大满意的一致性和最低冲突水平的群体决策偏好，即实现"应急决策主题"的求解目标。

(三) 践行社会责任，重塑海外工业园区海外形象

1. 加强质量海外推广提升海外工业园区海外形象

质量管理是推动经济社会发展、转变经济发展方式、实现高质量发展的主要推动力。海外工业园区的发展也需要强化质量管理，改变传统的质量差、价格低的形象。据 2021 年 12 月发布的《中国国家形象调查报告 2012》显示：中国品牌在海外已经建立起一定知名度。超过半数的海外消费者可以接受中国品牌。中国品牌接受度排名前五的商品种类依次为电脑和 IT 产品、家电、零售商、服饰、游戏，接受度在 70% 或更高。基于品牌来源国和产品制造国进行的四类组合中，各国受访者对"本国品牌，本国制造"的产品评价最高，其次是"中国品牌，本国制造"，"本国品牌，中国制造"排在第三位，"中国品牌，中国制造"则排在第四位。

第一，构建海外工业园区海外形象推广系统，拓展海外工业园区海外形象发展路径显得格外重要。通过精准市场调查，了解当地习俗、法

律法规、宗教习俗、当地人生活特点、互联网习惯等，将质量核心概念更好地融入当地市场。基于消费者体验，从消费者角度，了解消费者需求。选择适合的推广平台，有效拓展与使用搜索引擎营销（SEO）、搜索付费营销（SEM）、社交网络营销、海外媒体发布、博客口碑营销、比较购物搜索引擎、许可电子邮件营销等途径。

第二，基于ISO26000《社会责任指南》标准，增强海外工业园区社会责任意识，通过慈善活动等履行社会责任提升海外工业园区的公众形象。积极开展生态环保、支持教育、扶贫救灾等社会责任获得，推进社会责任建设，注重当地生态环境保护，充分利用自身资源优势，促进东道主国家和地区经济发展。例如，2020年，奇瑞集团在抗疫行动中为全球20多个国家和地区送去了100余万件医用物资，提供抗击疫情经验和各类人道主义援助，助力海外市场所在地投入抗疫和复工的双重"保卫战"。

第三，加强政府推广作用，利用国事访问和国际会议等提升海外工业园区的海外形象。利用驻外商会、驻外使馆经济处等官方半官方机构在目标市场国家推介知名品牌，加强质量的海外推广。

2. 降低文化冲突风险提升海外工业园区海外形象

第一，基于原产国文化与风俗习惯，强化东道国文化理念、结构要素与特征，加强与东道国文化融合，建立东道国特色的风险管理体系，最大限度地降低跨国经营中文化冲突造成的风险。调查显示，海外民众最认同的十大中国元素是熊猫、长城、成龙、中国美食、故宫、龙、茶叶、中国功夫、扇子和瓷器，对京剧、孔子、旗袍、奥运场馆、姚明、中医中药、天安门广场和汉字等中国元素的兴趣不高。基于海外民众对中国元素的认同与认知偏差，应选择符合海外消费者期望的文化元素促进海外工业园区海外形象的提升。

第二，维护各方利益，促进共同发展。海外工业园区要全面了解东道国环境，在跨国经营中塑造公平运营氛围，维护各方利益并促进各利益相关者共同发展。尊重东道国员工间个体差异，为东道国员工营造安全、健康和相互尊重的工作环境。供应商与客户是市场经济发展的基础，海外工业园区要努力营造公平竞争氛围，提高公平竞争意识，秉承客观、公正的竞争和发展理念，为客户提供优质的服务，公平对待不同供应商，切实保障供应商与客户利益。

第三，深切把握东道国文化，促进民心相通，有效凝聚海外工业园区，特别是入驻企业与东道国发展共识，有效降低文化冲突促进海外工业园区可持续发展。

3. 实施自主创新战略提升海外工业园区海外形象

拥有核心竞争力已成为国际市场竞争中取胜的法宝，并成为国际知名品牌的决定性因素。创建自身国际品牌成为"走出去"战略不可或缺的因素。

第一，实施自主创新战略，突破发达国家的低端锁定及发展国际知名品牌的瓶颈，以自创国际知名品牌助力提升海外工业园区海外形象。把握全球技术发展趋势，加强自主创新，强化创新驱动发展，将更多精力与资源投入到核心技术中，积极推动海外工业园区特别是入驻企业创新，以关键核心技术实现海外工业园区入驻企业长期可持续的高质量发展。

第二，健全知识产权保护体系提升海外工业园区海外形象。近年来，世界经济贸易纠纷主要围绕技术壁垒、商标侵权、专利费索取等知识产权展开。建立知识产权保护体系，从保护、维权、应对三个机制完善海外工业园区知识产权保护。健全知识产权维权机制，通过政府间对话等构建集行政、司法、预警等于一体的海外工业园区知识产权维权机制，优化知识产权维权路径，减少维权成本，提高维权效率。健全知识产权应对机制，通过知识、技巧与方法等应对机制培训与教育，增强知识产权应对机制建设。

第三，培育海外工业园区运营的国际化视野和全球化战略思维，保持开放、学习姿态,认真了解东道国消费者需求,自主灵活处理各种问题,关注当地社会发展、民生进步,提升海外工业园区东道主国影响力和竞争力。建立健全法人治理结构和职业经理人制度,完善现代企业管理制度。

4. 建设危机应对机制提升海外工业园区海外形象

全面分析归纳当前国际突发事件的基本特征及相应的基本情况,重点依托海外工业园区中突发危机事件的概念、特征及分类、媒体作用和影响,分析危机事件的四个生命周期,加强突发危机事件应对机制建设。根据不同国家在重大危机中应对策略的经验教训,从预警体系建立、危机实时应对以及后期危机控制等方面,构建海外工业园区危机应对机制。

第一,深化海外工业园区本土化运营。随着中国海外工业园区的不断深入,推进海外工业园区与第三方市场合作,开创开放共赢新局面。通过开展本土化运营,加强与当地的沟通、磨合,增强东道国对中国海外工业园区特别是中国企业认同感。及时掌握东道主国劳动报酬、工作时间、与当地工会关系、征地拆迁和补偿问题、生物多样性等问题的本土化应急方案与机制,有效规避由于"外来人口"导致的"角色错位"问题。

第二,强化海外工业园区合规经营意识。中国经济已从劳动力、土地等成本优势承接全球制造业,走上自主研发、创新突破的国际化经营之路,实现从模仿者、追赶者到引领者的转变。中国海外工业园区是新时代中国国家形象的代表,坚持依法合规、诚信经营原则。加强与东道主国媒体的有效沟通,将合规经营等所履行的社会责任活动通过大众媒体或社交媒体进行有效传播,提升海外工业园区海外形象。

第三,构建危机预警机制。依托大数据、人工智能、云计算等信息化手段,完善多渠道监测预警机制,全面提升监测预警和应急反应能力。加强风险研判,构建应急处置机制。应急处置机制是一种基于应急预案的应对危机的紧急处理机制和策略。设立高层次危机应急决策机构，协调多部门、多地区开展危机应急处置行动。整合危机干预资源，完善多部门、多地区协同联动的危机应急处置预案和应急联动的危机干预长效机制。构建风险应急应对机制。政府要主导新闻媒体正确的舆论导向，建立社会危机收集、反馈机制，完善民意表达的平台，及时回应社会民众的关切，及时发布反映相关信息，维护公共安全和社会稳定。

（四）创建海外工业园区可持续发展全过程管理体系

突破现有风险管理制度局限，创建从规划（方法、程序、依据、风险响应机制等）、建设（管理主体与组织机构设定、管理主体与责任划分、质量管理、融资风险管理、风险响应机制等），到运营（运营主体与模式选择、质量、安全、风险响应机制等）、评估等海外工业园区可持续发展的全过程管理体系。

1. 海外工业园区规划阶段管理机制

第一，海外产业园区要明确产业定位，强化与东道主国资源、商务条件匹配，加强海外工业园区前期评估与可行性研究。在进行前期评估与可行性研究时，组织专家或委托咨询公司采取定性和定量相结合的方法，分析和估量海外工业园区建设的各种潜在风险发生概率与可能性，初步制定风险防范与抵御措施。海外工业园区在规划时，重视东道主国国情、未来发展战略，形成良好产业链条与产业聚集效应，有效避免由于规划定位过高、产业选择不准引致的风险。

第二，合理评估建设成本，严谨海外工业园区招投标制度。海外工业园区承担单位应对投标书成本、质量、进度、计划等招标全过程进行评估。谨慎选择监理单位，加强质量管理。海外工业园区主要分布在发展中国家和地区，原有基础设施等相对薄弱，前期建设成本投入较高，应合理评估沉淀成本。在海外工业园区建设初期，收入渠道相对较少，要严谨海外工业园区招投标制度。招标过程中,海外产业园区一般为入驻企业提供优惠比较多,做好后期增值服务规划与预算,避免因前期基础设施投资过大,导致管理费用与租金等收入难以维持海外工业园区运营的情况。

第三,加强海外工业园区合同管理,建立规划中风险响应机制。海外工业园区所在地区发展相对落后,安全、法律等风险相对较大,政策不确定性也高于发达地区。基于多重因素影响,海外工业园区规划与企业入驻情况存在一定差异,目标函数在实际运行过程中存在不一致,加剧市场竞争过度风险。随着入驻企业的增多,土地、水电、劳工等生产要素也随之上升并出现加剧趋势。因此,应加强合同管理,并建立风险响应机制。

2. 海外工业园区建设阶段管理机制

第一,建立海外工业园区管理主体与组织机构设定及相应机制。海外工业园区建设期参与的部门和人员,涉及的管理主体与组织机构,工作过程中交流的信息、管理的文档、共同的任务等复杂多变。具体涉及资源条件、基础设施建设、原辅材料、燃料和动力的供应、交通运输条件、建设规模、投资规模、工艺和设备选型、产品类别、节能技术和措施、环境影响评价和劳动卫生保障等相关的管理主体与组织机构设定。因此,合理设定海外工业园区管理主体与组织机构,构建管理主体与责任机制合理划分的相应机制。

第二,加强海外工业园区建设过程中的质量管理与风险响应机制。质量是海外工业园区可持续发展的关键,是确保海外工业园区实效长效、健康、稳定发展的根本要求。海外工业园区在强化市场营销开拓市场同时,加强质量管理,将质量管理贯彻渗透到海外工业园区全过程中,构建海外工业园区风险管理体系。建立健全质量风险响应机制,可即时性启动,迅速识别判断,跟进管控措施,避免或控制风险损失。从海外工业园区工序质量控制、质量控制点设置、工程质量预控、质量检查、成品保护、技术资料等方面强化海外工业园区质量管理。

第三，加强海外工业园区融资风险管理及风险响应机制。海外工业园区建设周期长、投资回报慢等特征导致融资难成为其可持续发展的主要难题之一。我国境外银行分支机构发展不充分，融资渠道、融资工具有限，特别是在数字经济时代背景下海外工业园区数字化、智能化、绿色化转型升级加大了资金缺口。为此，应创新金融支持政策，赋能海外工业园区转型升级。通过海外工业园区建设中融资风险识别与评估，采用合理的经济和技术手段加强融资风险管理及响应机制，最大限度地避免或减少风险事件所造成的损失，提升海外工业园区融资管理的经济效益。

3. 海外工业园区运营阶段管理机制

第一，强化海外工业园区运营主体与运营模式选择。基于产业类型与投资方式不同，海外工业园区受制于多部门管理与指导，在一定程度上限制了海外工业园区发展规模与质量的进一步提升。根据海外工业园区的类型、样式、规模、运营过程中的时间、气候、环境、地质、人文等因素强化海外工业园区运营主体与运营模式选择。政府部门通过组织相关机构与专家研究会商，明确海外工业园区归口管理部门。理顺海外工业园区投资、建设、运营归口监管，国家层面建构与海外工业园区东道国的沟通渠道，共同协助东道国监督园区合法、合规运营，通过国内归口部门监督激励。

第二，加强海外工业园区质量安全机制。从责任企业安全、制度安全、经费管理、监督项目施工安全、失信体系和奖惩机制、覆盖所有工程项目、加强高层管理者管理、注重职业健康安全管理与质量保证、预控体系、目标管理与安全预防、注重细部处理和成品保护等方面加强海外工业园区质量安全机制。

第三，强化海外工业园区运营阶段社会责任机制。海外工业园区对劳工实践方面的责任，既包括在法律层面上的保证雇员实现其就业和择业权、劳动报酬索取权、休息休假权、安全卫生保障权、社会保障取得权等法律义务，也包括公司在法律层面之外为雇员提供的各种福利。海外工业园区对消费者方面社会责任包括：为消费者提供质量安全有保障的产品；保证消费者的知情权，消费者有途径对其所使用或承受的产品或服务的真实情况进行了解；为消费者提供周到良好的售后服务；设立渠道采纳消费者的批评和建议信息，不断完善自己的产品和服务等。海外工业园区对社区社会责任包括：公司应对其所在的社区及其居民承担一定的社会责任。公司应当努力促进公司自身保值增值以为当地居民提供更多的就业机会，标准化排污，采用新能源、改进新技术以维护当地生产环境，为当地的公共服务多做贡献。海外工业园区的社会责任包括向社会公益事业诸如医院、社会福利院、贫困地区等提供捐赠，招聘残疾人、生活困难的人、缺乏就业竞争力的人到公司工作，为教育机构提供鼓励和培养学生的各种奖学金和助学金等，举办与公司营业范围有关的各种公益性的社会教育宣传活动等。

4. 海外工业园区风险管理评估机制

第一，构建海外工业园区风险管理主体与责任体系评估机制。加强海外工业园区专业风险管理公司建设，主要提供定制化的风险调研、预警、处置、培训、辅导服务。涉及承包商、投资人、材料设备供应商、政府部门、监理单位、运营方、高层管理人员、员工、工程项目所在社区、环保部门等在内的海外工业园区可持续发展管理主体，加强相关管理主体责任评估。

第二，构建海外工业园区管理模式及信用评价体系。扩大政策性信用保险和海外投资保险覆盖面，加大优惠力度，有效规避海外工业园区运营中的投资风险和信用风险。基于产出、结果、影响三个层次，构建包括管理制度、组织管理、人力资源、管理控制、管理责任、经济效益、社会效益、环境效益等8个方面立体式海外工业园区管理模式与信用评价体系。

第三，建立和完善海外工业园区监管体系与责任追究机制。加强海外工业园区建设风险防范工作，打造政府和企业联手的合作平台，着力构建海外工业园区商务纠纷（突发事件应急）处置机制与国内国外、事前事后全方位的监督机制。基于法律确定、独立公正、过程控制、责任追究、注重效率、逐步完善等原则，建立和完善海外工业园区监管体系与责任追究机制，主要包括建立责任追究制度，加强审计监督，完善制衡机制与稽查制度，建立后评价制度、社会监督机制与追究机制等。

（五）"一带一路"助力海外工业园区建设与提升

1. 双向政策扶持助力"一带一路"海外工业园区建设

海外工业园区是双边或多边合作投资的重要载体，符合双边多边国家地区利益与意愿。

第一，"一带一路"沿线国家和地区建设，中国政府制定相应优惠政策。海外工业园区同样获得东道国相应的政策支持，主要包括土地优惠政策（土地位置、价格、使用面积、使用年限等）、投资贸易条件（准入门槛设置、产品技术标准、贸易通关、人员往来等）、物流合作（物流合作开放度、物流标准、物流基础设施等）、金融合作等双向优惠政策扶持。

第二，加强政府双方与多方磋商，健全机制保障。建立针对海外工业园区的两国政府或多国政府间磋商机构，形成政府协调长效机制。加强政府保障机制建设，包括投资保护协定、避免双重征税协定、双边合作协定等，为园区的发展创造有利的政策环境。加强政府对海外工业园区的引导、协调、监督和服务职能，逐步建立完善海外工业园区国别和产业指引、服务指南、境外投资指南、营商环境预警、招商推介等工作。

第三，强化金融政策助力，加强海外工业园区服务机制创新。建立支持企业入驻海外工业园区金融保障体系，提高国内金融机构支持海外工业园区入驻国际经营能力，加快开设海外分支机构，为其提供国际化金融服务。鼓励银行、基金等金融机构为入驻海外工业园区企业投资提供资金支持，统筹援外资金、亚投行资金、丝路基金等资金渠道。创新海外投资融资方式，拓展融资渠道，破解海外融资难题；创新海外工业园区金融服务。

2. 打造中国海外工业园区成为"一带一路"高质量发展绿色样板

"以特取胜"已成为获取国际竞争力的有效手段。打造"一带一路"海外工业园区产业特色，培育海外工业园区技术特色及品牌特色，实现"一带一路"海外工业园区可持续发展。

第一，打造海外工业园区产业向高精尖转型，实现数字化经营。数字经济赋能，用数字化路径破解中国海外工业园区入驻企业海外投资运营中遇到的难题，改善海外工业园区营商环境，降低海外工业园区入驻企业成本，提升海外工业园区核心竞争力，助力海外工业园区招商引资吸引力与凝聚力。

第二，促进海外工业园区运营主体多元化，多方合作促进海外工业园区与入驻企业和谐发展。海外工业园区运营融合政府、实施企业、入驻企业、外部企业等多方参与主体。多方参与主体群策群力，共同助力海外工业园区可持续发展。

第三，对接产业服务机构，促进海外工业园区产城融合发展。入驻海外工业园区企业诉求多元化，增加相应专业配套服务需求，搭建专业服务机构对接平台，充分有效利用园区要素资源，高效开展业务。同时，将中国产城融合发展实践经验复制到"一带一路"沿线国家和地区。借助海外工业园区助力东道主国形成特色主导产业，使房地产业、商务服务业、城市服务业等相关配套有机结合园区与城市融合发展。

3. 提升"一带一路"海外工业园区综合环境竞争力

为提升"一带一路"海外工业园区综合环境竞争力，需要打造海外工业园区现代化基础环境。

第一，高定位、高起点，技术领先与功能多样。将先进理念与现代化技术融入园区中道路、管道、水电气、信息化、厂房等建设。运用数字化技术，以全面感知和广泛联结为基础的人机事物深度融合体，具备主动服务、智能进化等能力特征的有机生命体和可持续发展空间。完善海外工业园区基础设施配套，重点围绕海外工业园区道路、绿化、路灯等基础设施建设编制改造方案，提高绿化覆盖率和完整性，从绿化、亮化、美化角度打造海外工业园区，确保整体形象改善。将物联网、BIM、5G、云计算、大数据等新兴技术应用于海外工业园区各个领域。

第二，打造海外工业园区绿色化生态环境。坚持环保优先、生态立区科学理念，实现海外工业园区生态、绿色可持续发展。建设海外工业园区便利化的产业配套环境与国际化仿生制度环境。在评估产业发展水平与对接能力基础上，建立适宜的配套环境。将区域环境保护规划方案纳入海外工业园区规划中，充分考虑东道主国生态环境容量、产业发展结构与水平，结合东道主国区域自然生态系统与海外工业园区发展，加强海外工业园区生态功能，最大限度降低海外工业园区对当地景观、区域生态系统的不良影响。

第三，健全对接国际标准的先进制度体系，为园区产业承接与对接提供优越的制度生态环境。健全绿色低碳工业园区评价标准体系，强化国际标准引领作用。将绿色低碳工业园区建设、园区循环化改造等工作和相关指标纳入海外工业园区综合发展水平评价体系。加强动态监督管理，不定期组织开展绿色低碳工业园区建设情况的现场核查工作，严厉处罚弄虚作假、瞒报重大安全事故、环境污染等。

4. 推动园区纵深发展，加强区对外联动

第一，基于"一带一路"倡议政策沟通，推动海外工业园区纵深

发展。积极引导企业、加强区内投资合作与产业指导，强化与当地政府谈判能力，深入推进海外工业园区纵深发展。优质园区内外产业资源集聚，利用区域政策、劳动力资源等园区优势，增强产业链内各入驻企业"反弹力"，促进海外工业园区内外经济良性循环。充分赋能海外工业园区，通过资金、资源、政策倾斜，扩大园区承载力与影响力，抓住产业转移新局势，吸纳一流优质产业链各端企业入驻。依托关键基础资源建设海外工业园区，关注和利用产业中的关键问题，开辟新经济新科技国际产业园，发挥支撑性产业链价值和作用。

第二，基于"一带一路"倡议道路连通，加强海外工业园区对外联动。交通互联互通是"一带一路"建设的基础支撑、重要保障。加快国际产业投资区域分工与产业布局，推动合作区域与本土联动、与母国联动、与第三方区域联动。加强道路连通与网络覆盖，推动在"一带一路"沿线相关交通枢纽与节点建立国际仓储物流基地与分拨中心，进一步完善海外工业园区营销网络。优化完善国际物流通道，加强国际货运能力建设，加快形成内外联通、安全高效的物流网络，保障国际物流供应链体系安全畅通，加强海外工业园区对外联动，实现海外工业园区高质量发展。

第三，基于"一带一路"倡议贸易畅通，保障海外工业园区投资便利化。充分利用"一带一路"沿线国家和地区相关的贸易投资保护协定、双边贸易协定等保障机制，明确相关主体法律地位与投资权益，加强海外工业园区投资环境与贸易通畅。有效变革智能制造、无接触消费、网上旅游、食品保鲜等新型产业。加大数字化经济、"脑袋"经济、"耳朵"经济，加快5G网络、数据中心等新型设施建设。同时，推动海外工业园区融入双循环。利用海外工业园区经济特区、自贸区地位，提升海外工业园区贸易投资自由化便利化水平，助力我国对外开放迈上新台阶。

第四篇

"一带一路"倡议下中华文化国际传播路径研究

文化创新,是一个民族文化发展、永葆生命力的重要保证,尤其在中华文化走出去的进程中,文化创新更是文化吸引力、影响力的重要组成部分,也是向世界展示中国新形象的有效方式。截至 2018 年,单是官方的孔子学院在全球就有 525 所,此外还有 1 113 个中小学孔子课堂。这些学院和课堂分布在全球 145 个国家和地区,民间的语言培训机构更是数不胜数。目前学习汉语的人数已有 1 亿多人。全球越来越多的中小学开始开设汉语课程。美国自 2006 年 9 月起在全美中学开设"AP 汉语与文化(AP Chinese Language and Culture)"课程,把汉语教学纳入美国中学的主流课堂。目前,欧盟和 61 个国家颁布了将汉语教学纳入本国国民教育体系的政令。另据我国教育部制订的《留学中国计划》显示,到 2020 年,在除中国台湾以外的我国高校及中小学就读的外国留学人员已达到 50 万人次。

"一带一路"倡议的提出与实施加速了中华文化的国际传播速度。作为中华优秀传统文化传承发展体系的重要组成部分,中华文化的国际传播日益受到重视,党和国家领导人多次提出加强中华文化国际传播能力建设，中华文化国际传播已成为新时代中国国际软实力的主要依托点。但是，中华文化国际影响力与当前中国经济影响力不对等，需要进一步提升。为此，在"一带一路"倡议下，中华文化如何成为国际语言，丰富中华文化国际传播路径以及构建政策支撑体系成为当前理论与实践研究的热点问题与重点问题。

十五、中华文化国际传播研究动态与意义

中华文化国际传播继承了中华文化的优秀传统，反映着中华文化深层次内涵，主要体现在中华文化国际传播的多民族性、多元性与整体性、包容性与开放性、人本性、多样性、现实性与时代性。中华文化国际传播多民族性表现为中华文化是56个民族共同铸造的5 000多年的优秀文化。中华文化国际传播多样性与整体性表现为中国各民族文化组成的以一个整体面貌呈现于国际社会。中华文化国际传播包容性与开放性表现为中华文化以极大的包容性将民族、宗教、异域文化予以兼容并蓄，形成更为博大的文明内涵和更为强劲的文明力量，并与之共生共荣，充分表现出中华文化"海纳百川"的气度和气质。中华文化国际传播人本性表现为中华文化本质上是由"以人为本"哲学思想主导，这主要体现在人与自然的关系原则中，即"天地人和""天人合一""道法自然""厚德载物"等，人与人的关系原则，即"和为贵""和为美""和衷共济""和而不同"等。中华文化国际传播途径的多样性表现为艺术、民俗、美食、中医等丰富多彩，昭示中华文化在哲学、伦理、道德等思想内容与形式上的博大精深。中华文化国际传播现实性与时代性表现为中华文化传播现实感、时代感，促进了中外现代文明的对话与交流。

北京师范大学文化创新与传播研究院2015年6月发布的《外国人对中国文化认知调研报告（2014）》显示"花木兰""孔子""李白"成为"中国著名人物"的文化符号；"阴阳""孝顺""天人合一"成为"中国哲学观念"的文化符号；"京剧""中国水墨画""敦煌壁画"成为"中国艺术形态"的文化符号；"熊猫""长江""香格里拉"成

为"中国自然资源"的文化符号;"绿茶""唐装""面子"成为"中国生活方式"的文化符号;"功夫""春节"和"孙子兵法"成为"中国人文资源"的文化符号。

2012年由察哈尔学会、中国外文局对外传播研究中心、北京华通明略信息咨询有限公司发布的《中国国家形象调查报告2012》显示,"海外民众最喜爱的中国元素排名前十者依次是:熊猫、长城、成龙、中国美食、故宫、龙、茶叶、中国功夫、扇子和瓷器"。这些中华文化元素成为中华文化国际传播的代名词。

(一) 研究重要性

1. 中华文化国际传播成为新时代提升中国国际软实力的主要依托点

中华文化独特性非常明显,具有5 000年文明历史,在人类文明当中"无可比拟"。

中华文化国际传播历史悠久。公元前4世纪,汉字相继传入朝鲜、越南、日本。随着汉字流传,典章制度、哲学、宗教、科技、文学艺术也传播于周边国家,形成具有共同文化要素的东亚文化圈。中国哲学思想、科学技术曾经对欧洲文化产生深远影响。宋明关于"气"的学说、中国哲学尤其是宋明理学思想、中国古代四大发明对欧洲社会发展等影响至今。法国启蒙主义思想家伏尔泰认为中国人"是在所有的人中最有理性的人"。"仁、德、礼、法、化、和"概括了中华文化核心内容和基本特征。"仁"在中华传统文化中占据着不可动摇的核心地位。人与人之间,应当相爱,"仁"是爱。"德",古人常说"直心为德"。"直"是正直,正直向上即为"德",思想上与行动上要求正直向上。德是中华文化中的一个本质性的核心,"仁德"是中华文化核心所在。为保障"仁""德"正常发展,需要有规范地活动,并形成制度,就有了"礼"和"法"。"和"是人们追求的最高境界,把两种不同的事物融合到一起,各自有着自己的特点而和平相处。世界上万事万物不同,提倡和,只有和,才能久。思想和行动,尚仁德,尊礼法,通过"化"的办法,达到"和"的境界。因此,在新时代,中华文化国际传播同样成为提升中国国际软实力的主要依托点。

2. 进一步提升中华文化国际话语权

2018年,中国GDP总量超过90万亿元,年均增长率9.4%,按平均汇率折算,达到13.6万亿美元,稳居世界第二位,占全球份额的16.7%。人均GDP接近10 000美元,汽车、住房、旅游已成为中国家庭重要的生活消费。中国已是第一大工业国、第一大货物贸易国、第一大外汇储备国,连续多年对世界经济增长贡献率超过30%,成为世界经济增长的主要稳定器和动力源。然而,中华文化国际影响力与经济发展成就不对等,中华文化国际传播明显不足,这种格局日益凸显。一方面,以欧洲、美国文化为代表的西方文化大量涌入;另一方面,报纸、广播、电影、电视、互联网等大众传媒推波助澜。西方文化在社会公众中的影响力有些方面已经超过中国文化,超过古老文明给予的丰厚精神遗产。因此,构建新时代中华文化国际话语权,增强中华文化自信,是中华文化国际传播的必要性和重要性的根本所在。

3. 中华文化国际传播日益受到重视

我国一直非常重视对外传播话语体系的构建,党和国家领导人多次强调要加强国际传播能力建设,精心构建对外传播体系,提高对外话语的创造力、感召力和公信力,讲好中国故事,传播好中国声音,诠释好中国特色。党的十八届三中全会审议通过的《中共中央关于全面深化改革若干重大问题的决定》明确提出,要"扩大对外文化交流,加强国际传播能力和对外话语体系建设,推动中华文化走向世界"。就是说,要对外推广中国文化,要构建加强国际传播能力和对外话语体系建设,让中华文化走向世界。

中华文化"走出去",可丰富世界各国对中华文化的更多了解,促进国际交流与合作，将一个真实的、积极发展的、倡导世界和平的中国展示于世界人民的面前。中华文化"走出去"有利于加强中外文化交流，增强文化渗透力。中华文化国际传播已成为当前中国政府在新时期重要的文化战略，构建中华文化国际传播话语体系成为当前一个重大的理论研究课题与一项艰巨复杂的实践系统工程。

4. "中国故事、世界传播"，塑造中国国家国际形象

长期以来，东西方关系和地位不平等。21世纪，这种不平等仍然存在于传播关系之中。在"东方主义"话语框定下，倡导"普世价值观"的西方媒体占据主导地位，世界的"中国记忆"被打上了浓重的"西方烙印"——东方代表着原始、落后与野蛮，西方"阳光"尚未普照到的中国是专制、保守、落后、愚昧和不文明的"恶龙"象征。西方话语框架成为世界理解中国的巨大障碍和阻力。

新时代，让世人认识当代中国，让国人增强"四个自信"成为当前中华文化国际传播主题。如何让外国了解中国、理解中国？需要别人全面客观地看。习近平总书记在党的十九大报告中指出，推进国际传播能力建设，"讲好中国故事，展现真实、立体、全面的中国，提高国家文化软实力"，为中华文化国际传播指明了努力方向。中华文化国际传播与国家国际形象互相联系、相辅相成。中华文化是国家形象重要的载体，也是中华文明、中华民族优良传统的重要载体，向海外传播好中华文化，是提升中国国家形象、国家软实力，推进中国改革开放和现代化进程的重要步骤。

5. "一带一路"倡议为中华文化国际传播提供新契机

自古以来，丝绸之路不仅是一条商品贸易和军事斗争之路，还是一条文化交流和文化交往之路。耶鲁大学历史系教授汉森说过一段话："丝绸之路之所以改变了历史，很大程度上是因为在丝绸之路上穿行的人们把他们各自的文化像其带往远方的异国香料种子一样沿途撒播。""一带一路"倡议从历史深处走来，蕴含着中华五千年文明基因。"一

带一路"倡议不仅是经济崛起的良好契机，更是中华优秀文化复兴与国际传播的历史机遇，把合作共赢的理念、人类命运共同体的思想、中国梦和世界各国梦融通的种子播撒到"一带一路"沿线国家。但是也应看到，"一带一路"沿线国家讲着200多种语言，我们在翻译方面力度还不够。通过双方或多方文化交流合作，推动中西方文明的互鉴互融，推动人类社会的进步，具有非常重要的意义。因此，在"一带一路"倡议新国际背景下，中国必须更加重视文化交流合作，处理好经贸合作和人文交流关系，务实推进中华文化影响与舆论引导关系，为推动"一带一路"建设再上新台阶提供中华文化软力量。

（二）国内外研究动态

1. 文化国际影响力的内涵和评价标准研究

Marshall Mcluhan（1964）提出"地球村""媒介是人的延伸"的概念。Joseph S. Nye, Jr. (2005) 明确表明文化对世界他国产生的力量能够为实现自身的目的提供便利。Samuel Phillips Huntington（2010）指出了文化的重要作用，文化因素在全球秩序中变得越来越重要，主宰世界未来的将是文明冲突。郑海兵（2012）认为，一个国家的精神生产的能力和产品被其他国家认知和认同，并对其他国家行为产生作用，使其做出符合该国意愿行为的行动；同时，从形成基础、作用方式、决定因素三方面分析文化国际影响力的具体内涵。关世杰（2015）认为影响力是对别人的思想或行动所起作用的大小、方向和作用点，可从认知、态度、行为三个层次对影响力进行测量评判，认知是影响力的初级阶段，态度是影响力的中级阶段，行为是影响力的高级阶段。易凡平（2018）认为，文化自信是一个国家、一个民族发展中更基本更深沉更持久的力量。黄会林提出"第三极文化"理论，指出在当今世界文化多元发展格局下，欧洲文化和美国文化以其巨大的影响力并立为两极，中国文化凭借自身强大的历史根基和绵长的独立传统，应当成为与欧美比肩的"第三极文化"。"第三极文化"理论的提出，对中国文化影响力的生成命题具有重要的指导意义。

"第三极文化"理论第一层含义是几千年来中华传统文化发展变迁中逐渐形成、确立、巩固，并为人们普遍认同、自觉遵守、代代相传的核心价值观和基于这些核心价值观所生成和构建的民族精神。例如"自强不息""厚德载物""仁义礼智信"的精神品格和道德追求；"先天下之忧而忧，后天下之乐而乐""士不可以不弘毅，任重而道远"的家国情怀和道义担当；"天人合一""和而不同""礼之用，和为贵"的宇宙观、人生观；"兼相爱，交相利""天下为公、世界大同"的人文追求等。"第三极文化"理论第二层含义是把最为突出、最具代表性、最有特色的中华文化置于当前世界文化背景之中。当今世界文化的"两级"为欧洲文化和美国文化。中华优秀文化基于国际传播能力的提升足够在新时代成为欧洲文化、美国文化之外的"第三极文化"。欧洲文化、美国文化、中华文化"三极"，以及世界其他文化相互影响、相互冲突、相互吸收、相互借鉴，共同构建新时代丰富多彩的人类文化命运共同体。

2. 文化国际传播研究

Edward Twitchell Hall Jr.（20 世纪 50 年代）提出"高语境文化"与"低语境文化""历时性文化"与"共时性文化"等跨文化传播学科的重要基础理论概念。W. B. Gudykunst（1997）与 Kim YoungYun（1965）提出跨文化焦虑与不确定性管理理论，创造性地将"陌生人"概念重新定义为"来自其他群体的不为我们所了解的人"。James W. Carey（20 世纪 70 年代初）提出传播与文化同构观点，为其后的文化研究与文化传播研究开拓了视野。John Atkinson Hobson（1938）认为古丝绸之路是古代东方文明向西方传播的最重要渠道。Marshall Mcluhan（1964）提出"地球村"和"媒介是人的延伸"的概念。Robert S.

Fortner（2017）和 Yahya. R. Kamalipour（2003）、Daya Kishan Thussu（2010）等将注意力更多集中在大众传媒，特别是新的传播手段为主体的信息传播方面，而将人际传播作为辅助性的研究内容；研究角度由国际政治、国际关系、国际交流等逐渐转向媒体与社会发展的互动关系方面，更多体现新闻传播学的学科特色。宋晓亮（2008）认为文化传播是人们社会交往活动中产生于群体、组织及所有人与人之间共存关系之内的一种文化互动现象。鲍立泉（2010）、王庚年（2011）等提出跨媒体内容生产、传播渠道透明、个人信息终端融合等建议。单波（2016）认为软实力与跨文化传播等理论都立身于主体自身而忽视客体利益，号召应从软权利转向平等权利，从跨文化传播转向跨文化合作，并同时提供了一个跨文化合作的模型。刘艳骄（2007）对广播、电视、杂志、科普读物、网络等不同类型媒介的传播效果与路径进行对比研究。田智辉（2010）总结新媒体环境下国际传播策略将由"泛"传播转向"窄"传播，由政治"硬"灌输转向文化"软"实力传播，突发事件报道由被动披露转向主动报道，由对外宣传到外交实现对外宣传与外交相结合，提出利用新媒体进行国际传播的具体策略和方法。鲍立泉（2010）提出跨媒体内容生产、传播渠道透明，个人信息终端融合等媒介融合的传播技术路径。

3. 中华文化国际影响力存在的问题、制约因素研究

Alvin（2013）认为，人类要生存下去，就必须回到25个世纪以前，去吸取孔子智慧。冯颜利（2013）认为由于中外文化本身的差异等客观原因和传统文化与创新文化不协调等主观原因，我国文化国际影响力效果不尽如人意。吴桂韩（2012）从意识形态纠结长期困扰、对中华文化开发整理不够、跨文化传播能力薄弱等6个方面探析了中华文化国际影响力提升困境。欧阳雪梅（2014）认为，由于资本主义价值观主导当今世界，中国还没有形成自己的话语体系，现有文化的建设性不够、对外文化贸易额小等因素制约了中华文化国际影响力，需努力夯

实国家文化软实力的根基,把中国的发展优势转化为话语优势,传播当代中国价值观念,展示中华文化独特魅力,提高国际话语权,形成与中国经济社会发展水平和国际地位相适应的文化软实力。张琴在(2015)认为文化传播缺乏整体性、文化产品缺乏创新性、文化交流缺乏互动性、文化载体忽视本性四个问题导致了中华文化国际影响力还不够强的困局。李卓(2012)认为理想的文化传播模式是"传者即受者,受者即传者",并强调文化传播要以文化共性、文化精神和文化反省为基础。郑博斐与李双龙等(2015)认为文化差异应当被视作一种资源,而"文化协同"意识对全球化背景下的跨文化传播交流具有重要意义。肖珺(2015)则指出跨文化传播研究的终极关怀应当是实现文化融合,而其最高价值理念应当是达致和谐。

4. 对提升中华文化国际影响力的路径研究

国内学者意识到从传统的传播控制模型即詹姆斯·凯瑞所称的传播传递观出发,文化传播的研究将容易趋于线性和单向。其核心理念通常在于存在一个传播主体通过一定媒介向传播客体传递一些信息以达到某种传播效果的线性过程。贺卫华(2018)以印度电影产业发展及国际化经验为借鉴,结合中国实际,发掘文化共通性,讲述直通人心好故事,提升本土化叙事能力,引发海外观众情感共鸣,以地缘文化为突破口,减少跨文化传播障碍,是中国电影为载体的中华文化"走出去"的现实路径。刘迎胜(2017)、刘永连(2017)、林梅村(2017)等认为,和平、贸易与交流始终是古代丝绸之路主题,文化传播便始终不是单向的,西域各国文化都明显地呈现东西文化交融特征。欧阳雪梅(2014,2015)认为必须把中国的发展优势转化为话语优势,建设对外话语体系,同时要齐心合力讲好中国故事,还要拓展国际传播平台和载体。

徐红梅(2019)以中国盐文化为例,探析了文化间性视域下中国传统文化对外传播话语的国际表达。中国盐文化源远流长,意蕴丰富。

中国盐业的悠久历史及其独特的行业文化造就的独特精神文化构成了盐文化的价值核心。作为中国传统文化的重要组成部分，我国盐文化传播价值影响深远。姚涵（2012）、徐械（2012）、魏佐国（2013）、赵海滨（2007）等以中华文化为切入点，主张从重视与挖掘本土性文化经验、学习与回应世界性文化经验、培养与提高跨文化传播能力等方面提升中华文化国际影响力，特别是通过孔子学院传播中华文化，以达到提升国家软实力的目的。张洪磊和张宗明（2001）认为，孔子学院是传播中华文化最为重要的平台。陈彦旭（2018）认为，英译网络小说在海外呈井喷之势，其影响力使人侧目，这些英译网络小说综合使用了"异化"与"归化"的翻译策略，在"语言学习"与"文化知识"这两个方面均有效地传播了中国文化。面对"中国网络文学热"这一现象级事件，应充分认识到网络文学存在的合理性与其译文的价值所在。通过文学译著实现"中国文化走出去"的战略思想或应适当调整，即改变以往的"雅到俗"的传播思路，尝试"俗到雅"的战略路径。

5. 简要述评

综上所述，当前对提升中华文化国际传播研究已经取得一些成果，为今后相关课题的分析探讨提供了有价值的参考。但仍存在一些不足：一是对文化、中华文化、中华文化国际影响力等相关概念阐释不清，对它们彼此的关系分析得也不够透彻，相关的理论分析有待加强。二是对中华文化国际影响力建设的历史演进梳理得不够清晰和全面。三是没有系统把握和了解提升中华文化国际影响力的多维实现途径，理论分析和实践指导性都还有待进一步深入。

十六、中华文化国际传播现存问题概述

根据有关资料统计，海外孔子学院成为中华文化国际传播的主要途径之一。对外汉语传播对具有中华文化知识、文化素养、文化传播能力等的国际传播人才需求量越来越大。跨文化国际交际能力与跨文化问题处理能力的要求也越来越高。在海外志愿者和公派教师中，对中华才艺有较高水平的要求。经过多年的传播，中华文化国际传播取得了巨大成绩。

第一，中华文化国际传播内容日益丰富多彩，内涵进一步深入。中华文化博大精深、源远流长，在国际传播中取其精华、去其糟粕。文化可以分为表层文化、中层文化和深层文化。文化表层易变，中层较固，底层恒。当前，中华文化国际传播在内容上还是以表层文化为主，深层次文化有待加强。例如，调查显示，很多外国人以中国小吃为知。2012年5月，央视纪录片频道制作的美食纪录片《舌尖上的中国》（以下简称《舌尖》）一经播出便引起广泛关注，观众好评如潮。不同于以往展现美食制作过程的栏目，《舌尖》以美食为切入点，将中国的地理、人文及历史涵盖其中，透过食物讲人生百味、社会变迁。又如，包粽子、赛龙舟、吃饺子、挂灯笼等，每个关于传统佳节的习俗，都是在广袤而古老的中华大地上生活的人的共同记忆。大型中国传统节日文化纪录片《佳节》在腾讯视频全网独播、《国家地理》海外同步播出，在"亚洲文明对话大会"举办期间参加"亚洲影视周"亚洲优秀电视节目展映。这档聚焦中国最具代表性传统节日的纪录片展示了传统节日在中国现代社会中的传承与创新，生动勾勒和描绘了中国人的精神与中国心的归属，带领全世界观众一起感受中国文化跳动的脉搏，重温佳节里最炙热的感情牵绊与充满自豪的文化归属。中华文化国际传播中，孔子学院海外教师在文化课内容中，主要是介绍一种习俗，一个节日，一种戏曲艺术、传统书法等，更深层次便涉及一种生活现象、一部文学作品、一位作家等。这样较为显而易见的中国文化传播形式也往往具备很强的代表性，一般都能够引起学生对中国文化的兴趣。

第二，载体借助新媒体加快中华文化国际传播速度。以海外孔子学院为主要平台的中华文化国际传播，海外教师主要是进行课堂授课。他们在教授语言过程中主动、积极、有意识地传播中华文化。正是由于海外孔子学院和孔子课堂的坚持和努力，国际"汉语热"加强，中华文化国际影响力也有所提升。

随着现代技术的迅猛发展，以微信、微博等为代表的新媒体也蓬勃发展起来。新媒体是一个相对的概念，是继报刊、广播、电视等传统媒体之后发展起来的新的媒体形态，是通过数字技术、网络技术等现代技术，以电脑、手机、ipad 等为终端，采用更加民主个性的表达方式、快捷迅速的消息推送，向用户提供信息和娱乐服务的传播形态。随着新媒体等的普及，越来越多的中国电影走向世界，也成为中华文化国际传播的新型载体。政府与许多国家合作，特别是在"一带一路"倡议提出与实施的背景下，加快了中国与多国文化的交流与合作，"文化年""文化节""语言年""旅游年""艺术节"以及各种形式的高峰论坛等极大地推动了中华文化国际传播。

第三，中华国际传播态度持之以恒。中国自古以来以和为理念，一向坚持走和平发展道路，中华文化国际传播的和平态度持之以恒。中华文化国际传播本着尊重人类一切文化的态度，遵守文化的异质性与多样性，在做好国际传播的同时也不断丰富自身文化。"和平与发展"源于中华传统文化精神，传统文化精神与现代治国理念相结合，中华文化国际传播态度积极而平和。

全球有 60 多个国家通过颁布法令、政令等方式，将汉语教学纳入国民教育体系，170多个国家开设汉语课程或汉语专业，其中美国、日本、韩国、泰国、印度尼西亚、蒙古国、澳大利亚、新西兰等国的汉语教学均由第三外语上升为第二外语。俄罗斯公布在2019年开始把汉语纳入俄罗斯统一考试（相当于中国全国高考统一考试）。外语考试中也包括中文考试，显示出我国国际地位的不断提升。虽然中华文化国际传播取得巨大成就，但也存在一定的问题，具体如下。

1. 中华文化国际吸引力、认同度、感召力不足

近代以来，西方国家依靠强势的经济、科技、军事等实力，建立了"西方文化主体"的国际文化体系。与西方文化相比，中华文化国际传播尚有较多工作可做。目前，中华文化国际传播仅仅表现为文化的表面现象，不是依靠的深厚文化积淀。世界对中华文化的了解大多限于功夫、孔子、熊猫等具体的文化符号，难以产生深刻的文化认知，更谈不上文化理解与文化认同。中华文化在国际上的认同度相对偏低。同时，中华优秀文化在国际上尚未形成具有广泛国际影响力的文化传播元素。中华优秀传统文化集中于"仁、义、礼、智、信"，以及兼爱、天人合一等观念贯穿于于中国个人固有家庭传承与文化熏陶，尚未被梳理整合成体系化、理论化的文化信息，也并没有真正融入现代社会治理模式中，难以得到国际的接受与认同。文化认同是对包括隐含的思想观念的接受和对其呈现的生活状态的融合等文化内容的肯定与接纳。以中华武术为例，世界曾经刮起中国功夫风，但绝大多数外国人不能领悟中华武术精神。中华武术是中华传统文化的缩影，凝聚着中华民族精神，习武之人崇尚武德，以仁义为准则，追求内心的情操。中华文化感召力作为中华文化国际影响力最高阶段，在国际上表现出的感召力不强大、不稳定。

2. 中华文化国际传播"重官方、轻民间"

中华文化国际促进与交流主要由政府机构推动，中华文化对外传播独立性与自主性相对缺乏。现阶段，中国政府在中华文化国际传播上处

于主导地位,"重官方、轻民间"特征明显。历史上,官方主导传播本国文化成为必然,但是在21世纪,官方色彩过于浓厚有时会抑制本国文化的国际传播。对于政府主导的中华文化国际传播,西方国家往往以"国家安全"为由诋毁中国形象。政府主导的中华文化国际传播还具有短期性特点,一国文化国际影响力扩大从本质来看,需要潜移默化。相比较于政府主导的文化国际传播,民间文化国际传播灵活多变、渗透面更广。中华文化根植于广大人民群众生活中,没有民间的广泛参与,提升文化国际影响力不具有可持续性。激发人民群众传播中华文化热情,增强其文化责任意识,对中华文化国际传播至关重要。

3. 中华文化国际传播方式单一、手段僵化

中华文化国际传播伴随着汉语对外推广进行。文化信息传播是一个复杂的多元化、多向度的轨迹式循环模式。根据马莱茨克传播模式,该循环是个人与社会、媒体与大众、国际与国内等多种因素综合作用的结果。目前,中华文化国际传播多为单向传播,国际传播"以我为主"的宣传型模式中,传播主体占据主导地位,受众处在次要地位。当前,中国国际传播较多关注自己想要宣传的内容。例如,在古巴介绍中国的山水自然风光,古巴广播电视委员会主席说,"中国确实很美,但我们还需要了解普通中国人是怎么生活的,中国农业是怎么发展的,中国是怎么养活13亿人口的"。目前,中国主要通过孔子学院、"汉语桥"比赛、各类文化推广活动、世界中小学生夏令营、网络推广等形式传播中华文化,这些活动产生了积极影响,但在形式和内容方面仍然存在着主观性强、意识形态浓厚、投入产出不成比例等明显问题。因此,如何在中华文化传播的形式与内容方面更好地吸引受众,采取受众喜闻乐见又不失中华文化精髓的本土化形式,就成为一个迫切需要解决的问题。

4. 传播技术质量差距制约中华文化国际传播

中华文化国际传播技术相对于欧美来说,质量存在一定差距。业内人士认为,"尽管我国涉外频道都使用卫星来传送信号,但是比起有线

电视而言，信号要差很多，电视节目质量不高，再加上国外电视频道多达上百个，所以关注我国"CCTV 4""CCTV 9"频道及西法频道的人不多"①。中华文化国际传播中，新媒体形态的应用、渗透与西方媒介相比，还有相当大的差距，视频和音频传播速度等问题影响到中华文化国际传输质量。

21世纪，新媒体已成为国际传播发展的推进器。新一轮的话语权争夺战在虚拟空间开展，新媒体传播将成为主要的媒介。Facebook、Twitter等社交媒体在一些国家和地区的时局演变中起到了巨大作用；BBC、CNN等争相在第一时间实时跟踪、多媒体报道世界热点事件、热门话题，传达其价值取向。增强对外传播的话语表达能力，以先进技术作为信息传播后盾，已成为媒体发展建设的当务之急。

5. 中华文化国际传播流于形式，传播能力有待加强

当前，中华文化国际传播或多或少地流于形式，主要表现为所做的形式上的工作较多，真正深入"走心"的较少。"中国文化年"成为中华文化国际传播的代名词。国外相当数量的孔子学院沦为汉语培训机构，没有将传播中华文化作为工作重点。打造中华文化国际传播新概念、新范畴、新表述应该成为"孔子学院"的创新内容。在西方文化国际主流背景下，中华文化国际传播能力有待加强。西方国家凭借其国际大型跨国传媒集团强大经济实力、科技优势，成为国际文化传播市场的主导者，西方发达国家形成的现行传播体制也制约着像中国这样新兴发展中国家文化的国际传播。

同时，中华文化国际传播创新能力相对薄弱。中华文化伴随"一带一路"倡议国际化传播过程中，文化传播内容、方法创新度不够，在一定程度上制约了其国际传播能力。中华文化国际交流与传播方式相

---

① 参见《国外媒体传播手段的历史和现状》，来源：http://wenda.tianya.cn/question/7b6db10c.

对刻板与单一,导致中华文化在国际传播中灵活性缺乏,创新能力相对薄弱。传播中华文化过程中所使用的交流渠道和技术手段相对传统,传播形式相对简单,导致中华文化信息无法及时传递,受众使用率逐渐减少。

十七、新时代中华文化国际传播观

党的十九大报告指出,"讲好中国故事,展现真实、立体、全面的中国,提高国家文化软实力",为中华文化国际传播指明了努力方向。

1. "讲好中国故事"是中华文化国际传播最佳方式

讲故事是文化传播的最佳方式,要"用海外读者乐于接受的方式、易于理解的语言,讲述好中国故事,传播好中国声音,努力成为增信释疑、凝心聚力的桥梁纽带"[①]。"要加强国际传播能力建设,增强国际话语权,集中讲好中国故事,优化战略布局,着力打造具有较强国际影响的外宣旗舰媒体。"[②]

中华文明源远流长,中国人民勤劳智慧。在古老中华大地上,中国人民在艰苦环境中,用勤劳和智慧创造了灿烂的中华文化。然而,这些文化却没有被很好地讲述和倾听,存在着与西方之间的信息"逆差"、中国真实形象和西方主观印象"反差"、软实力和硬实力"落差"。"中国不乏生动的故事,关键要有讲好故事的能力;中国不乏史诗般的实践,关键要有创作史诗的雄心。"[③] 习近平同志提出树立强烈的文化自

---

① 习近平就人民日报海外版创刊 30 周年做出重要批示[DB/OL]. (2015-05-21)[2019-03-18] http://politics.people.com.cn/n/2015/0521/c1001-27038345.html.
② 习近平谈治国理政(第 2 卷)[M]. 北京:外文出版社,2017.
③ 习近平在中国文联十大、中国作协九大开幕式上的讲话[N]. 人民日报,2016-12-01(2).

信、解决好"挨骂"问题①，必须积极主动、久久为功地讲好中国故事，加强国际传播。要坚守中华文化立场，传承中华文化基因，展现中华审美风范；精心构建对外话语体系，努力争取国际话语权，积极传播中华文化，阐发中国精神，展现中国风貌。同时，需加强统筹协调，汇聚各方力量，整合各类资源，把中国故事讲得愈来愈精彩，让中国声音愈来愈洪亮②。

2. "传播好中国声音"是中华文化国际传播最佳手段

第一，讲好中国故事，创新表达方式至关重要。用精准、恰切、新颖语言真实、生动、鲜活地讲述中国故事，坚持事实、形象、情感与道理的有机统一。将"耳听"与"眼见"相结合，通过参访调研、发起论坛、组织研习营等活动形式，带领外国友人、记者和国际学生深入政府部门、科技企业、知名学府、红色教育基地、基层农村等社会各个层面实地考察，深入直观地了解中国，真实、立体、全面、多彩地展示中国。打造融通中外的新概念新范畴新表述，用中国理论阐释中国实践，用中国实践升华中国理论，使中国故事更好地被国际社会接受和认同。打造适应新时代国际传播需要的专门人才队伍，全面提升国际传播效能。充分发挥高校人才在中外人文交流中的作用，引导和鼓励教师、学生利用重大活动、重要节点和智库交流论坛等各种契机、各种平台讲好中国故事，发出中国声音。"自己讲"与"别人讲"相结合，善于借筒传声，扩大国际舆论朋友圈，鼓励其做中国故事的见证者、中国声音的传播者、中国形象的推广者。

第二，新兴媒体是高效快捷、覆盖面广的传播渠道，符合时代发展的特征和趋势，极大程度上满足了人们获取信息的需求。要"发挥好

---

① 中共中央文献研究室.习近平关于社会主义文化建设论述摘编［M］.北京：中央文献出版社，2017：211.
② 习近平.用社会主义核心价值观凝心聚力——关于建设社会主义文化强国［DB/OL］.(2016－05－05)［2019－3－18］http：//theory.people.com.cn/n1/2016/0505/c40531－28326337.htm.

新兴媒体作用,增强对外话语的创造力、感召力、公信力"。推动传统媒体和新兴媒体融合发展,将新兴媒体的渠道优势和传统媒体内容优势资源整合,取长补短,协同发展;"大力推进传统媒体与新兴媒体融合发展,增强主流媒体的传播力、公信力、影响力与舆论引导能力"①。动员大量跨国公司、国际组织、非政府组织等社会多方力量传播好中国声音。基于历史文化、社会制度和风俗习惯的异质性,中华文化国际传播需要构建一个国外受众乐意听、听得懂、可接受的对外话语体系。"要精心做好对外宣传工作,创新对外宣传方式、着力打造融通中外的新概念新范畴新表达。"② 总之,就是要用海外受众能接受的话语模式来更好地传播中国道路、中国制度、中国理念、中国文化,让中国观点融入世界语汇,成为国际共识。

3. "阐释中国特色"是中华文化国际传播最佳内容

《习近平谈治国理政(第一卷)·把宣传思想工作做得更好》指出,宣传阐释中国特色,要讲清楚每个国家和民族的历史传统、文化积淀、基本国情不同,其发展道路必然有着自己的特色;讲清楚中华文化积淀着中华民族最深沉的精神追求,是中华民族生生不息、发展壮大的丰厚滋养;讲清楚中华优秀传统文化是中华民族的突出优势,是我们最深厚的文化软实力;讲清楚中国特色社会主义植根于中华文化沃土、反映中国人民意愿、适应中国和时代发展进步要求,有着深厚历史渊源和广泛现实基础③。文化涵盖了风俗习惯、文明礼仪、思想理念以及宗教信仰等多个领域,是一个极其复杂庞大的工程体系。国家文化特色是对一个国家整体风貌的高度集中概括与表达,是一个国家区别于其他国家的独特标识和浓缩精华。"阐释中国特色"成为中华文化国际传播最佳

---

① 习近平谈治国理政 [M]. 北京:外文出版社,2017.
② 习近平谈治国理政 [M]. 北京:外文出版社,2017.
③ 习近平谈治国理政(第一卷)·把宣传思想工作做得更好 [M]. 北京:外文出版社,2017.

内容,"阐释中国特色"要讲清楚中国特色社会主义道路,讲清楚中华文化,讲清楚中华优秀传统文化和中国特色社会主义制度①。

抓住中华优秀传统文化独特优势,凝聚核心价值。作为四大文明古国中唯一不间断地保留到现在的国家,中国数千年的国家形态和文明传统从未断绝,中国传统文化闪烁着历史智慧。中华文化开放包容、崇尚和平、重义轻利等特色与特征造就了中国人自由平等、厚德载物、尊老爱幼、自强自立的良好品质。在信息突破壁垒、文明冲突对撞新的历史阶段,中国特色传统文化的优秀特质更闪烁着无与伦比的光辉。当今中国人在国际交流和对话中体现出天下大同、共同繁荣的博大胸怀。

提升中华文化国际传播能力是构建新发展格局内在要求。提高站位,强化传播意识,充分认识"重要窗口"国际传播的重要性、必要性、紧迫性,形成"政府主导、部门负责、行业引领、全民参与"的中华文化国际传播大格局。

完善相关制度建设,将国际传播工作纳入制度化、规范化、科学化轨道,形成长效机制,确保中华文化国际传播高质量发展。完善规划,做好布局,构建全方位的中华文化国际传播体系。加快建设中华文化国际传播中心、"一带一路"中华文化传媒矩阵和智媒联盟,在有条件的国家设立分台、分中心,建设"世界看中国"窗口。

4. "树立中国形象"是中华文化国际传播最佳目标

国家形象是一个国家在国际社会的"声誉资本"。在全球化的时代潮流中,塑造良好的国家形象对于增强综合国力,维护国家安全,提升国际地位和提高国际竞争力意义重大。讲好中国故事的背景下,中国国家形象的定位和塑造问题显得尤为重要。"要注重塑造我国的国家形象,重点是展示中国历史底蕴深厚,各民族多元一体、文化多样和谐的

---

① 习近平谈治国理政[M]. 北京:外文出版社,2017.

文明大国形象,政治清明、经济发展、文化繁荣、社会稳定、人民团结、山河秀美的东方大国形象,坚持和平发展、促进共同发展、维护国际公平正义、为人类做出贡献的负责任大国形象,对外更加开放、更加具有亲和力、充满希望、充满活力的社会主义大国形象。""要认识今天的中国、今天的中国人,就要深入了解中国的文化血脉,准确把握滋养中国人的文化土壤。"① 文化是塑造国家形象的灵魂和核心,是展现国家形象的前提和基础,作为具有悠久历史和灿烂文化的文明古国,浩瀚五千年的文明史为中国形象塑造提供深厚的文化滋养。中国人内敛含蓄的民族性格着重强调中华文化的内秀,强化内功但不重视中华文化国际传播严重削弱了中华文化国际吸引力和影响力。为此,应挖掘内在资源,"加强中外人文交流,以我为主,兼收并蓄。推进国际传播能力建设,讲好中国故事,展现真实、立体、全面的中国"②。

建立中华文化国际传播品牌,积极正面传播中国形象。讲好中国共产党故事,帮助国外民众了解"中国共产党为什么能、马克思主义为什么行、中国特色社会主义为什么好";积极宣介"绿水青山就是金山银山"的"绿色"实践;展示海洋与数字经济、互联网+、智慧城市、未来社区等的"蓝色"板块;传播硬核抗疫精神、援非医疗队等的"洁白"风采;彰显我国制造业、产业链优势的"金字"招牌等,打造辨识度高的反映中华文化特质的国际传播品牌。

抓住重要契机,加强议题设置,提升中国国际形象。依托重要活动、重大赛事等国际传播的重要载体,展现中国国际形象。北京冬奥会、杭州亚运会等融入中国风的文创产品,充分利用互动短视频、移动直播、app、小程序等平台,开拓专项传播平台,主动为驻华外媒提供鲜活的传播内容,引导议程。在国际传播平台开设多语种专栏,培育领

---

① 习近平在纪念孔子诞辰 2565 周年国际学术研讨会暨国际儒学联合会第五届会员大会开幕会上的讲话 [N]. 人民日报,2014-09-25(4).
② 中国共产党第十九次全国代表大会文件汇编 [M]. 北京:人民出版社,2017:35.

军媒体和旗舰外宣平台。全面升级城市群国际形象。提升城市国际化水平，完善城市群公共服务设施，突出公共性和视觉化，以城市群为龙头带动整个中国国际形象提升。

十八、"一带一路"倡议提出与实施提升中华文化国际化水平

党的十八大提出开创中华文化国际影响力不断增强的新局面，"一带一路"倡议的提出与实施创新政策更是进一步影响中华文化国际传播与传播的国际化水平提升。准确衡量"一带一路"倡议对中华文化国际化效果的影响已成为各界的关注热点与研究重点。我们基于双重差分模型，采用 2013 年 9 月至 2018 年 9 月"一带一路"沿线 10 个主要国家或地区的面板数据，对"一带一路"倡议的创新政策效果进行量化评估。

遵循"一带一路"倡议对中华文化客源市场国际化与中华文化经济国际化的影响，研究发现：第一，从来华留学人次指标来看，"一带一路"倡议的创新政策并未有效提升中华文化市场国际化水平；第二，从国际文化外汇收入指标来看，"一带一路"倡议尚未显著提高中华文化经济国际化水平；第三，机制识别结果显示，"一带一路"倡议提出与实施并未有效提升中华文化国际化水平，也尚未有效推动中华文化国际化水平综合效益的提升。因此，今后"一带一路"倡议创新政策重点应在于精准掌握中华文化内涵、精髓与国际传播状况，扩展"一带一路"倡议下中华文化国际传播提升路径，构建"一带一路"倡议下中华文化国际传播路径提升政策支撑体系等，全面助推提升中华文化国际化水平。

(一) 问题提出

"中国内容、国际表达"是为了消除跨文化传播中的误解，提高传播实效；"全球内容、中国价值"则旨在掌握更多话语权。党和国家一直非常重视对外传播话语体系的构建。从实际操作层面，除沿线66个国家或地区外，2019年，意大利同我国签署关于共同推进"一带一路"建设的谅解备忘录，成为第一个加入"一带一路"倡议的西方发达国家。截至2020年年底，我国已经与138个国家和地区、31个国际组织签署203份共建"一带一路"合作文件。"一带一路"倡议赢得越来越多国家的支持。正如《经济学人》评论称，"几乎没有一个相关国家不愿加入'一带一路'倡议"。由"一带一路"沿线国家1 216名学者倡议发起的国际民间节日"'一带一路'国际日"被定为每年12月16日①，这是首个起源于东方国家、代表东方国家文化自信的国际民间节日，标志着中华文化国际水平的进一步提升。"一带一路"倡议的提出与实施为中华文化国际传播带来了新的契机。

国内外学者针对中华文化国际传播的研究主要集中在：文化国际影响力的内涵和评价标准研究（Joseph S. Nye, Jr., 2005；Samuel Phillips Huntington, 2010；郑海兵，2012；关世杰，2015），文化国际传播研究（W. B, Gudykunst, 1997; John Atkinson Hobson, 1938; Marshall Mcluhan, 1964; Robert S Fortner, 2017; Daya Kishan Thussu, 2010；田智辉，2010；王庚年，2011；单波，2016），中华文化国际影响力存在的问题、制约因素研究（万光侠，2017；Alvin, 2013；冯颜利，2013；肖珺，2015），提升中华文化国际影响力的路径研究（宋小霞，2019；赵海滨，2007；魏佐国，2013；欧阳雪梅，2014，2015；刘迎胜，2017；

---

① http://www.js7tv.cn/news/201712_124317.html.

林梅村，2016）等。总的来说，当前对提升中华文化国际影响力的研究已经取得一些成果，为今后相关课题的分析探讨提供了有价值的参考。但"一带一路"倡议对中华文化国际化水平提升的效果缺乏相应评价，尤其如何依托"一带一路"倡议提升中华文化国际传播路径有待进一步精准化，系统把握和了解提升中华文化国际影响力的多维实现途径，理论分析和实践指导性都还有待进一步深入和提高。

参照双重差分（DID）模型的基本思路，我们采用2014—2018年"一带一路"沿线66个国家或地区面板数据，对"一带一路"倡议实施政策促进中华文化国际化水平的效果进行精确评估。评价思路为："一带一路"倡议提出与实施，一方面影响了同一地区中华传统文化国际化水平的前后差异；另一方面影响了在同一时点不同地区中华传统文化国际化水平的相互差异。通过进一步控制其他影响中华传统文化国际化水平的因素，分别计算两组国家或地区在"一带一路"倡议提出与实施前后的变化量，以及这两个变化量的差异，进而识别出"一带一路"倡议政策实施所带来的净效果。研究的学术贡献在于：首先，在国内文献中首次运用DID方法识别出"一带一路"倡议提出与实施对中华文化国际化水平提升的净效果，为中华文化国际传播与国际化水平综合提升评估提供进一步翔实可靠的数据参考；其次，通过构建一个多期的DID模型，进一步识别了"一带一路"倡议提出与实施对中华文化国际化影响的动态效应及其在时间上的变化趋势；最后，精准识别"一带一路"倡议提出与实施对中华文化国际传播的关键制约因素。

（二）研究样本与研究方法

"一带一路"倡议的提出与实施为中华文化国际传播提供了一定"优惠政策"。我们将这项外生的改革创新政策视为一种"准自然实验"，通过双重差分DID方法对中华文化国际化水平的政策效果进行评估。双重差分作为一种分析政策效果的计量方法，被广泛应用于视制度变迁与制度创新为外生经济系统的"自然实验"（陈林，伍海军，2015）。

1. 计量模型设定

课题组将样本地区分为受到"一带一路"倡议影响的实验组（"一带一路"沿线国家或地区，试点国家或地区）与未受到"一带一路"倡议影响的控制组（"一带一路"沿线以外的国家或地区，非试点国家或地区）。通过 DID 方法计算实验组与控制组在"一带一路"倡议实施前后的变化量，在此基础上计算两个变化量的差值，即倍差。具体模型如下：

$$ICC_{it} = 0 + \beta_1 P_{it} + \beta_2 T_{it} + \beta_3 (P_t \times T_{it}) + \beta_4 Z_{it} + V_{it} \qquad (18-1)$$

其中，下标 i 和 t 分别代表第 i 个国家或地区和第 t 年，Z 代表一系列控制变量，V 代表随机扰动项，被解释变量 ICC 表示"一带一路"沿线各国家或地区中华文化国际化水平。中华文化国际化水平主要体现在以下两个方面（万光侠，夏锋，2019）：文化客源市场国际化（具体表现为"一带一路"沿线国家或地区来华留学生不断增多、海外文化客源市场扩大化与多元化等）和文化经济国际化（具体表现为文化外汇收入增长）。使用来华留学人次和国际文化外汇收入两个指标来分别衡量各个样本的文化客源市场国际化和文化经济国际化水平。P_{it} 为政策虚拟变量，若属于控制组，则取值为"0"，若属于实验组，则取值为"1"。T_{it} 为时间虚拟变量，2013 年 9 月前（"一带一路"倡议提出与实施前的年份）取值为"0"，2013 年 9 月及其后（"一带一路"倡议提出与实施后的年份）取值为"1"。由于"一带一路"倡议是 2013 年 9 月提出的，研究采用从 2013 年 9 月到 2014 年 9 月为第一个年度，到 2015 年 9 月为第二个年度，以此类推。交乘项 $P_{it} \times T_{it}$ 前面的系数 β_3 是倍差计量，用来衡量政策净效应，即 DID 方法估计的重点。若该统计量在一定条件下显著为正，则表示"一带一路"倡议的提出与实施提升了中华文化国际化水平。

2. 研究样本

研究选取了"一带一路"倡议提出与实施前后英国、巴西等沿线以外的国家或地区作为控制组。根据地理区位，选取与"一带一路"沿线国家相近的国家或地区作为控制组，将奥地利、瑞士、列支敦士登、德国、韩国、日本、朝鲜、关岛、黎巴嫩、东帝汶等10个国家或地区作为控制组样本。主要原因在于：（1）与实验组国家或地区相同，控制组国家或地区均为"一带一路"沿线附近但未加入"一带一路"倡议的国家或地区；（2）与实验组国家或地区相同，控制组国家或地区在历史上是与中国具有一定的密切关系的国家或地区。

3. 数据来源

研究将2012年9月至2013年9月这一年度作为"一带一路"倡议提出与实施的前一年，2013年9月至2014年9月作为"一带一路"倡议提出与实施第一年，2017年9月至2018年9月作为"一带一路"倡议提出与实施第五年。研究使用的相关数据主要来自《中国海关统计年鉴》《中国文化年鉴》《中国旅游统计年鉴》《中国统计年鉴》以及国家文化和旅游部数据中心。研究以2012年作为基期，名义变量值使用平减指数进行进一步修正。

4. 变量设置

文化资源禀赋体现了各地区、各民族相对丰富的文化资源要素，它是文化创意产业以及其他产业的重要投入要素。在社会经济的发展过程中，各地区、各民族依托其特色资源生产出优势文化产品，文化资源禀赋也因此成为提升区域竞争优势以及经济增长的内在变量。各地区文化资源禀赋指标包括非物质文化资源禀赋以及社会文化资源的数量和质量。媒介高效性关系到如何提升媒体影响力、打造媒体品牌、打造媒体自信。有影响力的媒体是一个品牌媒体，品牌媒体是一个有公信力的媒体,有公信力的媒体是一个有责任、有担当的媒体,有"世界眼光、人类胸怀"的媒体。客观公正打造媒体自信的内涵。新媒体大变革称为当前中华文化国际传播的文化传播环境。新媒体改变了传统传播模式和传统文化的完整性。新媒体的出现,为传统文化提供了新的传播载体和方式。未来,传统文化传播路径要继续以传统媒体平台为载体,融合新媒体传播方式,拓宽传统文化的传播渠道,创新传播方式,构建传统媒体与新媒体共存的传统文化传播新格局。

为保证所设计回归模型的稳健性,研究从文化资源禀赋、媒介高效性、文化传播环境3个方面选取控制变量。基于国家或地区层面数据可获得性考虑,选取以下4个变量作为控制变量(见表18-1)。

表18-1 计量模型中的变量说明

类型	变量名称	变量符号	计算说明
文化国际化水平	文化客源市场国际化	ICC_1	对来华留学人次取对数
	文化经济国际化	ICC_2	对国际文化外汇收入取对数
文化资源禀赋	文化资源丰富度	RCR	中国特有文化资源丰富程度
媒介高效性	文化主流媒体积极性	ECM	虚拟变量,积极性高取值为"1";积极性不高取值为"0"
	文化传播路径多元化	DCC	虚拟变量,多元化取值为"1";单元化取值为"0"
文化传播环境	文化国际交流水平	LIE	采用与中国文化交流次数占该国际文化总次数之比来衡量
政策变量	"一带一路"倡议	P	虚拟变量,政策覆盖国家或地区取值为"1";未覆盖到取值为"0"

资料来源:课题组整理而得。

5. 描述性统计

课题组计量模型中各变量的描述性统计如表18-2所示。

表 18-2　　　　　　　　主要变量的描述性统计

变量	均值	标准差	最小值	最大值
ICC_1	3.7986	1.2012	1.6978	6.2031
ICC_2	9.9989	1.4021	7.3998	12.1011
RCR	27.78	20.01	2.6	79
ECM	0.4777	0.4998	0	1
DCC	0.6011	0.5003	0	1
LIE	0.6797	0.6245	0.0059	2.4518
P	0.1667	0.3835	0	1

资料来源：课题组计算整理而得。

（三）计量结果与分析

1. 双重差分模型检验

作为一项重要的创新政策，"一带一路"倡议提出与实施提供了一个准自然实验。为考察"一带一路"倡议提出与实施对中华文化国际化水平提升的动态效应以及在时间上的变化趋势，课题组构建了一个为期 5 年，即从 2014 年 9 月至 2018 年 9 月的多期 DID 模型。表 18-3 报告了 2014 年 9 月至 2018 年 9 月"一带一路"倡议提出与实施的每一年度文化国际化水平所受到的影响。表 18-3 中，"模型 1""模型 3"为加入控制变量的估计结果，"模型 2""模型 4"为加入了控制变量后的结果。"模型 1""模型 2"研究了"一带一路"倡议提出与实施对中华文化国际化的影响，"模型 3""模型 4"研究了"一带一路"倡议提出与实施对中华文化经济国际化的影响。

表 18-3 中，"模型 3"第二行报告了是否实施"一带一路"倡议相关创新政策对实验组与控制组的影响。从总体上看，来华留学、国际文化外汇收入方面，"一带一路"倡议提出与实施对中华文化国际化水平的影响并不显著。表 18-3 中，"模型 1"显示，若不加入控制变量，

在"一带一路"倡议提出与实施第一年和第五年,该倡议对中华文化市场国际化水平提升影响不显著;在"一带一路"倡议提出与实施第二年、第三年、第四年,该"倡议"对中华文化市场国际化水平提升表现出一定的促进作用,且在5%水平上显著。"模型1"回归结果 R^2 值很小,仅为0.0701,说明该模型拟合度比较小,解释度还不够。表18-3中,"模型2"加入控制变量后,回归结果发现,当控制文化资源禀赋、媒介高效性、文化传播环境等影响中华文化国际传播的主要因素后,"一带一路"倡议提出与实施五年来,各年度对中华文化市场国际化水平提升的影响均表现为不显著。

表18-3中,"模型3",在加入控制变量时,"一带一路"倡议提出与实施5年后,各年度对中华文化经济国际化水平提升的影响均不显著。表18-3中,"模型4"当控制住文化资源禀赋、媒介高效性、文化传播环境等影响中华文化国际传播的主要因素后,"一带一路"倡议提出与实施5年后,各年度对中华文化经济国际化水平提升的影响也均不显著。

表18-3   "一带一路"倡议实施效果及时间趋势

变量	文化市场国际化模型1	文化市场国际化模型2	文化经济国际化模型3	文化经济国际化模型4
"一带一路"倡议政策(P)	-1.1301 (-1.17)	-0.7598 (-1.49)		-0.7987 (-1.30)
倡议实施第一年(P, $T_{2014.09}$)	0.2699 (1.34)	0.1998 (1.10)	0.2219 (0.89)	0.1503 (0.72)
倡议实施第二年(P, $T_{2015.09}$)	0.4410** (2.31)	0.3010 (1.39)	0.3501 (1.51)	0.2669 (1.09)
倡议实施第三年(P, $T_{2016.09}$)	0.4595** (2.39)	0.3502 (1.61)	0.3389 (1.46)	0.2801 (1.13)
倡议实施第四年(P, $T_{2017.09}$)	0.4203** (2.21)	0.2910 (1.41)	0.3017 (1.30)	0.2201 (0.89)

续表

变量	文化市场国际化模型1	文化市场国际化模型2	文化经济国际化模型3	文化经济国际化模型4
倡议实施第五年（P, $T_{2018.09}$）	0.2398	0.1403	0.0890	0.0310
	(1.24)	(0.67)	(0.37)	(0.12)
控制变量系数				
RCR		0.0117***		0.0183***
		(3.17)		(4.13)
ECM		0.1701*		0.0901
		(1.80)		(0.88)
DCC		0.4596**		0.4899**
		(2.39)		(2.31)
LIE		0.64988***		0.7111***
		(3.19)		(2.88)
Constant	3.9972***	2.8703***	9.9987***	8.7875***
	(9.88)	(9.87)	(269.79)	(25.99)
Prob > F	—	—	0.5910	—
Prob > chi2	0.1768	0.0000	—	0.0000
R – squared	0.0701	0.8401	0.0650	0.7980
Model	RE	RE	FE	RE

注："***""**"和"*"分别表示1%、5%和10%的显著性水平。

资料来源：课题组计算整理而得。

表18-3中，"模型2""模型4"中控制变量回归结果显示，文化资源禀赋、媒介高效性、文化传播环境等控制变量回归结果符合研究预期，基本通过了计量模型中的显著性检验。文化资源禀赋对来华留学人次、国际文化外汇收入提高有显著的促进作用，且都在1%显著水平上显著。从媒介高效性来看，文化国际传播对传播媒介高度依赖，来华留学人次、国际文化外汇收入与国家或地区传播媒介的多元化以及高效性具有密切关系。媒介的高效性及多元化对于来华留学人次的增加有一定的积极作用，对于国际文化外汇收入提高的作用则不明显。究其原因，

可能是"一带一路"沿线 66 个国家或地区处于发展中国家水平的缘故。从文化传播环境来看,文化国际交流水平的提高对来华留学人次、国际文化外汇收入提高有显著的促进作用,且都在 1% 水平上显著。

2. 影响"一带一路"倡议实施效果的主要因素分析

从表 18-3 中双重差分模型结果发现,从来华留学人次、国际文化外汇收入两个重要指标看,"一带一路"倡议提出与实施对中华文化国际化水平提升的影响并不显著。那么,是什么原因导致"一带一路"倡议提出与实施的政策效应未得到有效发挥呢?从表 18-3 "模型 3"中控制变量结果可以看出,文化资源禀赋、媒介高效性、文化传播环境等三方面的因素对文化客源市场国际化以及文化经济国际化具有重要意义。因此,课题组通过考察"一带一路"倡议提出与实施对中华文化国际化水平促进因素的作用来考察"一带一路"倡议政策背后的机理。

在表 18-3 中,"模型 4""一带一路"倡议提出与实施对于 HSR 显著为正,对于 RES、AIR、EXP 的影响表现为不显著,说明,"一带一路"倡议提出与实施与文化主流媒体积极性以及文化传播路径多元化存在一定的关联性,对其他中华文化国际化水平提升促进因素(文化资源禀赋、文化传播途径)的影响则不明显。

表 18-4　"一带一路"倡议提出与实施对中华文化国际化水平提升的作用

变量	RCR	ECM	DCC	LIE
P*T	3.0250	0.6403***	0.0240	-0.1407
	(0.59)	(2.96)	(0.27)	(-1.69)
Constant	27.0321***	0.3670***	0.5898	0.7013***
	(4.79)	(3.05)	(4.19)	(3.80)
Prob > F	—	—	—	—
Prob > chi2	0.5807	0.0031	0.8012	0.1103
R-squared	0.0581	0.0830	0.0998	0.0937
Model	RE	RE	FE	RE

注:"***""**"和"*"分别表示 1%、5% 和 10% 的显著性水平。

资料来源:课题组计算整理而得。

3. 进一步原因的探讨

首先，从国际话语权来看，第二次世界大战以后，西方发达国家依靠强大的经济实力对外输出"西方民主"，把自己的价值观凌驾于其他国家之上，成为几十年来的国际价值体系。中国传统优秀文化由于近代的落后在国际话语权中丧失了一定优势，并且仍处于劣势地位。发达国家，人口数量占世界总人口的20%，无线电频率却占90%，直接造成西方国家对发展中国家的新闻霸权（蒋晓丽，王积龙，2005）。西方发达国家借助英语作为国际语言的强势地位，进一步强化其话语霸权。这影响了中华文化传播的国际化水平。

其次，文化差异造成意识形态偏见。西方认知体系将中华文化界定为"东方主义"思维，人为地将世界划分为西方与东方两个相互对立的政治文化体系。由于第二次世界大战以后西方国家经济快速发展，经济实力远远超过东方，其被宣传为理性、进步、民主与和平的，东方则被宣传为非理性、落后、专制的。"中国威胁论""中国崩溃论"等文化霸权意识下的产物长期存在。意识形态的长期偏见严重影响了中国形象在西方媒体中的呈现。美国媒体长期打着"人权"的幌子带着"有色眼镜"从意识形态上诋毁中国。他们有意曲解灾难性突发事件，用其惯用的冲突框架，强调诸类灾难性事件是中国政府一味追求经济发展所带来的负面效应（王传军，2014）。对于中国政府2013年提出的"一带一路"倡议，美国等西方政府也是以"新殖民主义"来抵制与"抹黑"。

最后，国际文化市场，北美势头依然强劲。从国际上看，北美地区文化市场成熟度很高，在国际上居于领先地位；欧洲市场基于地区保护主义，着眼点是如何保护其自身市场，在国际市场竞争中处于守势地位；亚太地区，特别是中国提出"一带一路"倡议以及中国进一步改革开放等战略促进了亚太文化市场逐渐强劲势头。但是，美国在国际文化市场中的世界霸主地位将在一定时期内延续。以国际电影业为例，

2017年，美国电影业在美国市场份额为92.1%，在欧盟市场份额为66.2%。全球在线电视和视频市场的收入在2014—2020年显著增加。美国仍然是在线电视和视频收入最高的国家，总收入增幅为65.03%。中国在线电视和视频总收入虽然不高，但增长速度最快，到2020年已达到30.3亿美元，位居世界第三位。从市场总规模来看，欧洲属于另一个电影重镇。以2017年为例，欧盟国家的总票房达到79.3亿美元，观影达到9.844亿人次，年观影达到1.9次。

（四）主要结论和启示

"一带一路"倡议提出与实施以来，中国政府深化了"走出去"与"引进来"的层次与深度。受美国政府贸易保护主义影响，特别是特朗普上台以后，美国政府更是在战略上公开把中国列为三大对美威胁之一；地缘政治上，美国与日本、印度和澳大利亚搞"亚洲小北约"四国同盟；产业政策上，其变本加厉打压中国企业，阻碍中国产品进入美国市场；在文化上，美国更是宣扬中国为"新殖民主义文化侵略"。这些延缓了中华文化的国际化水平的提高。"一带一路"倡议是在全球化背景下，以扩大中国对外开放、加强丝绸之路文化交流、践行社会责任、构建命运共同体为重点，在"一带一路"沿线国家或地区实行的一项重大的区域经济、文化、社会等综合发展的战略。实施多年，如何准确客观评价"一带一路"倡议对中华文化国际化水平的影响是政府和学术界高度关注的重要问题。通过采用双重差分模型，对2013年9月至2018年9月与"一带一路"沿线国家相近的10个国家或地区的面板数据进行分析，得出"一带一路"倡议对中华文化国际化影响的净效应。研究表明，截至2018年9月：第一，从来华留学人次指标来看，"一带一路"倡议的创新政策并未有效提升中华文化市场国际化水平；第二，从国际文化外汇收入指标来看，"一带一路"倡议的实施并未显著提高中华文化经济国际化水平；第三，机制识别结果显示，"一带一路"倡议提出与实施并未有效提升中华文化国际化水平，也并未有效推动中华文化国际化水平综合效益的提升。

从中华文化国际化水平的直接结果来看，截至 2018 年 9 月，"一带一路"倡议并未显著提升中华文化国际化水平。中国要构建包括文化在内的命运共同体任重道远，需要进一步进行创新。主要建议如下。

1. 精准掌握中华文化内涵、精髓与国际传播现状

当前对提升中华文化国际传播研究已经取得一些成果，为今后相关课题的分析探讨提供了有价值的参考，但仍存在一些不足：一是对文化、中华文化、中华文化国际影响力等相关概念阐释不清，对它们彼此间的关系分析得也不够透彻，相关的理论分析有待加强。二是对中华文化国际影响力建设的历史演进梳理得不够清晰和全面。为此，我们建议：第一，加强中华文化国际传播相关理论研究，主要包括对中华文化的内涵及其表现、文化影响力的构成要素及其评估层次、中华文化国际影响力的解析等方面的研究。第二，厘清中华文化国际传播历史演变研究。主要从酝酿阶段（1978—1997 年）、萌芽阶段（1997—2007 年）、快速发展阶段（2007—2011 年）、全面推进阶段（2011 年以来）等阶段总结中华文化国际传播的实践经验与存在的问题。第三，归纳总结中华文化国际传播的精髓，从天下文明、四海为家、礼尚往来、守正持中、和而不同、义重于利、平等共治、顾全大局等方面归纳总结中华文化在"一带一路"建设中贡献的中国价值。第四，基于异质性理论探寻"一带一路"沿线中华文化国际传播认知距离。"一带一路"倡议为提升中华文化国际影响力注入新内涵、提供新机遇、拓展新空间以及新成果等展开研究，针对不同国家或地区文化差异、传统差异等造成的认知距离，建议采用 Kogut 和 Singh（1998）文化距离指数与欧式距离指数比较方法，精准测算"一带一路"沿线中华文化国际传播认知距离。

2. 扩展"一带一路"倡议下中华文化国际传播提升路径

基于当前中华文化传播的路径比较多，但是没有系统把握和了解提升中华文化国际影响力的多维实现途径，理论分析和实践指导性上都还有待进一步深入。为此，基于由单向传播转向互动传播、中华文化国际表达、精准传播、"量体裁衣"、选对主题等中华文化国际传播新理念，建议从建立"中华文化全球传播"国家平台、丰富文化传播与交流合作的内涵与形式、强化中国特色文化话语体系建设、讲好中国故事、传播好中国声音等新路径方面进行提升，具体表现为塑造多维度影响者（培养文化传播人才、感召文化使者、提高民众文化素养）、打磨高质量内容（做深中华文化传统精神内核，传播社会主义核心价值观、创新文化影响形式，展现中国新形象）、培养高效力媒介（加快媒体融合，打造具有世界竞争力的新型主流媒体、发挥海外华文媒体优势、实现传播渠道双向转变）、加强对被影响者的把握（认清、尊重差异，寻求共同价值诉求；实施他国受众需要视角下的中华文化对外传播）、争取有利国脉环境（世界新机遇、话语权）等，在"一带一路"倡议下提升中华文化国际传播力。

3. 构建"一带一路"倡议下中华文化国际传播路径提升政策支撑体系

加强"一带一路"倡议下中华文化国际传播路径提升的政策支撑体系，我们建议：第一，构建具有中国特色的文化价值体系。第二，提高议题设置能力，构建中国自身话语体系。第三，尊重海外受众习惯，讲好中国故事，从"术"—"台"—"能"等方面讲好中国故事。"术"即讲好中国故事的艺术，达到传道释疑解惑目标使受众受之有益、听之有趣、使之有用。"台"即讲好中国故事的平台，充分利用诸如国际组织、多边场合、国际会议会展等公共平台，加快跨文化、跨语言、跨区域传播。"能"即利用现代传播手段，把握新理念、掌握新技术、占领新平台、学习新本领进行国际传播的能力。国际国内宣传内外贯通、同频共振。精准提炼中华文化关键词聚焦中华文化话语品牌，正确真实传递中国国际形象，共塑中国形象。第四，重视新老媒体融合发展，拓展对外传播平台，建设多语种网站、网络电台、网络电视台、手机广播电视、app 新闻终端服务，形成视听互动、资源共享、形态融合、语种集合的对外传播格局。打造一批形态多样、手段先进、具有竞争力的新型主流媒体集团。第五，构建立体多样、融合发展、联通世界的现代传播体系，在世界媒体格局中实现"弯道超车"，让满载中国好故事的文字、声音、视频等信息更广泛地传播出去。第六，积极推行孔子学院国际化，发挥广大华侨华人的独特作用等政策支撑体系。

需要指出的是，本书研究还有进一步完善的空间与内容。

一是对中华文化国际化水平量化问题。国际化是一个复杂而综合的概念，中华文化国际化内涵更是几千年来中华文明的精髓凝聚。中华文化国际化水平不仅体现在中华文化客源市场国际化与中华文化经济国际化两个量化指标上，还体现在中国文化产品国际化、环境国际化、管理与传播国际化等方面。研究以来华留学人次、国际文化外汇收入两个关键指标，比较客观地量化了中华文化客源市场国际化与中华文化经济国际化两个概念。鉴于篇幅有限，关于"一带一路"倡议对中华文化国际化水平提升的其他方面相关影响，还有待进一步研究与深化。

二是对"一带一路"倡议政策效应评估的期限问题。研究仅基于"一带一路"倡议提出与实施 5 年的效果，而中国政府提出的"一带一路"倡议是百年大计，国家还会进一步创新政策，这将对中华文化国际化水平提升产生长期效果，有待进一步研究与跟进。

十九、"一带一路"倡议下中华文化国际传播提升路径

基于前文理论与实证结果,以及由单向传播转向互动传播、中华文化国际表达、精准传播、量体裁衣、选对主题等中华文化国际传播新理念,拟从建立"中华文化全球传播"国家平台、丰富文化传播与交流合作的内涵与形式、强化中国特色文化话语体系建设、讲好中国故事、传播好中国声音等新路径进行探讨。

(一)构建中华文化传播体系,增强中国文化软实力和国际话语权

文化自信是更基本、更深沉、更持久的力量。推进中华文化国际传播,坚定文化自信,让中华优秀传统文化、革命文化和社会主义先进文化有效地走向世界,使其成为不同语种、不同地域、不同国家和平交流沟通的媒介,展现最真实和最立体的中国道路、中国模式与中国理念,构建具有鲜明特色的中华文化传播体系,增强中国文化软实力和国际话语权。

1. 聚焦中华文化国际传播内容,构建中华文化传播体系

立足 5 000 年中华文明,全面阐述新时代我国发展观、文明观、安全观、人权观、生态观、国际秩序观和全球治理观。坚持人类命运共同体核心理念,向世界表达和平、和睦、和谐理念,营造和谐共生的国际氛围。立足中国特色社会主义,生动展现中国道路、中国模式、中国理念等,让国际全面真实了解中国基本国情,实现中西发展模式对话与交

流。立足全面建设社会主义现代化国家，生动展现与传播中国式现代化新道路。

2. 中华文化国际传播话语方式，构建中华文化传播体系

用符合西方民族文化心理的话语方式有效传播中华文化，塑造自信、有为、谦虚的中国话语，可信、可爱、可敬的中国形象。基于西方价值理念、政治立场、思维方式的不同，有效采取国际话语对中华文化进行传播，消除误解、误判和误读。采用符合西方人的思维方式、话语特点、心理规律的叙事和话语，打造适应国际传播规律与体现中国自信谦逊气质兼具的新时代国际传播话语体系，展现中国道路、中国制度和中国理念，塑造中国形象，提升中国国际话语权。

3. 创新中华文化国际传播方式和手段，构建中华文化传播体系

用贴近不同区域、国家、群体受众的精准传播方式，推动中华文化全球化、区域化、分众化传播。官方文化合作项目与民间交流项目倡导共同推进中华文化对外传播，进行分众化和区域化表达，扩大对外交流合作辐射面。创新中华文化国际传播体制机制，促进全球表达，增强中华文化国际话语权和文化软实力。运用云计算、大数据、人工智能和区块链等先进信息技术，优化中华文化国际传播方式和手段，精准沉浸式传播。

（二）基于培养、感召、提高视角塑造多维度影响者

1. 加强队伍建设，构建传播网络，形成外宣合力

提升中华文化国际传播成效关键在人。创新中华文化国际传播人才培养模式。依托文化学科、传播学科高校优势，引育中华文化国际传播内容、技术、运营、管理专门人才，建立中华文化国际传播人才培育专项基金和重点实验室，培养中华文化国际传播高水平复合型人才。多渠

道输送中华文化国际传播人员到国外学习交流。发挥中华文化多元主体作用，依托中华文化国际人文交流基地、海外联谊会、商会、华人华侨的桥梁纽带作用，引导鼓励企业、高校、社团、公民个人参与中华文化国际传播。

2. 培养中华文化国际传播人才

习近平同志在"一带一路"倡议提出之初就明确指出"着力深化人才培养合作""携手打造'智力丝绸之路'"。中国现有的人才培养模式与"一带一路"建设对中华文化国际传播专门人才需求标准存在着一定差距。高校是科技、人才与创新的集散地，必须主动对接"一带一路"建设，潜心研究"一带一路"做什么事、需要什么样的人、如何培养这样的人等基本问题，把服务"一带一路"行业发展作为学科建设、课程体系建设的前提，从培养理念、师资队伍建设、校企结合等方面下功夫，从被动向主动转变，以差异性研究为参考，切实找到"一带一路"建设中的人才问题，在提升人才服务能力的过程中提升高校人才培养质量，推动高等教育改革。此外，还要加强理论与实践有机结合的中华文化国际传播人才的培养，基于跨文化交流与传播，增加相应国际交流与实践，加强国际培养，亲身体验跨文化交流与沟通，同时建立健全合理国际人才引进机制。

中华文化国际化传播人才肩负提升中华文化国际影响力的使命，培养中华文化国际传播人才，首先要培养树立正确中华文化国际立场，强化中华文化国际传播责任意识。其次要坚持走复合型国际培养模式。中华文化国际传播人才需要兼顾专业技能、中华文化知识储备、语言表达能力、国际交际能力等，应与高等院校合作实施多元化、跨学科、复合型培养模式，加大高层次中华文化国际传播人才培育与培养。

大力培养中华文化国际传播人才，既具有深厚的马克思主义理论修养，又掌握国际传播理论和规律；既熟悉不同国别的文化习俗，又了解民族文化心理规律；既精通外语，又懂现代信息技术。

3. 感召中华文化国际传播使者

海外5 000多万华侨华人是中华民族重要组成部分，是中华文化在世界上的传承者与传播者，是中华文化在世界上的缔造者和铸魂者。中华文化最初走出国门走向海外正是通过华侨华人的传播，世界各国人民正是通过认识了解这些华人华侨，才了解、认识了中国和中国人民，因此尽可能地感召更多文化使者是当务之急。必须重视海外人士，包括海外侨胞、港澳台同胞、国外人士等在文化方面的传播力量。

华侨华人在中华文化国际传播中具有多元性与整体性、包容性与开放性、人本性、途径多样性、现实性与时代性等特点并发挥着巨大作用。海外华侨华人在中华文化传播中高度重视中华文化的传统内容与形式的同时，注重中华文化的现实内容与形式。辛亥革命时期，正是海外华侨华人社会中华文化的传播为革命创造了文化舆论环境与条件，紧密配合了革命的现实需要。新中国成立前后，海外华侨华人为东方睡狮的觉醒摇旗呐喊，为新中国加油鼓劲，积极宣传，创造必要的国际环境。中国改革开放以来，海外华侨华人为改革奔走呼号，利用多种形式宣传中国改革开放取得的巨大成就，为提升中华文化软实力、树立中国崭新的国际形象而不懈努力。这是中华文化传播的时代要求，华侨华人自觉适应这一时代的现实要求，使中华文化传播更有现实感、时代感，促进了中外现代文明的对话与交流[①]。

进一步扎实海外孔子学院文化底盘，精准发力助推中华文化走出去。作为中华优秀文化国际传播的窗口，海外孔子学院是中文教学和中华文化传播的重要平台，孔子学院的建设是学校促进国际交流与合作的重点建设项目。海外孔子学院通过授课、开展文化活动等形式，促进中外文化交流互鉴、共同发展。

---

① 华侨大学校长：华侨华人是中华文化国际传播的重要桥梁——华人——海外网，http://huaren.haiwainet.cn/n/2014/0116/c232657-20173256.html。

多途径开展感悟中国教育，提升国际学生对中国的理解力。着眼于国际学生"中国能力"的培养，在国际学生日常培养和管理中积极建构"全员、全过程、全方位"育人格局，逐步形成了具有鲜明新时代特色的国际学生教育与管理服务体系，并立足本院，辐射全校国际学生。激活传统文化育人资源，讲好中国故事。以中华优秀传统文化为抓手，以端午、中秋等传统节日，以及书法、剪纸等非物质文化遗产为契机与节点，深入挖掘中国传统文化和精神内涵，用大学生喜闻乐见的方式，加强国际学生对传统文化的感悟和认同。激活当代文化育人资源，讲好中国故事。引导国际学生以其亲眼所见、亲耳所听、亲身所感客观全面地了解中国及中华文化，进而理解中国智慧和精神内涵，使国际学生成为积极传播中华文化的使者。

4. 提高中华文化国际传播民众文化素养

提升中华文化国际影响力是一项系统宏大的工程，需社会广泛参与。中华民族和中国人民在修齐治平、尊时守位、知常达变、开物成务、建功立业过程中培育和形成的基本思想理念，如革故鼎新、与时俱进的思想，脚踏实地、实事求是的思想，惠民利民、安民富民的思想，道法自然、天人合一的思想等，可以为人们认识和改造世界提供有益启迪，可以为治国理政提供有益借鉴。传承发展中华优秀传统文化，就要大力弘扬讲仁爱、重民本、守诚信、崇正义、尚和合、求大同等核心思想理念。中华优秀传统文化蕴含着丰富的道德理念和规范，如天下兴亡、匹夫有责的担当意识，精忠报国、振兴中华的爱国情怀，崇德向善、见贤思齐的社会风尚，孝悌忠信、礼义廉耻的荣辱观念，体现着评判是非曲直的价值标准，潜移默化地影响着中国人的行为方式。传承发展中华优秀传统文化，就要大力弘扬自强不息、敬业乐群、扶危济困、见义勇为、孝老爱亲等中华传统美德。这些需要中华文化国际传播民众具有一定文化素养；基于中华文化国际传播民众文化素养加以传承、弘扬中华文化；通过推进中华文化教育和宣传，提升中华文化传播者文化观念和文化自觉意识，引导每个公民做中华文化的传播者、实践者和建设者；以"文"化人，加强中华文化国内教育宣传，提高国民素质，培育良好社会风气；着重强调健康文化、高雅文化传播，培养民众文化鉴赏力和审美情趣，提高国民文化素养。

发挥外籍友好人士"以外传外"中华文化国际传播作用，用好重要来访、出访契机，建立并巩固与国外政要的关系，加强与国际各界重要群体的联络沟通。加强中华文化国际传播内外联动。加强落实中外媒体战略合作协议，纵向组建央媒、国家中心城市媒体、专业媒体中华文化国际传播三级圈层，横向与海外媒体开展联播，组织好友城媒体传播论坛，邀请海外媒体组团参观考察中国。

（三）培养高效力媒介，聚焦中华文化高质量内容

多元文化传播是跨文化传播的重点要求。近年来中国积极传播蕴含时代精神的中国特色文化。古丝绸之路搭建东西方文化交流平台，将瓷器、茶叶、丝绸传入西方国家，承载悠久文明历史的中国文化对外传播。中华优秀文化随着社会主义现代化建设形成富有创新的时代精神，反映出特定时代的中华民族精神。"中国梦"等蕴含丰富时代精神的思想文化对外传播，让国际正确科学客观地认识中国文化，推动中国文化走出去。提升中华文化国际影响力核心在于增强中华文化价值观念国际影响力。

1. 加快媒体融合，打造具有世界竞争力的新型主流媒体

一是推动媒体融合，促进发挥媒体文化职能。打造新型主流媒体，要以改革创新精神尽快实现由"相加"向"相融"的转变。推动媒体融合发展，是新形势下一场重大而深刻的"质"的变革，既需要技术升级、平台拓展、内容创新，也需要对组织结构、传播体系和管理体制做出相应调整和完善，形成一体化组织结构和传播体系。媒体融合集不

同媒体优势，促进技术、组织交互融合，实现媒体资源有机整合和创新优化。加快传统媒体与新媒体深度融合，顺应时代发展趋势，赢得国际竞争主动权，促进媒体文化职能，发挥媒体在提升中华文化国际影响力方面的作用。

二是打造新型主流媒体，完善用人体制和激励机制，培养更多"全媒化""复合型"的新型媒体人才。媒体竞争，关键是人才竞争，媒体优势核心是人才优势。加快培养政治坚定、业务精湛、作风优良、党和人民放心的新闻舆论工作队伍应是根本方向，同时要转变用人机制，建立统一人才管理体系，加大新兴媒体内容生产、技术研发、资本运作和经营管理人才培养引进力度，优化人才结构、统一调配使用；要完善绩效考核机制，探索媒体融合发展条件下吸引人才、留住人才、用好人才的有效办法，形成干事创业良好环境。要一手抓融合，一手抓管理，完善管理体制，提高管理水平，更好地以管理促融合、促发展。

三是发挥主流媒体的主导和优势作用。媒体是争取国际话语权和实现文化"走出去"的重要载体。大数据、人工智能、云计算等新兴技术涌现，呼唤着传播载体与传播技术革新。在体制机制、政策措施、流程管理、人才技术等方面，推动传统媒体和新兴媒体加快融合步伐，建成一批具有强大影响力和竞争力的新型主流媒体，构建网上网下一体、内宣外宣联动的国际主流舆论格局，抢占国际信息传播制高点。在资源、平台、技术等方面加强与不同国家和地区主流媒体交流协作，借助国际传播平台开展中华文化国际传播，着力打造具有强大引领力、传播力、影响力的国际一流新型主流媒体，建设中华文化国际传播新高地。

2. 拓展中华文化动漫国际传播媒介

文化传播广度和深度不仅取决于传播内容和形式，而且取决于传播途径、手段、渠道、媒介。中华文化国际传播需要借助的媒体力量中，动漫是重要且有效的传播手段，因此应重视整合媒介资源，建设中华动漫文化国际传播体系。

在这个媒体多元化时代,传统媒体报纸、广播、电视、网络等共同组成了人们的信息提供网。各新兴媒体传播力和影响力日益深入,中华文化动漫应拓展传播媒介,在传统大众传媒基础上,将相关动漫作品投放到各类新媒体中,打破传播时间和空间的限制,改进传播方式手段,改良传播效果,为受播者尤其是国际青少年提供更多元的信息传播渠道、更便捷的接收方式和更多更好的精神文化产品。

3. 双向国际传播渠道,整合海外华文媒体优势

海外华文新媒体应以广阔的全球视野,积极推动世界文明对话交流。华文媒体受众不应局限于华侨华人、留学生、中资企业,应主动融入当地主流媒体圈,拓展传播广度和深度,把中国声音、华侨华人声音传播到当地民众之中。当下,全媒体形态不断演进,舆论生态、媒体格局、传播方式发生深刻变化。技术进步将促进华文媒体发展,倒逼华媒人跟上时代步伐,不断提高融合传播能力。中华文化国际传播要充分发挥海外华文媒体作用,构建中华文化海外传播传媒网,以海外华文媒体对祖国的感情为纽带,以中华民族伟大复兴梦想做引领,积极寻求合作发展。要加大扶持海外华文媒体,推动海外华文媒体发展;正确引导海外华文媒体传承中华文化,全面客观地报道中国,发挥自身跨文化、跨国界优势。此外,还应打破传统的单向传播定式,实现"双声道"国际传播;在"走出去"的同时,加大"引进来",吸引世界各国人士来华,真正体验中华文化,通过国际会展、学术交流、体育赛事、文化旅游、中华文化体验活动等方式充分了解中华文化。

拓展中华文化国际传播者圈层,助力中华文化国际传播。中华文化国际传播,不能仅依靠公共权力,要动员包括记者和外交官等传统的国际交流力量所有级别交流,还需要民间国际交流的充满活力的基层力量,采取多种传播渠道,关注"一带一路"沿线国家和地区风土人情与文化背景。针对不同国家和地区文化发展趋势与传统生活习惯,精准掌握不同国家和地区民众传播心理,实时实地传播当地人接受的中国优

秀文化，以便国外民众清晰了解中国故事，树立国际文化形象，推动中国文化国际传播潮流。从国际角度展现中国故事，通过外国人个人故事或个人经历讲述中国真实感受，增强国际传播的渲染性、现实性，迅速拉近国外观众心理距离，提高交流效果。

（四）以中华文化精髓精准传播

1. 基于受众需要的文化传播

受众是中华文化国际传播的核心。受众需求是中华文化国际传播前提，受众分析是提高中华文化国际传播针对性的基础。受众反馈是衡量中华文化国际传播力实效性的标准。因受到传统保守交流理念影响、国际受众调查难度大等诸多原因，中华文化国际传播一直存在传播主体定位不明、传播内容选择、传播形式、传播渠道不能满足国际受众需求，忽视国际受众反馈等问题，导致中华文化内容与精髓未能很好走出国门、未能得到国际认同，甚至被国际受众误解与排斥。

不同国家、不同文化群体的行为方式、接受习惯等不同，其文化兴趣与文化需求也不同。应基于异质性，将中华文化精髓融入当地文化因素，强化跨文化国际传播适应性。根据不同文化背景，用贴近当地风俗习惯的方式展开中华文化国际交流，以便接受和认同。应在对当地文化深入了解的基础上，将本土性文化元素融入，有效拉近不同民族、人民的情感距离，提升中华文化国际影响力，实现有效传播。

在中华文化国际传播过程中，有传播者、传播渠道、传播内容选择等因素；有国际受众对他文化认知的诸如文化诉求、文化背景、个性特征差异等因素；也有国际受众从知晓到认知，再到选择、记忆、行动等接受他国文化的心理过程的因素。在此基础上，依据国际受众对传播者重要程度、对传播主体及其所在国家态度、接受行为发展过程等标准对国际受众进行类型划分。因此，建构出强调国际受众的文化国际传播机制与策略，具体表现为以国际受众分析为依据的双方互动策略，以国际受众需要为标准的内容选择策略，以国际受众接受心理为参照的形式创新策略，以拓宽国际受众接触面为目标的渠道整合策略。

2. 贸易全球化带来有利国际环境

经济全球化为中华文化国际传播带来机遇，促进中华文化国际传播。经济全球化发展为世界各国文化带来平等交流机会。经济全球化打开国际人们视野，提供不同民族不同国家的文化交流平台。中华文化具有一定的自我体系性。近代史以来，中国进入半殖民地半封建社会，中华文化由开放走向了闭塞，在一定程度上造成中华文化与世界文化脱节。经济全球化，特别是"一带一路"倡议提出与实施为中华文化国际传播提供了新契机，有效促进中华文化国际传播。

贸易全球化带来全球文化的深入交流与融合，为中华文化国际传播提供了有利的国际环境。特别是"一带一路"倡议的提出与实施，更是加快了中华文化的国际传播。中华文化是和平的、包容的，中华传统文化精髓是"以和为贵"，强调求同存异、和平共处。恐怖主义、局部战争、跨国犯罪等问题促使世界开始深刻反思一些所谓的"普适"文化，把寻求解决这些世界性问题转向东方文化。中国应该适时向世界提供"中国智慧"，树立起负责任的大国形象。正如习近平同志在2016年新年贺词中所讲，"世界那么大，问题那么多，国际社会期待听到中国声音、看到中国方案，中国不能缺席"。

3. "以柔克刚"突破西方文化国际话语权的"强势攻击"

构建国际话语权主要包括增强说服力和传播力两个方面。中华文化国际传播面临着西方意识形态和话语体系的障碍。西方国家意识形态偏见是一个重要障碍，其对中国压力将长期存在。西方政界、学界部分人因意识形态不同敌视中国，放大中国缺点，扭曲中国形象。这部分人居于西方政治统治地位，具有较大的社会影响力，应对其进行坚决斗争，以中国自身发展事实来粉碎其诽谤和攻击。同时，数百年来西方文化优势地位带来认知偏差是另一个重要障碍。西方率先掌握现代科学技术而长期占据着世界舞台中央，西方文化中心论影响根深蒂固。西方学术思想、学术标准、学术路径、概念范畴、研究方法及其背后的价值观念、思维方式等构成一整套话语体系。受这一话语体系影响，国际主流习惯以西方视角俯视中国，这种认知偏差具有广泛影响。打破西方话语体系特别是学术话语体系的认知偏差、争取受其影响的一般学者和大量民众，是中国构建国际话语权面临的主要任务。

为此，突破西方话语体系障碍，构建中国国际话语权。一是以我为主，兼容并包。充分发挥中华文化包容性优势，打破西方学界思维定式，重新诠释西方话语体系理论与概念。二是问题导向，抢占先机。抓住共同关注问题，提出中国主张，贡献中国智慧，以中国论述中的思想内容说服世人。三是讲好故事，寓理于情。讲好国家发展、民族复兴大故事与改变个人生活命运的小故事，促进不同民族、不同文化背景中人们的心灵沟通，增加中国论述说服力与感召力。四是顶层设计，系统阐述。充分运用党的十八大以来理论创新成果，深入研究党的理论成果内在逻辑关系，构筑理论总体框架，建立起中国论述宏伟大厦。

文化国际话语权需要精准构建、积极争取。多极化的发展趋势促使国际文化话语权格局适应新的国际形势而变革。中国应抓住机遇，不断拓展中华文化国际话语空间，建立健全中华文化国际话语体系。用中华文化视角与风格诠释中国表述与国际议题。用中华文化特有方式定位中国形象，用生动语言讲好中国故事。积极、主动、客观地回应国际社会关切，用中国思维呼应世界，提高中华文化国际舆论引导力。中华文化是一种"软文化"，在认知上尊重别国，柔性话语、平等对待、互利互惠。

二十、"一带一路"倡议下中华文化国际传播路径提升策略

人类传播是一种文化传播。文化传播是人类社会在交往活动中所产生的文化互动现象。在全球化飞速发展的今天，各国文化国际传播及跨文化交流已成为不可避免的现实。文化传播即发生在特定时空范围内，人们精神追求、行为模式的交流互动过程，既包括特定族群、社会内部，也包括不同族群、社会之间发生的文化互动现象。文化传播是伴随着人类社会文化而产生的，并且推进着文化的变迁和文化的融合。

（一）建立健全中国特色文化话语体系

中国特色文化话语体系是中华民族经过长期文化实践积淀而成的具有中国风格与中国气派的文化概念、范畴、范式和原理等的集合，承载着中华文化思想价值理念，是增强国家凝聚力文化载体、文化软实力的重要构成，是中华文化走向世界的基础要素。加强对中华文化国际传播、传承与创新，注入现代化因素，吸收他国先进理念，有助于中华文化焕发新的活力，在"一带一路"沿线国家乃至世界舞台上彰显其特有的东方智慧，使中华文化价值理念成为全球进步的重要推动力量。

文化国际传播能力已成为国家文化软实力的决定性因素。文化传播需要凝聚力，中华文化国际传播力增长，需要国家及社会各界参与和支持。在中华文化国际传播中，建立中华文化国际传播体系，整合各界经济、文化力量，总体布局，形成合力，自上而下地全方位推动中华文化国际传播进程。

打造中华文化国际传播体系，由官方主导推动，建立策略型中华文化国际传播智库，发挥中华文化国际传播组织机构力量，融入机构和民间组织力量，发挥大学、科研院所、孔子学院、文化交流年等作为中华文化国际传播中心力量，培养新时代中华文化国际传播骨干，组织化、体系化展开中华文化国际传播。

将中国发展优势转化为话语优势就要建设对外话语体系。构建中华文化国际传播能力需要"破"与"立"，即破西方文化霸权，立中华文化自信。"西强我弱"国际文化竞争短期很难改变，但我国话语体系建设较之以往有了更好的条件和基础。随着中国发展与国际地位提升，世界关注中国，需要了解中国。已有美、英、法、日、韩等44个国家和地区主动将汉语教学纳入本国国民教育体系，全球学习汉语人数达到1亿人。为此，中国应把发展优势转化为话语优势，推动全球化时代人类文明的多样性发展。

（二）精准定位，重塑新时代中国国家形象

基于中国国家形象的历史逻辑、理论逻辑、现实逻辑，用普惠包容的博大胸襟、开拓进取的过硬本领、命运与共的先进理念、文化自信的坚定意志打好中国形象传播之基，依靠国家本身、社会媒介、人民群众及团体等国际传播主体，塑造和平与发展主题下的中国国家形象。

一是围绕精准定位，重塑新时代中国国家形象。要进行整体谋划和顶层设计，系统研究当前中国国家形象现状，精准掌握新时代影响中国国家形象的主要因素。优先塑造中华文化国际传播的贡献者、积极推动全球治理创新的国家形象。围绕新时代国家形象新定位，开展塑造、传播和维护国家形象。巧借国际问题"中国方案"，展示新时代中国国家形象。借助"人类命运共同体""一带一路"倡议等加大中华文化国际传播的中国形象的"挤出效应"。

二是深度挖掘和传播国际社会关心的科技、经济、文化等领域全球治理的中国理念、主张与政策实践。中国秉持共商共建共享的全球治理观，具体包含中国全球治理观，共商经营经济，共建美好家园，共享双方双赢。加强中华文化国际传播策划研究，诠释好博大精深的中华文化对人类文明的深远意义，助力打造新时代中国国家形象。中国政策实践践行"全球治理"，中国是全球治理的参与者和改良者，更是新国际制度的建设者和引领者。中国政府日益成为全球层面的重要行为体，深刻影响着全球治理走向。全球治理成为一个多层次、多部门的综合治理体系。全球治理客体具体包括：全球安全治理领域，中国积极参与核安全、军控、防扩散等传统安全治理，以及反对恐怖主义、跨国犯罪、贫困治理、传染病治理等非传统安全治理；全球经济领域，中国积极参与治理活动涵盖了全球贸易、全球金融等各个部分；全球生态环境领域，中国积极参与全球气候治理、水污染治理、全球能源治理等方面；全球治理价值，中国提出"共商共建共享"的全球治理观；全球互联网治理领域，中国提倡相互尊重、相互信任、共享共治、合作共赢价值观；全球治理机制，中国贡献改善全球治理和构建人类命运共同体中国方案。这些都展现了新时代中国国家国际形象。

三是构建全媒体视角下中国国家形象传播范式。深刻认识传统媒体建构的一系列传播渠道，通过文字、图像、视频等形式记录、映射真实的中国社会、中国形象。正确处理传统媒体与新兴媒体融合的服务工作。促进传统媒体与新兴媒体融合，把握方向性问题，优化运作方向，明确新兴媒体传播导向，充分发挥新兴媒体作为新时代中国国家形象传播的主力军作用。积极处理媒体融合过程中技术难题，积极推进 VR、5G 等新兴技术发展，坚持功能导向，搭建"传统媒体+新兴媒体"的立体传播网络。充分发挥全媒体优势，全媒体优势重在"新"和"全"，所谓"新"是全媒体实现传统媒体和新兴媒体有机结合，拓展传统媒体功能范围，实现多种媒体集群效应；所谓"全"是全媒体构建融媒体性质传播矩阵，加快内容生产，强化渠道建设，提升传播效能，形成全方位、宽领域、多渠道、广受众的国际传播矩阵。充分发挥全媒体"全"和"新"优势，完善现有全媒体传播矩阵，将更利于传播中国声音和中国形象的媒体纳入传播矩阵中，发挥"1+1>2"的聚合效应，积极建构中国特色全媒体传播体系，全力做好国家形象国际传播。

（三）深挖中华优秀文化精髓，增强中华文化自信

中华文化是历史的、当代的，是民族的、世界的。推动中华文化国际传播，提升中华文化国际影响力，深挖中华文化精髓，积极寻求人类文化共识与共同价值，坚定和增强中华文化自信。中华优秀传统文化精髓主要体现为"和为贵""天人合一""和而不同""天下为公""言必信，行必果""己所不欲，勿施于人"等精神内核，逐渐已被世界各国人民普遍接受，达成文化共识。中华优秀传统文化在新时代蕴含着以人民为中心的理念，根植于中国特色社会主义伟大实践中，在吸纳与发展和平、发展、公平、正义、民主、自由全人类共同价值的基础上凝结着全体中国人民共同的价值追求，展现出广泛的包容性。

面对全球治理与发展，中国始终秉持"世界大同、和合共生""兼济天下而非独善其身"的中华文化理念，提出"一带一路"倡议和构建人类命运共同体理念，与世界各国人民携手应对地区争端和恐怖主义、气候变化、网络安全、生物安全等问题，有力彰显了中华文化在担当人类文明发展重任中的精神力量。

进一步打造中华文化国际传播品牌。提升中华文化国际传播深远性与持久性。挖掘中华文化品牌核心价值，突出中华文化品牌的个性鲜明、开放包容形象。坚持以中华文化作为塑造品牌核心价值的活力源泉，提炼贴合中华文化核心价值的精神标识，构筑中华文化国际品牌核心竞争力，让具有中国特色、世界意义的文化精髓的中华文化走向世

界。对接国际文化多样性发展需求，以中华文化国际传播品牌建设为抓手，打造中华文化国际传播系列产品，助力中华文化国际影响力，在世界舞台展现出独到的中华优秀文化魅力与风采。

（四）"一带一路"倡议助力中华文化国际传播

自古以来，丝绸之路不仅是一条商品贸易之路，还是一条文化交流之路。"一带一路"倡议从历史深处走来，蕴含着中华五千年文明基因。"一带一路"倡议不仅是经济崛起的良好契机，更是中华优秀文化复兴与国际传播的历史机遇。通过双方或多方文化交流合作，推动中西方文明的互鉴互融，推动人类社会的进步，具有非常重要的价值和意义。因此，在"一带一路"倡议新国际背景下，中国必须更加重视文化交流合作，处理好经贸合作和人文交流的关系，务实推进中华文化影响与舆论引导，为推动"一带一路"建设再上新台阶提供中华文化软力量。由于"一带一路"沿线国家或地区绝大多数是发展中国家或地区，重点讲述中国发展道路和模式经验有助于为当地带来积极影响。

打造"一带一路""中文+"模式，精准培养"一带一路"所需人才，持续加强面向"一带一路"建设需求的复合型人才培养力度。扩大"一带一路"沿线国家来华国际学生招生培养规模，创新"一带一路""中文+"专业人才培养方案。以中外融合方式，为中外专业人才提供能综合应用专业知识、提升专业技能的实践平台，培养能够直接服务于"一带一路"建设的专业人才。搭建"民心互通"的桥梁，助力"一带一路"中外文化共生。

全面提升国际传播效能，培养适应新时代国际传播需要的专门人才队伍。优秀人才队伍是中华文化走出去的基础力量和关键支撑。推动中华文化有效走出去，打造一支兼具"外语+文学+通识+专业技能"的复合型国际化人才队伍。

（五）重视新老媒体融合发展，拓展对外传播平台

文化有效传播要考察受力国的发展需要与发展环境，寻找跨文化传播的最佳方式与最佳内容，把当代中国价值观念贯穿于国际交流和传播的方方面面。

1. 充分利用现代化媒体技术，扩宽中华文化国际传播途径

中华文化国际传播除了课堂教学、合作办学、派出专家学者讲学等传统方式之外，利用互联网平台传播已成为更加方便、快捷、高效且被广大民众接受的方式之外。随着互联网等新媒体的广泛应用，越来越多的年轻人更加倾向于网络视频、音频教学。文化传播应充分利用现代化媒体资源，例如，中华文化网站、微信公众号、QQ学习交流平台、多语种中医药网上博物馆等都是有力的传播途径。还可通过网络直播平台传播中华传统文化。网络直播平台是近些年新出现的传播路径，它允许用户建立直播间，通过平台进行视频直播。借助新奇的"弹幕"功能，在视频直播进行时，网友可以对直播内容进行实时评论和交流，并与主播互动。观看直播的观众参与性强，这正契合了"一带一路"倡议发展要求，让我国主流媒体的图文信息以更加直观生动的形式在国际上传播。

面对新媒体带来的社会信息传播方式的改变，一方面应创新信息传播方式，努力把新媒体打造成中华文化国际传播的重要平台；另一方面，也要做好立法保障工作，为新媒体提供稳定持久的国际发展空间。此外互联网作为一个开放的信息与言论空间，为全球传播、即时传播、人人传播提供了便利。要强化互联网思维，推动传统媒体和新兴媒体深度融合发展，坚持传统与新兴媒体优势互补、一体发展；坚持以先进技术为支撑、内容建设为根本，推动传统与新兴媒体在内容、渠道、平台、经营、管理等方面的深度融合。

2. 努力打造一批形态多样、手段先进、具有竞争力的新型主流媒体集团

良好的国际传播，需要借助手段先进、具有竞争力的国际传媒手段。当前，国际主流媒体历史悠久、资源丰富，主宰着国际话语权。例如，美联社的合作伙伴有1 700多家报纸、5 000多家电视和广播电台，在全球有243家新闻分社，在120个国家和地区设有办事处；法新社成立于1944年，是与路透社、美联社和合众社齐名的西方四大世界性通讯社之一；路透社是世界三大多媒体新闻通讯社之一，提供各类新闻报道和金融数据，在128个国家和地区运行；俄罗斯新闻社创建于1961年，是俄罗斯境内外提供信息时效性强、高水平的权威新闻媒体之一，每天，全世界都有几百万人阅读、收听、收看和转载俄新社的信息。相比之下，我国缺乏具有国际影响力的主流媒体，因此，努力打造一批形态多样、手段先进、具有竞争力的新型主流媒体集团，实现新媒体、全媒体时代的国际传播引领，在国际上进行具有传播力、公信力、影响力的发声至关重要。应基于全球与本土意识，以人文思考探寻价值共识，开启新媒体时代人文精神建设，进一步阐释融入中华文化的国家观、民族观、文化观和价值观。大数据时代催生技术变革，中国应重构新一代互联网，通过数据收集、分析和整合，积极传播中华文化，建设多语种网站、网络电台、网络电视台、手机广播电视、App新闻终端，形成视听互动、资源共享、形态融合、语种集合的对外传播格局。

（六）通过孔子学院传播中华文化，发挥广大华侨华人独特作用

1. 加强海外孔子学院建设，推进中华文化国际传播

孔子课堂和孔子学院是我国在海外传播中国文化的有效途径。中国实施的孔子学院奖学金计划的学员大多数来自"一带一路"沿线国家，学生们通过短期进修，本科、硕士阶段培养，收到了良好学习效果。孔

子课堂和孔子学院教学内容丰富多彩，涉及剪纸、京剧、民族服装、饮食、婚嫁习俗、书法、太极拳文化等。据统计，截至 2019 年年末，"一带一路"沿线国家中，已经有 51 个国家建立 134 所孔子学院和 127 个中小学孔子课堂，2016 年注册学员达 46 万人，开展各类文化活动近 8 000 场，受众 270 万人。

2. 加强中华文化师资队伍建设，开展多语种国际化教学

配备一支强有力的国际化师资队伍是加快中华文化国际传播的最有力支持。中华文化的国际化传播人才应具备丰富的专业知识储备、过硬的外语语言交际能力、开阔的国际视野和良好的跨文化适应交际能力。要加强教师梯队建设和力量资源储备，为教育交流合作提供必要保障和支持。除了中华文化国际化师资队伍以外，适合的中华文化教材也是有效传播必不可少的因素之一。应针对不同国家或地区的差别，开发适应国情和当地历史文化、风俗习惯及政策特点的专业教材；同时要丰富教材语种，提高翻译准确度和教材标准化程度。

依托专业研究基地，建构中华语言文化交流与传播理论体系，进一步加强汉语国际化办学，实施汉语国际教育专业硕士中外学生兼收政策，以培养具有卓越的中文与中华文化国际传播能力的创新型人才为目标，以创建具有中国特色的"中华语言文化交流与传播理论和实践体系"为引领，使学生具备中华文化的理解融通能力与国际表达能力，能向世界讲好中国故事，传播好中国声音，塑造好中国形象。

3. 充分调动国际优秀校友资源，加速中华文化国际传播进程

校友是高等院校对外宣传来华留学经验的有利途径，应充分利用在中国的"留学生"资源，尤其是各类奖学金优秀毕业生资源，发挥"一带一路"沿线国家优势特色，加强宣传推广中华文化。各高等院校可充分利用国际校友平台，建立国际校友录，发展海外校友协会。

（七）建立"中华文化国际传播"平台，注重文化传播顶层设计

文化凭借其独特优势在国际贸易和交流中发挥着特殊作用，中华文化国际地位和基础设施在互联互通中日益凸显出越来越重要的作用。在调查研究与整合文化基础设施建设基础上，应加强中华文化国际传播与交流合作基础设施建设，尤其是互联网互联互通，构建"中华文化国际传播"平台，囊括文化创新平台、投融资平台、交易平台，促进中华文化国际传播。基于合作交流国际文化资源特性，还要建构异质价值形态的国家文化产业合作发展与交流平台。

要坚持文化对外开放战略布局，发挥政府引领统筹作用，加强政府间文化交流，建立长效合作机制，鼓励社会力量积极参与、共建中华文化国际传播；兼顾各方利益，将文化与外交、经贸密切结合，形成文化交流、文化传播、文化贸易协调发展态势；设立中华文化国际传播产业基金，围绕重点文化产业和重点项目，加强文化领域国际金融合作。

加强与国际知名机构、智库机构、高校及相关国际组织的合作，吸引更多海外有影响力的人士，讲述中国故事，展示中国形象；加强与海外民间文化团体交流与合作，由外国人用本民族所能接受的方法和形式向世界客观真实地介绍中国，在国际上传播新时代中国故事、推动交流互鉴、促进民心相通。

（八）构建中华文化国际传播多维叙事网络，打造多元主体叙事平台

推进中国故事和中国声音全球化表达、区域化表达、分众化表达。有针对性地根据国外不同受众习惯和特点，用融通中外的概念、范畴、表述，把所讲的和国外受众想听的结合起来，增强国际话语创造力、感

召力、公信力。采用多种范式多元主体构建中华文化国际传播多维叙事网络，打造多元主体叙事平台。

第一，坚持自塑与他塑相结合。作为塑造主体国家对自身形象展开主动塑造，即为"自塑"。他国媒体对本国形象的塑造，即为"他塑"。当前国际舆论格局，西方话语仍居强势地位。要改变西强我弱的国际传播局面，既要提高讲好故事的能力，又要增强主动发声意识。注重自塑，用中国语言讲中国故事；加强他塑，用世界语言讲中国故事。

第二，坚持有声与无声相结合。叙事话语既包括现场声、同期声等有声语言，还包括视觉元素、符号运用等无声语言。灵活采用多元叙事主体与多种叙事方式，叙事主题更加突出。

第三，坚持短视频与流媒体相结合。推动短视频、媒体融合促使有效传播。流媒体已成为信息传播的重要平台，加强国际传播能力建设，把握流媒体格局变化，适应流媒体演变趋势，融合短视频与流媒体，形成强大传播冲击力。

第四，坚持国家、学术、民间叙事主体相结合。加强国际传播，讲好中国故事，坚持叙事主体多元化，统筹国家叙事主体、学术叙事主体和民间叙事主体，形成合力讲好中国故事。国家叙事主体既包括政党、政府及其领导人，也包括代表国家意志的具有国家话语传播功能的下位主体及主流媒体，利用出访、主体外交及其他外事活动等，多渠道发声，展示全面、立体、客观的中国。新华社推出的英文评论，以国际站位和全球视野，结合中国外交政策，有理、有据、有节地批驳西方媒体的不实报道和言论，亮出国际传播中国家叙事主体的立场，为中国的发展营造良好的舆论环境。学术叙事主体指的是学术界通过学术话语阐述中国理论及中国实践，用中国理论诠释中国实践及中国发展成就，让世界更充分全面地了解和理解中国道路、中国制度、中国文化。民间叙事主体更加生动地讲述当下发生在中国多姿多彩的故事，起着防止外媒污名化和正视听的作用。

参考文献

[1] 曾辉祥,王一羽,王冬琳,甄婧茹.基于分室模型的工业园区资源价值流分析[J].会计之友,2019(20):40-47.

[2] 陈共荣,戴漾泓.基于模糊数学方法的生态工业园区绩效评价研究[J].湖南科技大学学报(社会科学版),2016,19(4):82-89.

[3] 陈慧."一带一路"背景下中越经济合作示范区建设研究——以北部湾经济区为例[J].经济研究参考,2016(23):88-91.

[4] 陈佶玲,彭兴莲,毛小明.进化博弈视角下的产业承接地工业园区产城融合路径选择研究[J].江西师范大学学报(哲学社会科学版),2017,50(3):69-75.

[5] 丛树海,周炜,于宁.公共支出绩效评价指标体系的构建[J].财贸财经,2005(3):37-42.

[6] 刁宇凡.企业社会责任标准的形成机理研究——基于综合社会契约视阈[J].管理世界,2013,21(7):56-63.

[7] 董玉宽,张晓芬.基于改进Shapley模型的生态工业园区内企业间利益分配研究[J].科技管理研究,2015,35(14):181-184.

[8] 方慧,赵甜.文化差异与商品贸易:基于"一带一路"沿线国家的考察[J].上海财经大学学报,2017,19(3):56-67.

[9] 冯珍,张所地.农业高新技术海外工业园区可持续发展风险指标和风险系数动态评估研究[J].科技管理研究,2010,14(13):

88-90.

［10］高小平．建立综合化的政府公共危机管理体制［J］．公共管理高层论坛，2006（2）：35-42.

［11］关利欣，张蕙，洪俊杰．新加坡海外工业园区建设经验对我国的启示［J］．国际贸易，2012（10）：40-44.

［12］郭晓燕，毛兴，王俊林，董军．大型工业园区建设的投资控制重点［J］．建筑经济，2019，40（7）：77-80.

［13］何寿奎，贺勇，吕俊娜．工业园区融资瓶颈破解途径与治理——以重庆市为例［J］．企业经济，2016（6）：183-188.

［14］洪联英，张云．我国境外经贸合作区建设与企业"走出去"战略［J］．国际经贸探索，2011，3（27）：48-54.

［15］洪兴建，李金昌．两极分化测度方法述评与中国居民收入两极分化［J］．经济研究，2007（11）：139-153.

［16］胡大立，卢福财，汪华林．企业竞争力决定维度及形成过程［J］．管理世界，2007，31（1）：160-165.

［17］胡雪峰，王兴平，柏露露，赵胜波，刘复友．淮北市工业园区竞争力的综合评价及转型引导研究［J］．现代城市研究，2019（9）：42-49.

［18］吕臣，林汉川．对外大型公共投资项目的动态监测与决策体系［J］．改革，2016（5）：89-100.

［19］张音，黄敏学．企业产品召回的多视角研究述评［J］．经济纵横，2012（4）：121-124.

［20］李正，官峰，郑碎环，李增泉．中国产品召回事件的经济后果研究——以食品和药品召回事件为例［J］．会计研究，2016（11）：14-22，95.

［21］胡银花，孔凡斌，许正松．食品安全危机下企业社会责任对品牌修复的实证研究［J］．企业经济，2018，37（2）：132-138.

[22] 张蓓. 美国食品召回的现状、特征与机制——以1995—2014年1217例肉类和家禽产品召回事件为例 [J]. 中国农村经济, 2015 (11): 85-96.

[23] 王振宇. 日本产品频出质量问题引发的思考 [J]. 税务与经济, 2008 (5): 48-50.

[24] 余向阳. 假冒注册商标罪若干问题探析 [J]. 企业经济, 2018, 37 (3): 180-187.

[25] 何非, 齐善鸿. 利益相关者共同参与多视角解决产品质量问题 [J]. 科学学与科学技术管理, 2009 (5): 85-96.

[26] 牛江宁, 高雅. 基于扎根理论的产品质量问题原因分析 [J]. 新疆社会科学, 2016 (2): 137-143.

[27] 琚磊. 完善我国产品召回制度的若干思考 [J]. 理论月刊, 2017 (1): 104-108.

[28] 刘伟丽. 国际贸易中的产品质量问题研究 [J]. 国际贸易问题, 2011 (5): 35-41.

[29] 周雄伟, 刘鹏超, 陈晓红. 信息不对称条件下双寡头市场中质量差异化产品虚假信息问题研究 [J]. 中国管理科学, 2016 (3): 133-140.

[30] 黎晓武, 郭兆羚, 钟筱红. 对企业产品质量国家标准偏低的法律思考 [J]. 企业经济, 2015, 34 (10): 184-188.

[31] 宋丽娟, 杨茂盛, 陈雪梅. 利益均衡: 食品安全"社会共治"模式的一种规范 [J]. 企业经济, 2017, 36 (12): 167-172.

[32] 刘俊清. 基于顾客感知的在线评论欺骗性研究 [J]. 企业经济, 2018 (1): 135-141.

[33] 易龙飞, 钱泓澎. "最多跑一次"改革背景下政务数据共享机制建设 [J]. 浙江树人大学学报 (人文社会科学), 2019, 19 (6): 44-50.

[34] 窦海阳. 大规模环境污染下健康损害、权利表达及保护之道——兼论民法典应对大规模环境污染事件的"当为"与"不为"[J]. 法治研究, 2019（1）: 114-125.

[35] 房连泉. 大数据在国际公共卫生监测中的应用及启示[J]. 江淮论坛, 2020（3）: 130-136, 193.

[36] 黄爱丽. 我国突发公共卫生事件应急体系的研究[J]. 中国社会医学杂志, 2008（4）: 205-207.

[37] 涂小雨. 中国国家能力建设议程的形成逻辑、可持续性与世界眼光[J]. 中国治理评论, 2020（2）: 17-23.

[38] 张平, 王静敏. 新冠肺炎疫情影响下财政政策的需求约束与政策选择——基于居民消费的研究[J]. 海南大学学报（人文社会科学版）, 2020, 38（4）: 37-46.

[39] 吴宗友. 突发重大公共卫生事件期间空间越轨行为的场域机制——以新冠肺炎疫情为例[J]. 江淮论坛, 2020（2）: 19-24.

[40] 王建红, 冉莹雪. 大数据时代下省域现代化治理探索——基于浙江抗击新冠肺炎疫情的经验与启示[J]. 浙江树人大学学报（人文社会科学）, 2020, 20（4）: 31-37.

[41] 周振超. 完善重大疫情防控体制机制: 基于政府间关系的分析[J]. 中国治理评论, 2020（2）: 24-35.

[42] 张利满. "一带一路"沿线国家跨文化交际规约研究[J]. 中国海洋大学学报（社会科学版）, 2017（3）: 108-111.

[43] 张前, 苏泽宇. 共享与反馈: 中华文化传播导引认同的关系范式[J]. 东岳论丛, 2018, 39（2）: 127-132.

[44] 张荣藤, 陈晨. 佛教文化遗产活化研究——以山东中山寺为例[J]. 旅游纵览（下半月）, 2017（10）: 66.

[45] 张晓刚. 中华文化海外传播的现实瓶颈及应对策略——基于器物文化传播视角[J]. 深圳大学学报（人文社会科学版）, 2017, 34

(2): 55-61.

[46] 张颖. 化合与活化: 文化遗产保护之"介休范例"初探 [J]. 贵州社会科学, 2015 (10): 17-22.

[47] 张颖. 影视剧助力中华文化"走出去"路径探析 [J]. 人民论坛, 2019 (28): 138-139.

[48] 张玥. 基于文旅融合的宁波非物质文化遗产活化路径探析 [J]. 宁波经济 (三江论坛), 2019 (5): 41-44.

[49] 张赞. "文创+"时代文旅新场景如何助力乡村振兴 [J]. 人民论坛, 2019 (26): 68-69.

[50] 赵兴元. 陇东南民间音乐旅游演艺业发展的措施 [J]. 旅游纵览 (下半月), 2018 (4): 230.

[51] 中国共产党第十九次全国代表大会文件汇编 [M]. 北京: 人民出版社, 2017: 35.

[52] 周广艺, 李清平. 认知心理学视角下中华文化国际传播路径研究 [J]. 湘潭大学学报 (哲学社会科学版), 2018, 42 (6): 136-139.

[53] 周运瑜, 尹华光, 阳芳. 旅游演艺业核心利益主体满意度测评模型构建与实证研究 [J]. 资源开发与市场, 2013, 29 (10): 1090-1093.

[54] 朱锦程. 21世纪东南亚海上丝绸之路文化传播与海外华人文化认同研究 [J]. 福建论坛 (人文社会科学版), 2017 (8): 179-185.

[55] 朱志敏, 周佳敏, 李佳. 旅游演艺业多主体协作的影响因素及结构机理研究——以张家界为例 [J]. 现代经济信息, 2014 (19): 117-118.

[56] 卓宏勇. "一带一路"倡议下的文化传播研究 [J]. 传媒, 2019 (20): 67-70.

[57] 卓灵. 闽南旅游演艺市场发展现状及策略研究 [J]. 艺术评鉴, 2017 (17): 174-175.

[58] 张在旭, 郎洁, 喇蕊芳. 生态工业园企业排污行为选择及政府作用分析 [J]. 数学的实践与认识, 2018, 48 (19): 62-70.

[59] 赵波, 黄信灶, 罗小娟. 欠发达地区工业园区转型升级影响因素分析——基于江西省2011—2015年89个工业园区的实证研究 [J]. 江西财经大学学报, 2018 (2): 11-19.

[60] 赵㭽. 我国在海外工业园区建设的现状问题及对策 [J]. 对外经贸实务, 2017 (2): 38-41.

[61] 赵祚翔, 李晨妹, 王圣博. "一带一路"背景下中国境外合作园区投融资模式的实践 [J]. 商业经济研究, 2019 (22): 178-181.

[62] 赵祚翔, 吴昕月, 李浩民. "一带一路"倡议下中非产能合作的机制和实践——基于新结构经济学的视角 [J]. 国际贸易, 2018 (4): 45-49.

[63] 贾康. 政府公共投资、社会投资与经济社会发展 [J]. 西南民族大学学报 (人文社会科学版), 2010 (3): 138-141.

[64] 张旭, 宋超, 孙亚玲. 企业社会责任与竞争力关系的实证分析 [J]. 科研管理, 2010, 31 (3): 149-157.

[65] 王清刚, 徐欣宇. 企业社会责任的价值创造机理及实证检验——基于利益相关者理论和生命周期理论 [J]. 中国软科学, 2016 (2): 179-192.

[66] 唐鹏程, 杨树旺. 环境保护与企业发展真的不可兼得吗? [J]. 管理评论, 2018, 30 (8): 225-235.

[67] 齐丽云, 李晓鸿, 曹硕. 企业社会责任负面事件网络舆情演化与政企合作研究 [J]. 系统工程理论与实践, 2020, 40 (7): 1792-1805.

[68] 王军, 邹广平, 石先进. 制度变迁对中国经济增长的影响——

基于 VAR 模型的实证研究 [J]. 中国工业经济, 2013 (6): 70 - 82.

[69] 樊纲, 王小鲁, 马光荣. 中国市场化进程对经济增长的贡献 [J]. 经济研究, 2011, 46 (9): 4 - 16.

[70] 李伟. 坚持底线思维, 推进高质量发展 [J]. 新经济导刊, 2018 (11): 6 - 10.

[71] 杨伟民. 贯彻中央经济工作会议精神 推动高质量发展 [J]. 宏观经济管理, 2018 (2): 13 - 17.

[72] 李伟, 韩晓梅, 吴联生. 审计投入的产出效应 [J]. 会计研究, 2018 (3): 71 - 77.

[75] 金碚. 关于"高质量发展"的经济学研究 [J]. 中国工业经济, 2018 (4): 5 - 18.

[74] 李国平, 宋昌耀. 雄安新区高质量发展的战略选择 [J]. 改革, 2018 (4): 47 - 56.

[75] 陈诗一, 陈登科. 雾霾污染、政府治理与经济高质量发展 [J]. 经济研究, 2018, 53 (2): 20 - 34.

[76] 江三良, 赵梦婵. 新时代对内融合与对外开放再考量——以长三角区域高质量发展的衡量为例 [J]. 工业技术经济, 2018, 37 (8): 124 - 131.

[77] 桑百川, 张彩云. 利用外商直接投资推动中国经济高质量发展 [J]. 新视野, 2018 (4): 83 - 88.

[78] 彭五堂, 余斌. 经济高质量发展问题的三级追问 [J]. 理论探索, 2019 (3): 14 - 20.

[79] 张军扩, 侯永志, 刘培林, 何建武, 卓贤. 高质量发展的目标要求和战略路径 [J]. 管理世界, 2019, 35 (7): 1 - 7.

[80] 支树平. 提高供给质量 建设质量强国 [J]. 行政管理改革, 2017 (1): 15 - 20.

[81] 刘军, 赵姝, 靳婷婷. 产品质量与企业出口决定: 中国表现

及演变动态[J]. 国际贸易问题, 2018 (7): 68-81.

[82] 粟志敏. 国家质量基础的构成要素（下）——2013年世界银行发布报告[J]. 上海质量, 2014 (9): 38-41.

[83] 孙超. 上海合作组织与欧盟中亚治理的比较——构建命运共同体还是规范性改变[J]. 俄罗斯研究, 2021 (6): 140-164.

[84] 杨先情, 邓国胜. 双向嵌入与公众倡导：社会组织参与民族地区社会治理的创新路径[J]. 贵州民族研究, 2021, 42 (6): 91-95.

[85] 陈潭, 梁世杰. 组织动员、社区学习与应急治理——社区公共卫生应急治理的响应范式与实践逻辑[J]. 社会科学, 2021 (12): 37-44.

[86] 吕臣, 王慧, 董红霞. 新冠肺炎疫情应急管理的美日印实践与中国贡献[J]. 海南大学学报（人文社会科学版）, 2021, 39 (6): 79-85.

[87] 周利敏, 谭妙萍. 中国灾害治理：组织、制度与过程研究综述[J]. 理论探讨, 2021 (6): 138-146.

[88] 胡国栋, 罗章保. 中国本土网络组织治理的信任耦合与默契机制——微观权力的视角[J]. 经济管理, 2021, 43 (10): 42-61.

[89] 杨柯, 张长东. 自主与嵌入：社会组织参与基层协商治理的逻辑与模式[J]. 北京行政学院学报, 2021 (5): 56-63.

[90] 王雷, 庄妍蓉. 风险投资异质性与制造型企业全球价值链嵌入[J]. 外国经济与管理, 2021, 43 (12): 135-151.

[91] 陈婧, 邵思源. 参与全球教育治理的国家战略研究——基于教育治理现代化的视角[J]. 江苏大学学报（社会科学版）, 2021, 23 (6): 113-123, 131.

[92] 魏涛. 中资银行内向国际化对外向国际化的促进效应——基于无形资源视角的分析[J]. 经济经纬, 2021, 38 (6): 53-62.

[93] 李丹, 董琴. 全球经济治理体系改革的东亚方案与中国作用

[J]. 国际经贸探索, 2021, 37 (11): 101 - 112.

[94] 尚铎, 范黎波, 原东良, 李德辉. 国际化战略、组织韧性与环境不确定性——以三一重工为例 [J]. 管理案例研究与评论, 2021, 14 (5): 487 - 499.

[95] 樊霞, 李芷珊. 如何在研发国际化中实现企业创新绩效?——基于 SCP 范式的组态分析 [J]. 研究与发展管理, 2021, 33 (5): 67 - 78.

[96] 奉小斌, 马晓书. 知识搜索如何影响逆向国际化企业创新速度和创新质量? [J]. 软科学, 2021, 35 (10): 74 - 78.

[98] 冯德连. 双循环发展战略的对外开放特征与路径 [J]. 学术界, 2021 (10): 87 - 93.

[98] 陈圣来. 后疫情时代中华文化的国际传播 [J]. 现代传播 (中国传媒大学学报), 2021, 43 (10): 11 - 16.

[99] 冯瑞玲, Kyunghee Pyun. 国际化网络协作学习的教学效果——学生视角的质性研究 [J]. 高教探索, 2021 (10): 10 - 15, 21.

[100] 俞凌云, 林杰. 新冠肺炎疫情冲击下高等教育全球竞争格局的演化 [J]. 高等教育研究, 2021, 42 (10): 9 - 21.

[101] Asif M., Searcy C., Zutshi A., et al. An Integrated Management Systems Approach to Corporate Social Responsibility [J]. Journal of Cleaner Production, 2013, 56 (10): 7 - 17.

[102] Freeman R. E. Strategic Management: A Stakeholder Approach [M]. Cambridge: Cambridge University Press, 2010.

[103] Agan Y., Kuzey C., Acar M. F., et al. The Relationships between Corporate Social Responsibility, Environmental Supplier Development, and Firm Performance [J]. Journal of Cleaner Production, 2016, 112 (1): 1872 - 1881.

[104] Mishra S., Suar D. Do Stakeholder Management Strategy and

Salience Influence Corporate Social Responsibility in Indian Companies? [J]. Social Responsibility Journal, 2010, 6 (2): 306-327.

[105] Elena Romero, M. Carmen Ruiz. Framework for applying a complex adaptive system approach to model the operation of eco-industrial parks [J]. Journal of Industrial Ecology, 2013, 5 (13): 731-741.

[106] Huseby A B, Skogen S. Dynamic risk analysis: the Dyn-risk concept [J]. R International Journal of Project Management, 1992, 10 (3): 160-164.

[107] Jiang, W. G., Deng, L. Chen, L. Y., Wu, J. J., Li, J. Risk assessment and validation of flood disaster based on fuzzy mathematics [J]. Progress in Natural Science, 2009, 19: 1419-1425.

[108] Knight K, Robinson F A. Use of fuzzy logic for predicting design cost overruns on building project [J]. Journal of Construction Engineering and Management, 2002, 128 (6): 503-512.

[109] Kotler, P. & Nancy L. Corporate social responsibility: Doing the most good for your company and your cause. John Wiley & Sons, 2004, 12.

[110] Lange, D., Washburn, N. Understanding Attributions of Corporate Social Irresponsibility [J]. Academy of Management Review, 2012, 37 (2): 300-326.

[111] Lee S, Daniel W H. Predictive tool for estimating accident risk [J]. Journal of Construction Engineering and Management, 2003, 129 (4): 431-436.

[112] Lin C, Chen Y. Bid/no-bid: decision making-a fuzzy linguistic approach [J]. International Journal of Project Management, 2004, 22 (2): 585-593.

[113] Marina V. Sokolova, Antonio Fernandez-Caballero. Modeling and implementing an agent-based environmental health impact decision sup-

port system [J]. Expert Systems with Applications, 2009 (36): 2603 – 2614.

[114] Mohsen Khodakarami, Amir Shabani, Reza Farzipoor Saen. A new look at measuring sustainability of industrial parks: a two – stage data envelopment analysis approach [J]. Clean Technology Environment Policy, 2014, 16: 1577 – 1596.

[115] Motawa I A, Anumba C J, El – Hamalawi A. A fuzzy system for evaluating the risk of change in construction projects [J]. Advances in Engineering Software, 2006, 37 (9): 583 – 591.

[116] Nelson, R. R.. Physical and social technologies and their evolution [J]. Economic Appliquee, 2003, 56: 13 – 32.

[117] Raymond P. Côtéa, E. Cohen – Rosenthalb. Designing eco – industrial parks: a synthesis of some experiences [J]. Journal of Cleaner Production, 1998 (6): 181 – 188.

[118] Rehan S, Tahir H. A fuzzy – based methodology for an aggregative environmental risk assessment: a case study of drilling waste [J]. Environmental Model & Software 2005, 20 (1): 33 – 46.

[119] Sid Ghosh, Jakkapan Jintanapakanont. Identifying and assessing the critical risk factors in an underground rail project in Thailand: a factor analysis approach [J]. International Journal of Project Management, 2004 (22): 633 – 643.

[120] T. W. Malone, K. Crowston, J. Lee, B. Pentland et al., Tools for inventing organizations: toward a handbook for organizational processes [J]. Manag. Sci. 1999, 45 (3): 425 – 443.